La dentelle dans l'art contemporain

Blandine Pouzin

Œuvre en couverture :
Seableed, Jane Atkinson, 2018.

Conçu et produit par : Editions Huapango® / Un Dimanche Après-Midi®
Éditions Un Dimanche Après-Midi® est une marque déposée de Éditions Huapango®
Direction éditoriale : Alexis Faja
Correctrice : Aude de Vesins
Maquette : Florie Nguyen-Van
Imprimé en U.E. (Lettonie)

ISBN : 978-2-37817-037-0
Dépôt légal : novembre 2021

Éditions Huapango
Un Dimanche Après-Midi
www.undimancheapresmidi.fr
infos@undimancheapresmidi.fr
Vous pouvez consulter notre catalogue sur notre site.

Suivez-nous sur les réseaux !
Instagram : @dimancheam
Facebook & Pinterest : /undimancheapresmidi

Cet ouvrage a été conçu avec passion et imprimé dans les règles de l'art sur du papier issu de forêts correctement gérées et selon les normes sociales européennes en vigueur.

Consommez local, allez chez votre libraire.

Sommaire

Remerciements :
Merci à tous les artistes qui ont accepté de participer à ce projet et ont consacré du temps pour répondre à toutes mes questions.
J'ai énormément appris lors de nos échanges.
Merci à Geneviève Olloix pour sa disponibilité, son enthousiasme et ses précieux conseils.
Merci à Angharad Rixon pour avoir rédigé une si belle préface.
Merci à Madame Sophie Henwood de la Cité de la Dentelle et de la Mode de Calais.
Merci à Caroline Tiffou et Stéphane Tiffou.
Merci à Aneli Mladenova pour avoir traduit les propos de Bistra Pisencheva.
Merci à Elise Devaud pour son avis éclairé.
Enfin, merci à Alexis Faja, l'éditeur, de m'avoir offert la possiblité de réaliser ce livre.

Préface

par Angharad Rixon

Luxe-pauvreté, raffinement-kitsch, chasteté-séduction. La dentelle a une charge symbolique que peu de textiles ont ; elle est décorative mais constitue également un puissant moyen de communication. Cet art textile a évolué rapidement au cours des XVIIe et XVIIIe siècles pour devenir l'une des marchandises les plus sophistiquées de l'époque ; un symbole de statut social si convoité que son commerce devait être réglementé par des lois somptuaires. Si l'arrivée de la révolution industrielle et les changements de goût ont entraîné le déclin de l'industrie de la dentelle artisanale au XIXe siècle, la dentelle n'a jamais perdu de son attrait et a continué à évoluer en tant que moyen de création. Aujourd'hui, il y a un regain d'intérêt pour la dentelle et une vague d'artistes exceptionnels remet en question la façon dont nous percevons ce tissu si précieux.

Après de nombreuses années de discussion et de collaboration avec des artistes qui choisissent de travailler avec des techniques de dentelle artisanale, j'ai constaté qu'ils sont tous venus à la dentelle de l'une des trois manières suivantes : certains par le biais d'une tradition familiale ou culturelle - pour ces artistes, la dentelle est comme un dialecte qui, bien que n'étant pas nécessairement compris dans le monde plus large de l'art contemporain, est profondément lié à ce qu'ils sont en tant que créateurs - d'autres découvrent la dentelle après une longue recherche pour donner vie à une idée qui ne peut être exprimée par un autre moyen. Enfin, pour certains artistes, c'est le hasard qui les a faits rencontrer ce savoir-faire. Que ce soit lors d'une exposition ou grâce à quelqu'un de leur entourage, ils en sont tombés littéralement amoureux.

Les qualités captivantes de la dentelle vont bien au-delà du jeu des pleins et des vides ; la dentelle englobe une riche famille de techniques qui peuvent être interprétées dans une variété infinie d'échelles et de matériaux. De la liberté absolue du point de dentelle au punto in aria, au croisement binaire et à la torsion de la dentelle aux fuseaux qui s'intègre si bien dans le monde numérique, la liberté créative qu'offre la dentelle est difficile à comprendre avant d'en avoir fait l'expérience. Un processus minutieux mais aussi étonnamment méditatif, qui devient une pratique quotidienne pour de nombreux artistes et qui fait autant partie du travail que la pièce finale elle-même.

Dans le monde de l'art, le concept de dentelle tourne souvent autour d'une esthétique plutôt que d'une structure textile, créant une image de ce qu'est la « dentelle » qui domine la perception générale de la dentelle. Cela crée une tension entre l'abondance d'œuvres merveilleuses représentant la dentelle et le fait que la plupart ne sont pas de la dentelle au sens technique du terme. En 2013, j'ai créé Doily Free Zone ; un mouvement et un symposium pour aborder cette question en mettant en valeur l'excellence de la dentelle faite main dans l'art et le design et en encourageant davantage de fabricants à explorer le vocabulaire unique de ces techniques.

En ces temps de recherche de satisfaction instantanée, il existe tellement de moyens plus simples, plus rapides et plus commerciaux de faire de l'art et pourtant, tous les artistes de ce livre trouvent dans ces compétences quelque chose qui les pousse à continuer. Il y a un certain plaisir à se plonger dans un processus qui ne peut être réalisé qu'à la main, comme si l'on connaissait un code secret ou que l'on parlait une langue morte... mais la langue de la dentelle est loin d'être morte, elle insuffle une nouvelle vie à l'espace textile contemporain et inspire une conversation mondiale dynamique.

Angharad Rixon est historienne des techniques textiles et, en particulier, de la dentelle, la broderie et la passementerie. Elle a créé *Doily Free Zone* une plateforme et un salon en ligne consacrés à la dentelle.
www.doilyfreezone.net

Introduction

Pour la plupart des gens, le mot dentelle reste encore associé à un mélange étrange et antinomique entre napperons et lingerie, toujours associé à un univers dit « féminin » et donc forcément, peu captivant. C'est cette image désuète que ce livre tente de casser, en montrant non seulement le travail incontournable d'artistes dentellières et dentelliers, mais aussi en révélant l'immensité des possibilités qu'offre encore aujourd'hui cette technique traditionnelle.
Ce savoir-faire, très codifié et si long et complexe à apprivoiser, est revisité par ces artistes qui parviennent à se libérer de la technique pour lui donner un souffle nouveau. Ils varient les matières en n'utilisant plus seulement le coton, mais aussi le cheveu, le crin de cheval, la corde, ou encore le nylon, le fer et le cuivre. La dentelle devient parfois même sculpture et prend vie. Grâce à ces œuvres, nous réalisons à quel point ces savoir-faire anciens offrent des ressources infinies de création contemporaine.

La dentelle, qu'elle soit réalisée aux fuseaux ou à l'aiguille, a quelque chose d'unique parmi les savoir-faire textiles. C'est une technique particulièrement difficile et minutieuse, qui nécessite des heures d'apprentissage avant de parvenir à réaliser quelque chose de satisfaisant. Elle oblige à la patience, à la lenteur et à la concentration. C'est une méditation dans l'action. Les heures de travail nécessaires à sa réalisation ramènent à un temps équivalent à celui que prend l'arbre pour former ses bourgeons ou le corps pour cicatriser ses blessures. Avec la dentelle, il est aussi question de méditation, de rébellion face à la vitesse où va le monde actuel, de transmission, de féminité, de corps, d'ombre et de lumière.

Ce livre se veut une première approche et n'est pas exhaustif. Il présente une trentaine d'artistes à travers le monde, qui sont devenu(e)s dentellières et dentelliers occasionnel(le)s ou passionné(e)s pour réaliser leur œuvre.
Pour certain(e)s, elle est devenue l'unique moyen d'expression, pour d'autres, c'est un médium parmi d'autres.
Les dentelles aux fuseaux et à l'aiguille sont si riches et variées que la plupart d'entre eux poursuivent leur apprentissage et leur perfectionnement en parallèle de leur pratique artistique. Certains ont aussi choisi de transmettre leur façon de faire de la dentelle, entre tradition et création.

Avant de nous intéresser à ce que ces artistes contemporains ont à dire sur leur rapport à la dentelle, il semblait important de présenter trois artistes dentellières majeures du XXe siècle et d'évoquer la rencontre entre création contemporaine en dentelle et recherche scientifique.

Leni Matthaei (1873-1981)

Leni Matthaei est à la fois une artiste et une artisane allemande connue pour ses dentelles aux motifs influencés par les courants artistiques d'avant-garde du XXe siècle (Art Déco, Art Nouveau, etc.). Après avoir suivi des cours de peinture et de sculpture, elle a découvert la dentelle aux fuseaux dans une école des arts et métiers. Contrairement aux habitudes de l'époque, elle n'a pas suivi de formation classique de dentellière pour travailler dans la confection de dentelles.
Elle s'est lancée comme créatrice de dentelle avec avant tout une approche artistique, sans d'abord se soucier de la technique, ce qui explique l'originalité et la créativité de ses dentelles pour l'époque. Ainsi, elle a inspiré des générations d'artistes dentelliers(ères) et ses dentelles novatrices ont contribué à faire évoluer cette technique. Ses nombreuses œuvres continuent de fasciner aujourd'hui.

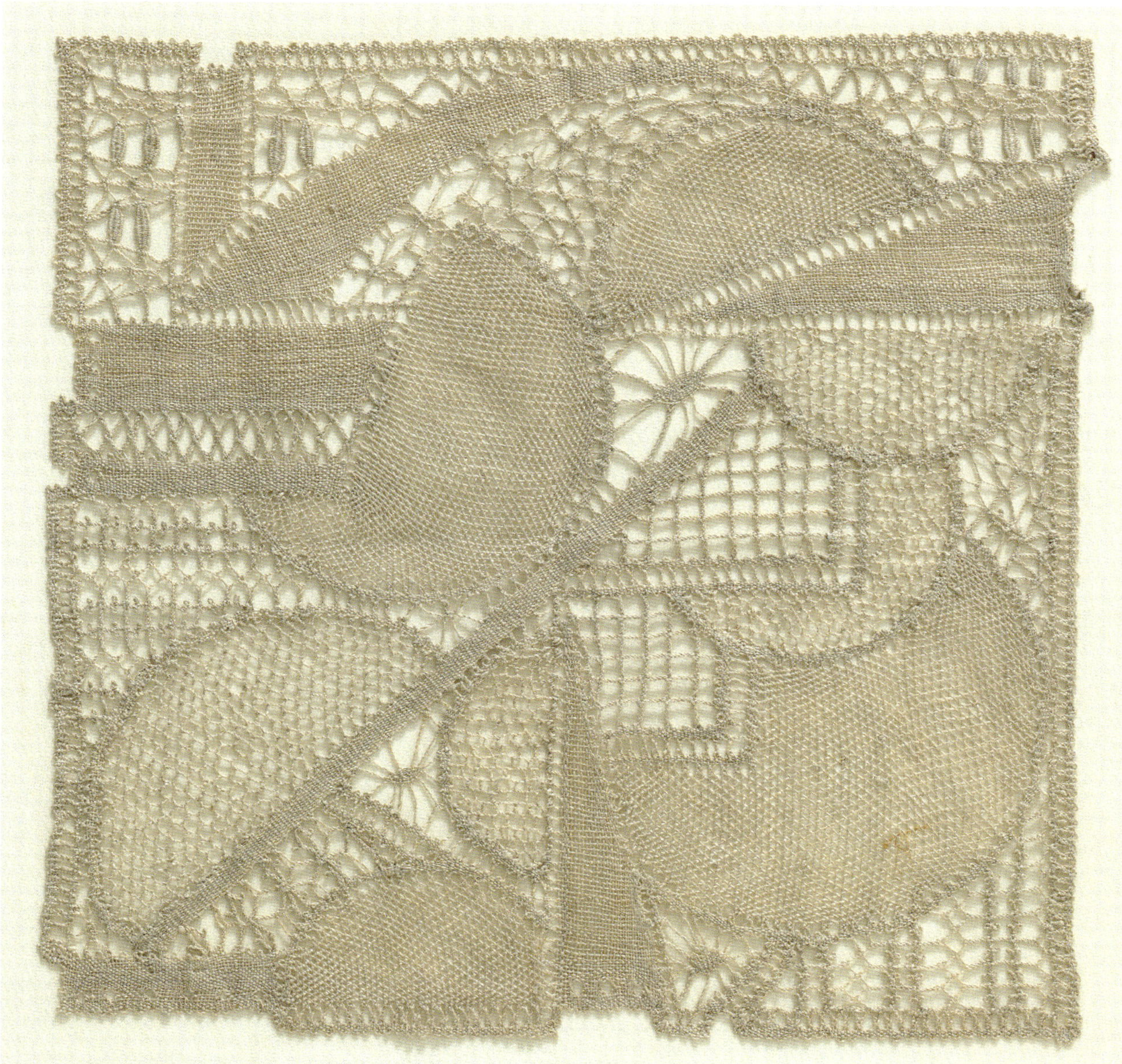

Bobbin lace square
25,4 x 25,4 cm – dentelle aux fuseaux – lin – MoMA, New York, 1924.

Kaethe Kliot (1930-2002)

Kaethe Kliot a grandi en Allemagne où elle a appris les travaux manuels traditionnels (couture, tricot, broderie, dentelle, etc.) comme toutes les jeunes filles de son âge.
Elle était particulièrement douée. À la fin de la Seconde Guerre mondiale, ayant perdu sa mère et une grande partie de sa famille, elle décide de quitter l'Allemagne pour l'Amérique du Nord, seule. Pour réunir suffisamment d'argent pour le voyage, elle réalise de grands napperons en dentelle qu'elle vend aux soldats américains pour leur famille. Elle les nommera plus tard « napperons GI ».

Au Canada, elle rencontre son futur mari, Jules Kliot, un jeune architecte de l'université du Michigan. Ils se marient en 1955 et s'installent en Californie, à Berkeley. En 1965, elle y ouvre son atelier-boutique, qui deviendra en 2004 le Lacis Museum of Lace and Textiles. Ce musée expose et conserve ses œuvres, mais aussi ses collections de dentelles, de textiles traditionnels et d'objets liés à l'artisanat venant du monde entier.. Il abrite également une bibliothèque.
Kaethe Kliot était une touche à tout, la dentelle aux fuseaux était pour elle un médium parmi d'autres. Dans les années soixante-dix, elle réalisait des dentelles en corde épaisse et créait des œuvres suspendues de plus de trois mètres de haut.

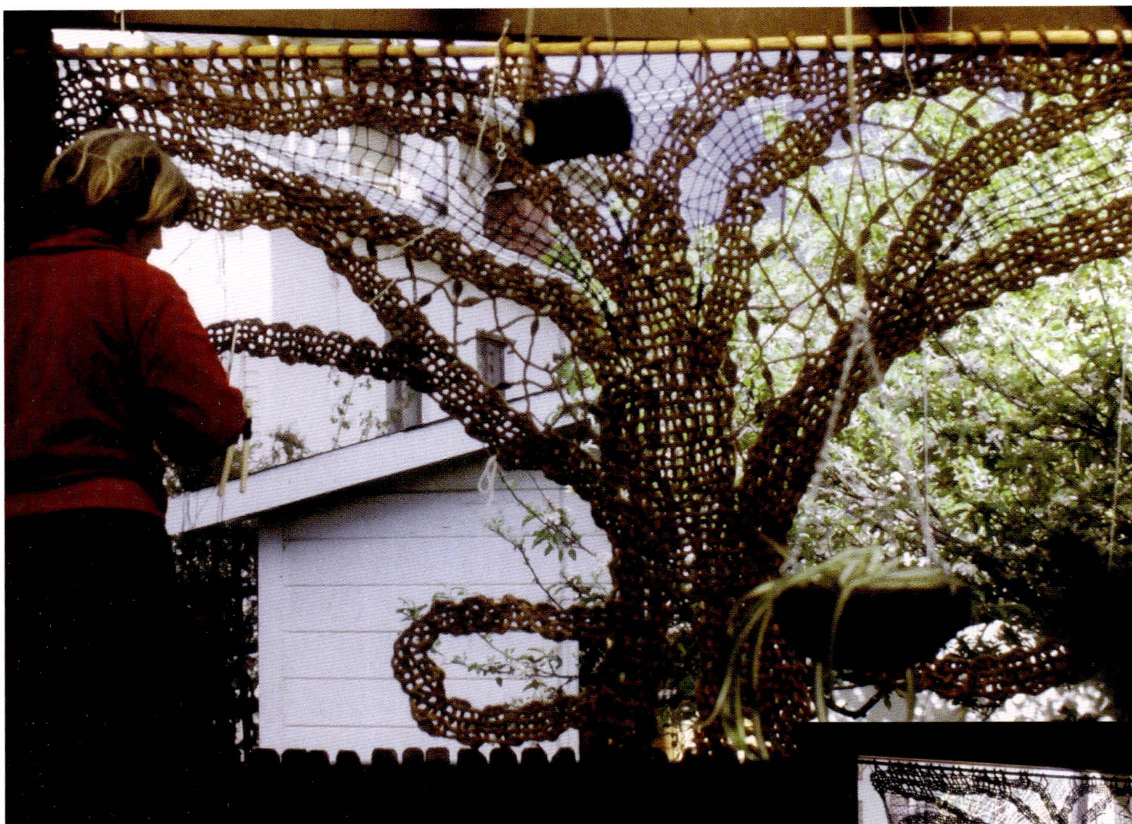

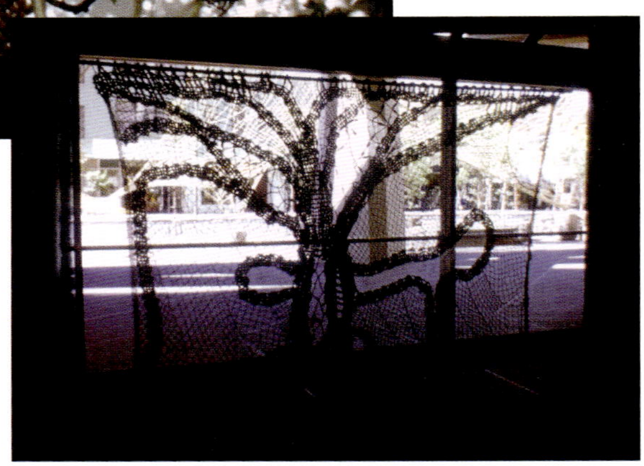

Life Cycle
Dimensions non communiquées
– dentelle aux fuseaux – lin Marlin ciré
– Lacis Museum (États-Unis) – 1972.
Photo : Jules Kliot.

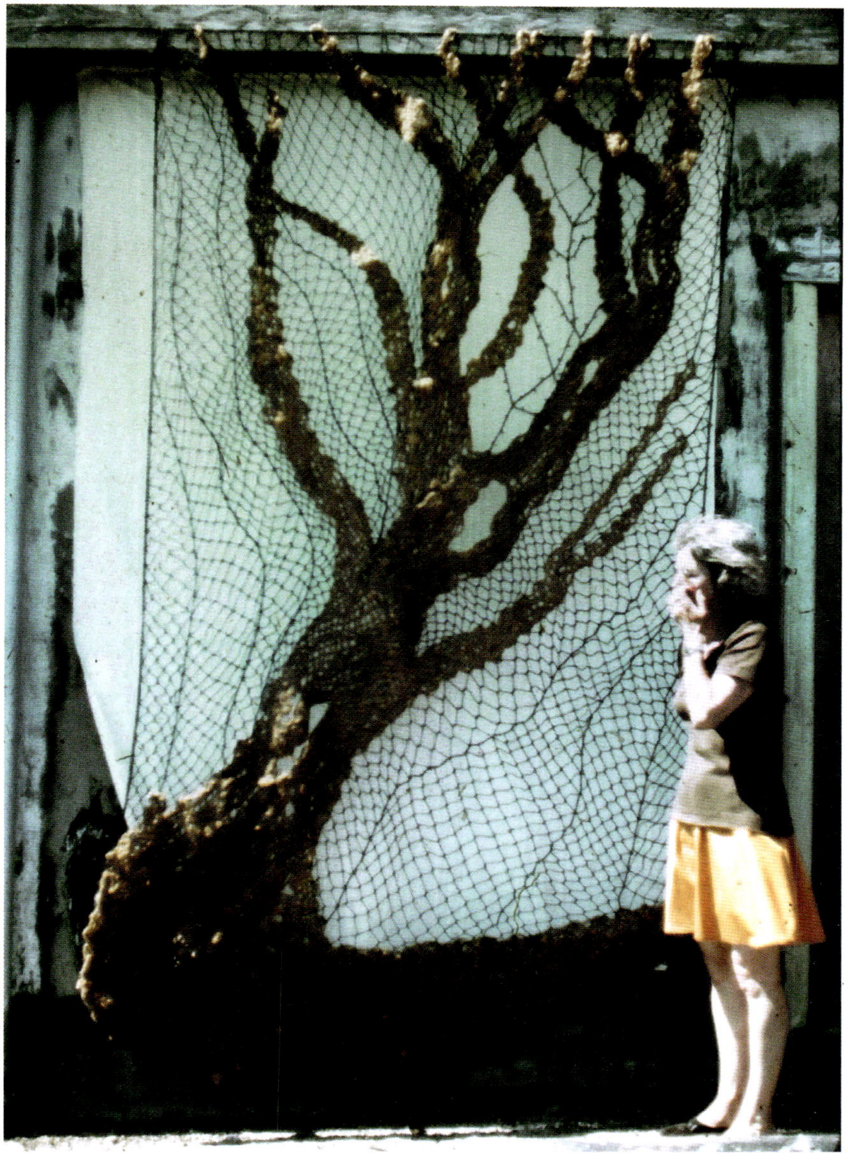

Tree
Dimensions non communiquées – dentelle aux fuseaux – lin Marlin – Lacis Museum (États-Unis) – 1974. Photo : Jules Kliot.

Colette Tiffou (1942-2001)

Colette Tiffou était une sculptrice dentellière française, qui, après des études artistiques, s'est intéressée à la dentelle en tant que technique et matériau. Entre création, apprentissage et enseignement, la dentelle (aux fuseaux en particulier) devient à partir de 1966 l'objet principal de son travail et de ses recherches. Elle dit de la dentelle dans ses notes d'atelier : « À travers la vision de son universalité, ses signes, ses symboles, on trouve sa réalité authentique, le sens de la voie parcourue. On peut suivre alors peu à peu ses relations avec la vie artistique, sociale, commerciale, industrielle ou collectionner des clefs qui commencent à ouvrir des portes. »

En 1986, elle obtient la Médaille d'Or au concours « Un des Meilleurs Ouvriers de France », puis le Grand Prix National des Métiers d'Art en 1991. On retrouve de nombreuses œuvres de l'artiste dans les musées de France et à l'étranger.

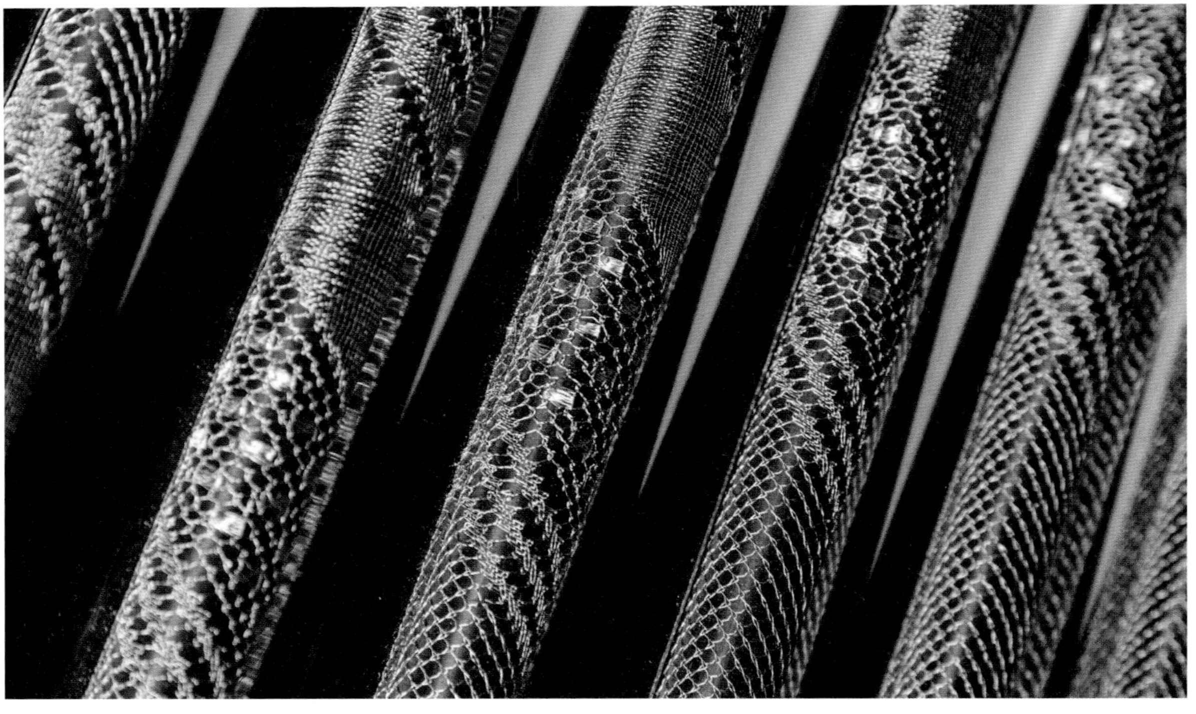

Euclidienne (détail)
© Ville de Calais / F. Collier

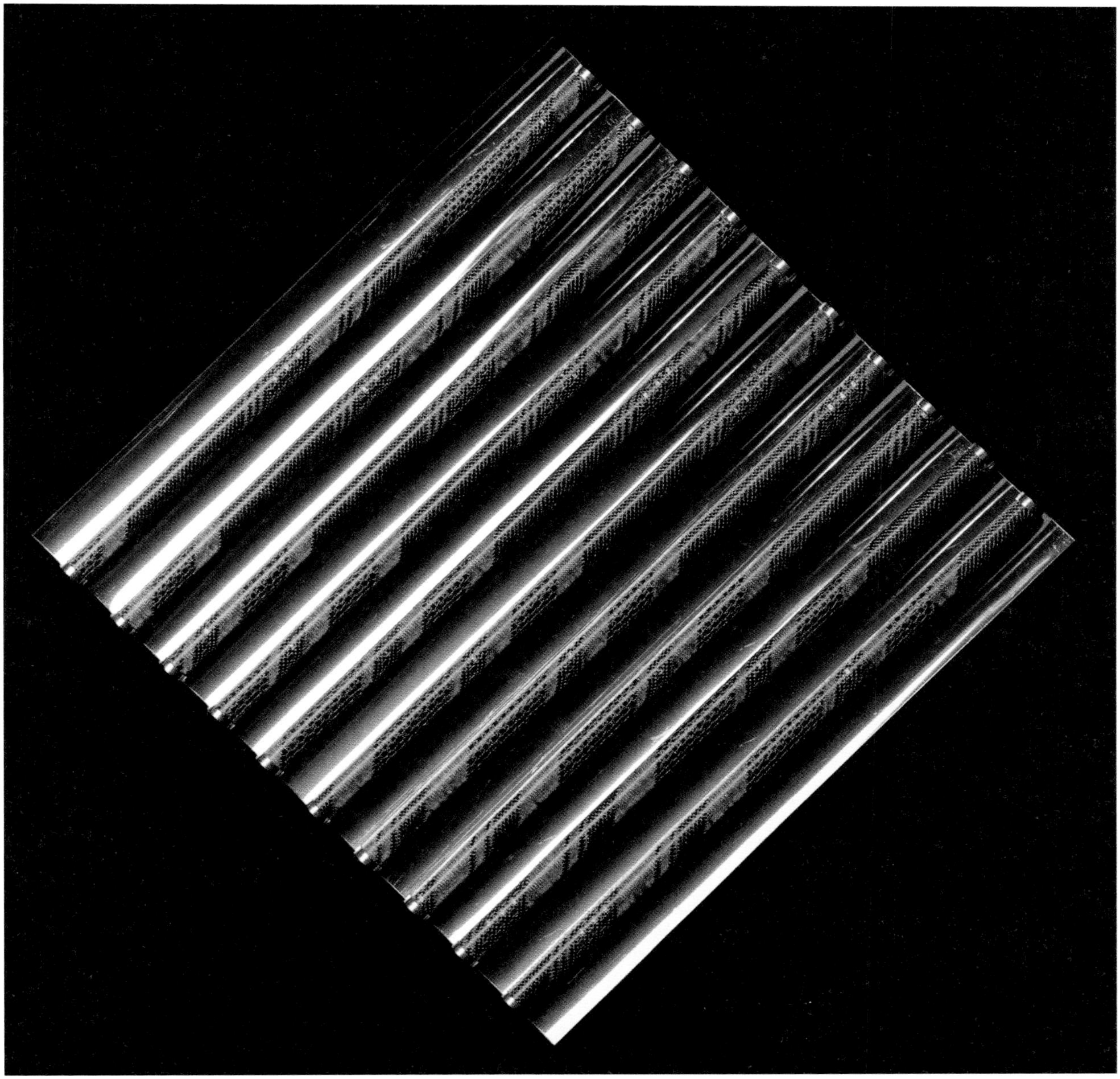

Euclidienne
81 x 81 cm – dentelle aux fuseaux – acier et fils d'acier – Collection de la Cité de la Dentelle et de la Mode – Calais – 1988.
© Ville de Calais / F. Collier

Quand la dentelle rencontre la science

La dentelle intéresse les artistes, les designers textiles bien sûr, mais aussi les chercheurs en mathématiques, en informatique ou en biologie. L'artiste Marjolaine Salvador-Morel (page 122), par exemple, travaille régulièrement en étroite collaboration avec des biologistes avant de réaliser ses œuvres. Hélène de Gottal reprend la technique de la dentelle pour réaliser ses œuvres en pipettes de verre utilisées en laboratoire.
La dentelle devient l'objet de recherches parfois étonnantes, dont voici deux exemples.

Veronika Irvine est mathématicienne, informaticienne et, en parallèle, dentellière. En effet, les techniques de dentelle aux fuseaux, par la répétition et la complexité des fonds, ont quelque chose en commun avec les mathématiques.
À tel point qu'en réalisant la dentelle aux fuseaux, on peut même comprendre certaines théories mathématiques.
Veronika Irvine a eu l'idée de créer un logiciel pour inventer des motifs de fond (qu'elle a appelés « tesselation ») de façon rapide et précise, et d'en automatiser la technique nécessaire à leur réalisation. Cela rend possible le développement de variétés infinies de fonds de dentelle, d'obtenir tel ou tel effet recherché et de distinguer telle ou telle forme. Ainsi, l'outil informatique élargit les possibilités créatives de la dentelle.

L'artiste **Jérémy Gobé** s'est quant à lui associé avec une chercheuse en biologie marine pour réaliser une dentelle comme support de régénération des coraux. En effet, lors d'une résidence non loin du Puy-en-Velay, il a découvert qu'un point de dentelle traditionnel, le point d'esprit, était très proche du squelette corallien. Il eut alors l'idée de s'en servir pour favoriser le renouvellement des récifs coralliens dans les océans et lança le projet CorailArtefact. L'animal à l'origine du corail pourrait ainsi s'implanter (dans la dentelle) et s'y développer. Les études et tests sont toujours en cours au moment de l'élaboration de ce livre.

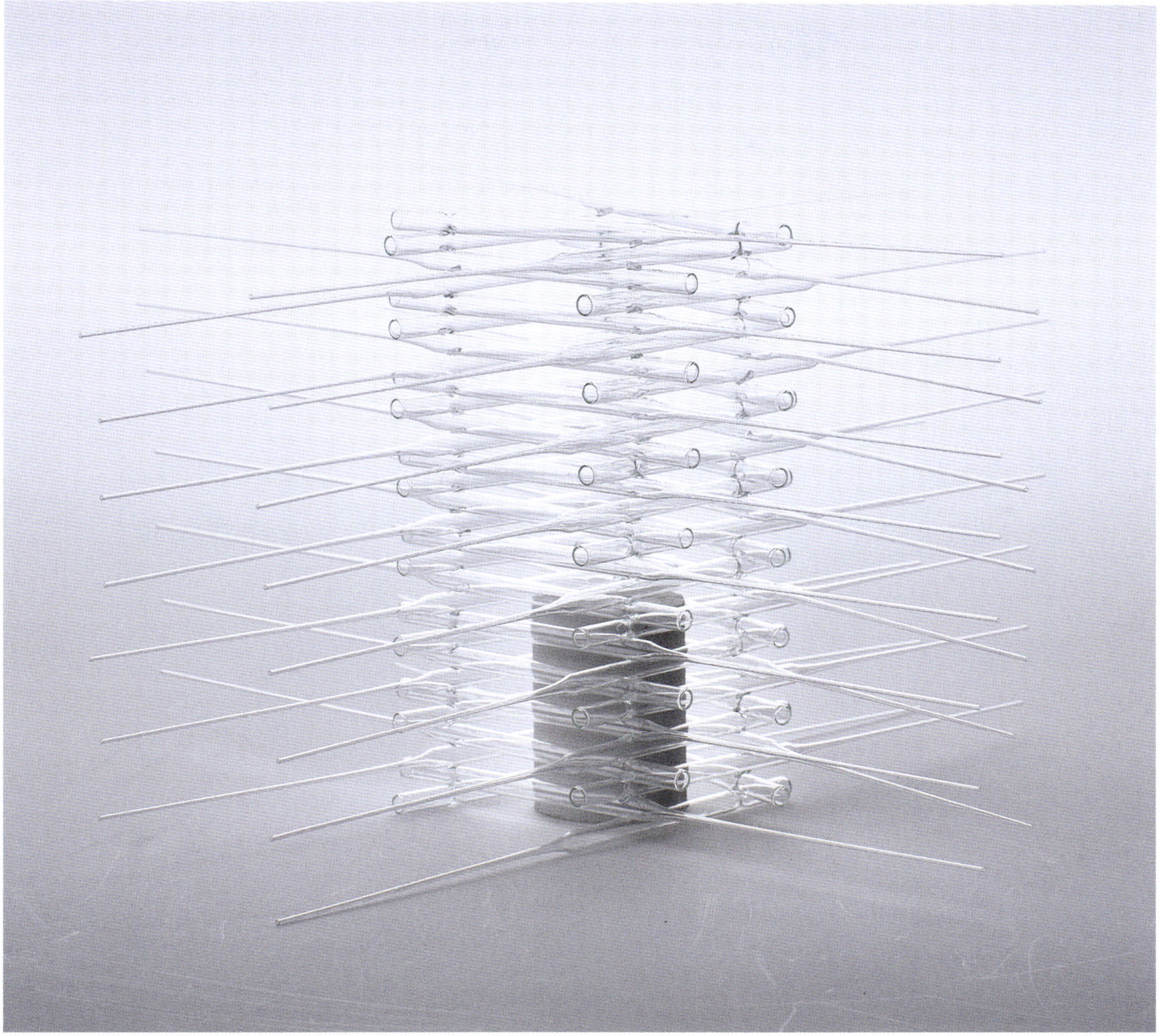

Hélène de Gottal
Sans titre
36 x 36 x 20 cm – verre, marbre de Carrare – collection personnelle de l'artiste – 2019.
Photo : Joris Luyten © Hélène de Gottal

Élodie Antoine

Belgique • elodieantoine.be

Élodie Antoine vit et travaille en Belgique.
Combinant subtilement les matières textiles et les techniques, ses objets souvent colorés jouent ironiquement avec le réel en mettant en avant ses contrastes : le gigantesque et le minuscule, le souple et le rigide, l'ombre et à la lumière.
En invitant la dentelle dans son travail, elle crée des œuvres à part, plus petites mais aussi plus sombres et percutantes.
Elle y exprime sa fascination inquiète pour le gigantisme fragile du monde industriel.

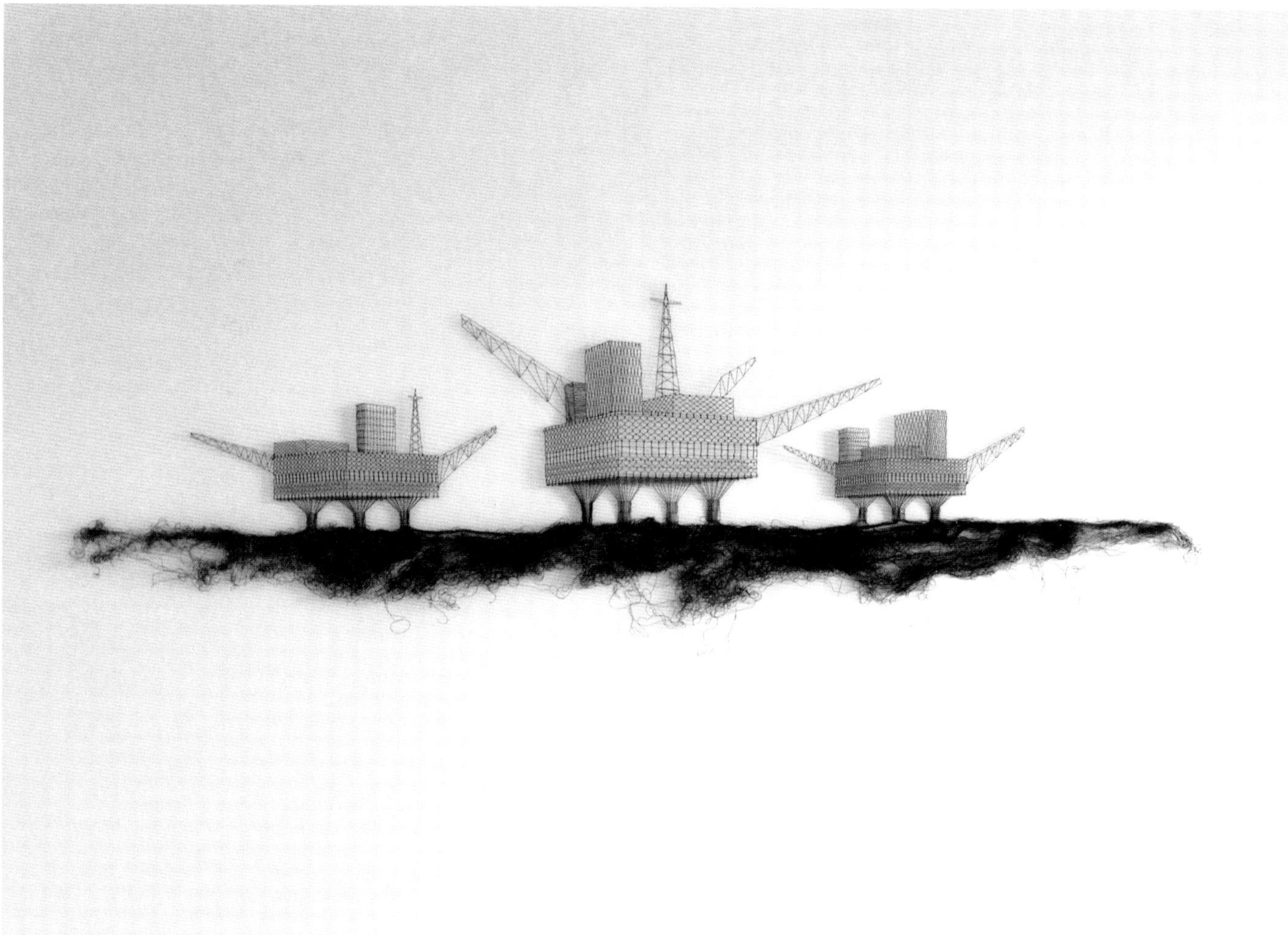

Plateformes pétrolières
155 x 50 cm – dentelle aux fuseaux – coton – collection privée – 2014.
© Galerie Aeroplastics Brussels, Belgique.

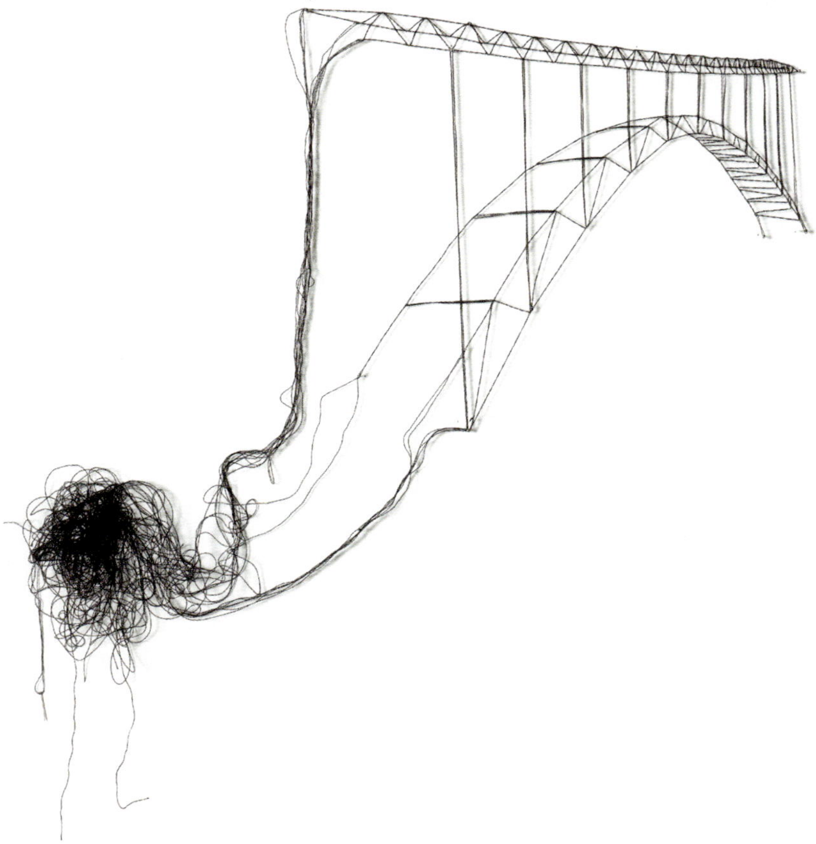

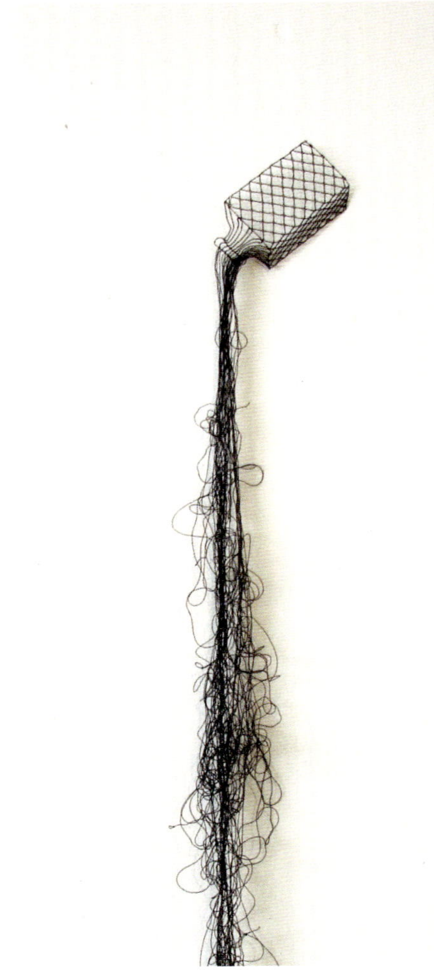

Flacon
19 x 20 cm – dentelle aux fuseaux – coton – collection personnelle de l'artiste – 2013.

Pont en dentelle
43 x 35 cm – dentelle aux fuseaux – coton – collection privée – 2013.

J'ai découvert la dentelle aux fuseaux lors d'un stage d'introduction à la dentelle d'une semaine à l'Académie d'Été de Libramont-Chevigny, en Belgique. Ce stage était dirigé par Geneviève Kesteloot (page 68). Elle m'a appris les bases techniques de la dentelle et ensuite, j'ai continué mon apprentissage seule, grâce à des livres.

Dans mon travail, j'ai toujours fait appel à des techniques traditionnelles anciennes comme la broderie, le tricot, le crochet. Tout type d'artisanat en général m'intéresse. L'apprentissage de nouveaux savoir-faire fait pleinement partie de ma pratique, et ce sans même savoir si je les inclurai ensuite dans mes œuvres. C'est par pure curiosité et pour nourrir ma pratique personnelle.
La dentelle aux fuseaux m'a longtemps intriguée avant de l'apprendre, tout comme la forme magnifique des fuseaux et la gestuelle qui les accompagne. Sa dimension très méditative, sa constance et le côté rassurant de la répétition de ses gestes m'ont aussi particulièrement attirée.

Dans mes œuvres réalisées en dentelle, j'ai voulu jouer avec la finesse et la fragilité de cette technique et la confronter aux architectures industrielles, à ces ouvrages d'art monumentaux. Habituellement la dentelle est réalisée en tout petit, avec minutie, à la maison. C'est un univers supposément féminin, alors que l'architecture industrielle est un monde gigantesque, solide, et supposément masculin. La représenter en dentelle met en évidence sa fragilité, comme on peut le voir avec les cheminées de centrale nucléaire (*Paysage nucléaire*, 2006), une œuvre tristement prémonitoire puisque la catastrophe de Fukushima a fait un terrible écho à mon travail.
La dentelle n'apparaît pas dans toutes mes œuvres, car j'utilise de nombreuses autres matières, textiles ou non, comme le verre. Créer en dentelle m'impose de me replonger dans les points, de retrouver le doigté, la gestuelle. Cela m'oblige à m'y consacrer totalement, sans rien faire d'autre, jusqu'à ce que l'œuvre soit achevée. Mes dentelles sont réalisées uniquement en fil de coton noir, tel un crayon de papier sur une feuille blanche. C'est toujours pour jouer avec les contrastes mais aussi avec l'ombre portée qui se dessine alors derrière la dentelle et accentue sa fragilité. Techniquement, je travaille surtout des fonds grâce à des modèles trouvés dans des livres. Chaque fond est réalisé par zone pour créer une perspective et donner l'illusion d'une dentelle en trois dimensions. De plus, j'ai inventé ma propre façon de travailler les bordures pour que celles-ci soient les plus minimales possible.
Autre particularité de mes dentelles, les fils, habituellement soigneusement cachés par les dentellières une fois la dentelle terminée, deviennent toujours autre chose dans mes œuvres. Dans les cheminées nucléaires, les fils deviennent fumée par exemple. C'est encore le jeu du contraste qui m'amuse, entre le fil très structuré de la dentelle et le fil libre qui devient autre chose. Cela donne un côté inachevé au travail, une certaine forme de déliquescence. L'idée que mes dentelles puissent se déformer d'elles-mêmes avec le temps me plaît particulièrement et fait partie intégrante du processus de création.

En ce qui concerne la transmission de ce savoir-faire, je ne propose pas l'apprentissage de la dentelle dans les cours de design textile que je donne. Cette technique me paraît trop difficile à s'approprier dans le temps imparti par ce cursus, sauf bien sûr s'il s'agit d'une demande particulière d'élève.
La dentelle est très chronophage, encore plus que la plupart des techniques textiles car elle nécessite d'acquérir de nombreux automatismes corporels avant de pouvoir se l'approprier. Choisir aujourd'hui de faire de la dentelle, c'est aller à contre-courant de notre époque, c'est presque une forme de rébellion.

Si vous étiez...

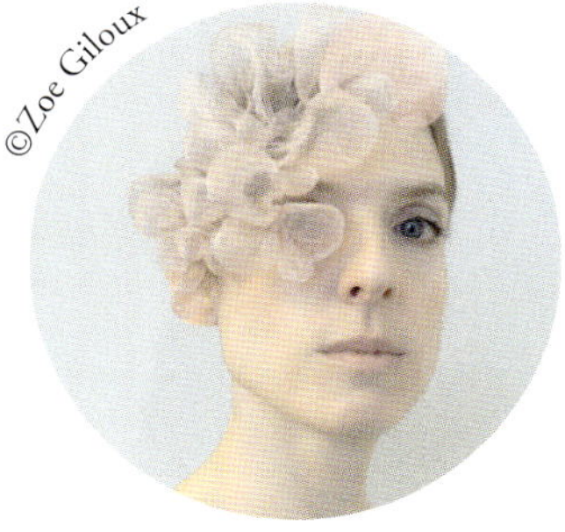
©Zoe Giloux

UN POINT OU UN FOND DE DENTELLE
Le point de Bruxelles car j'y vis depuis vingt-cinq ans.

UNE DENTELLE
Une résille travaillée à la main, avec des imperfections qui font son charme.

UNE MATIÈRE
Je serais plutôt un contraste de matières.

UNE ŒUVRE D'ART
Le déjeuner en fourrure de Meret Oppenheim ou IKB, la couleur bleue d'Yves Klein.

UN MUSÉE
J'aime les musées, mais je ne pourrais pas en être un.

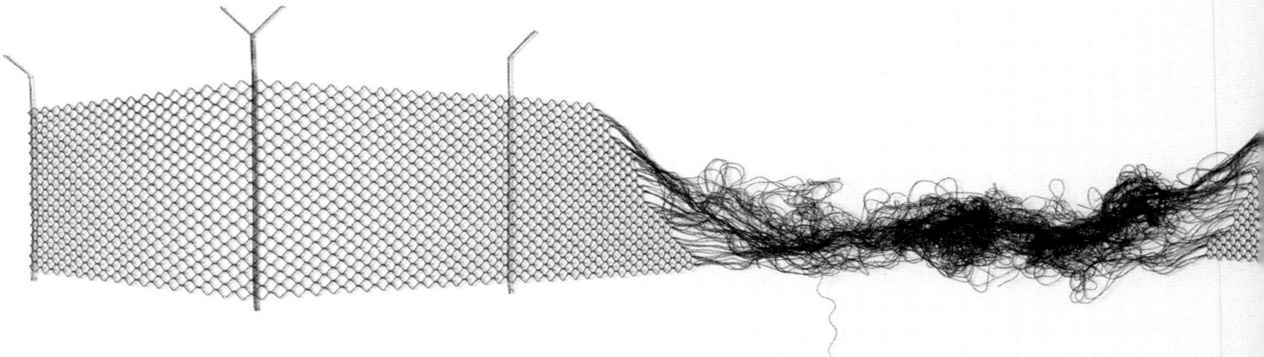

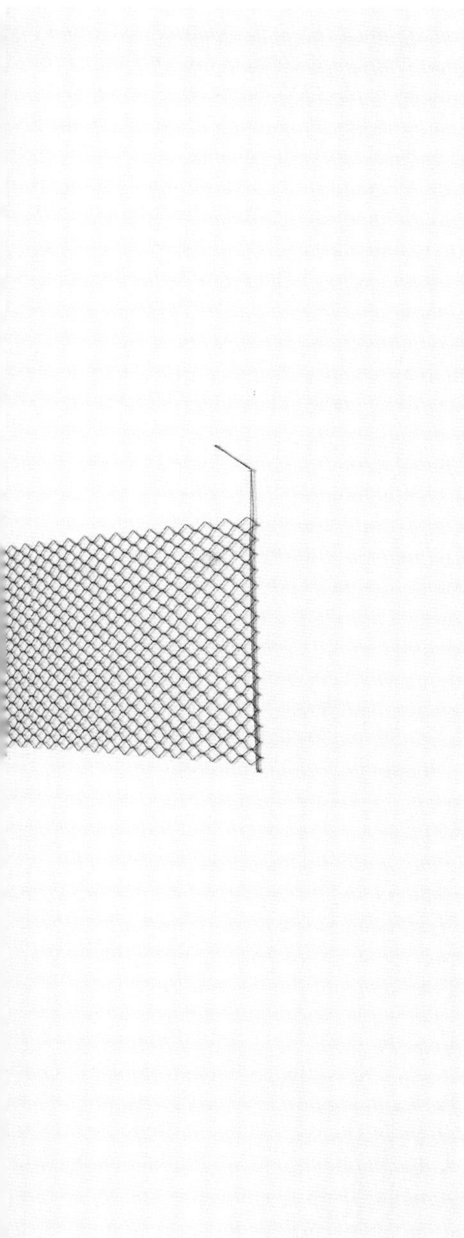

Grand grillage affaissé
126 x 24 cm – dentelle aux fuseaux – coton – collection privée – 2014.

Jane Atkinson

Angleterre • contemporarylace.com

À la manière des dentellières traditionnelles qui reproduisent les mêmes motifs pour les perpétuer, Jane Atkinson représente en dentelle les paysages, la faune et la flore qui l'entourent pour qu'ils ne disparaissent pas. Ses dentelles réalisées intuitivement, à la fois régulières et déstructurées, expriment leurs fragilités face aux effets des dérèglements climatiques, mais aussi leurs forces par ces grands formats et cette maîtrise technique.

Page de droite :
Seableed
59 x 43 cm – dentelle aux fuseaux – différents lins – collection personnelle de l'artiste – 2018.
Photo : Peter Smith

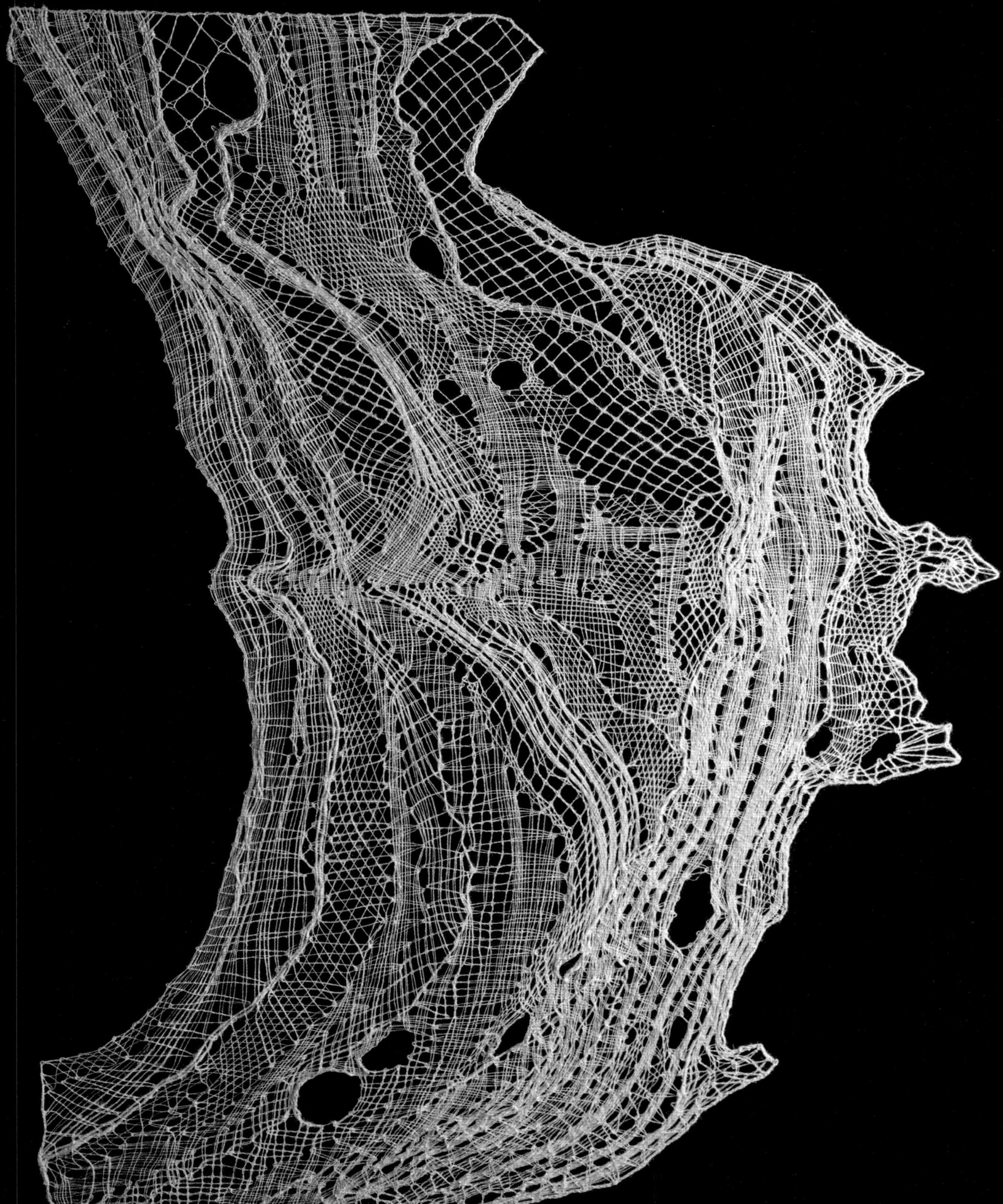

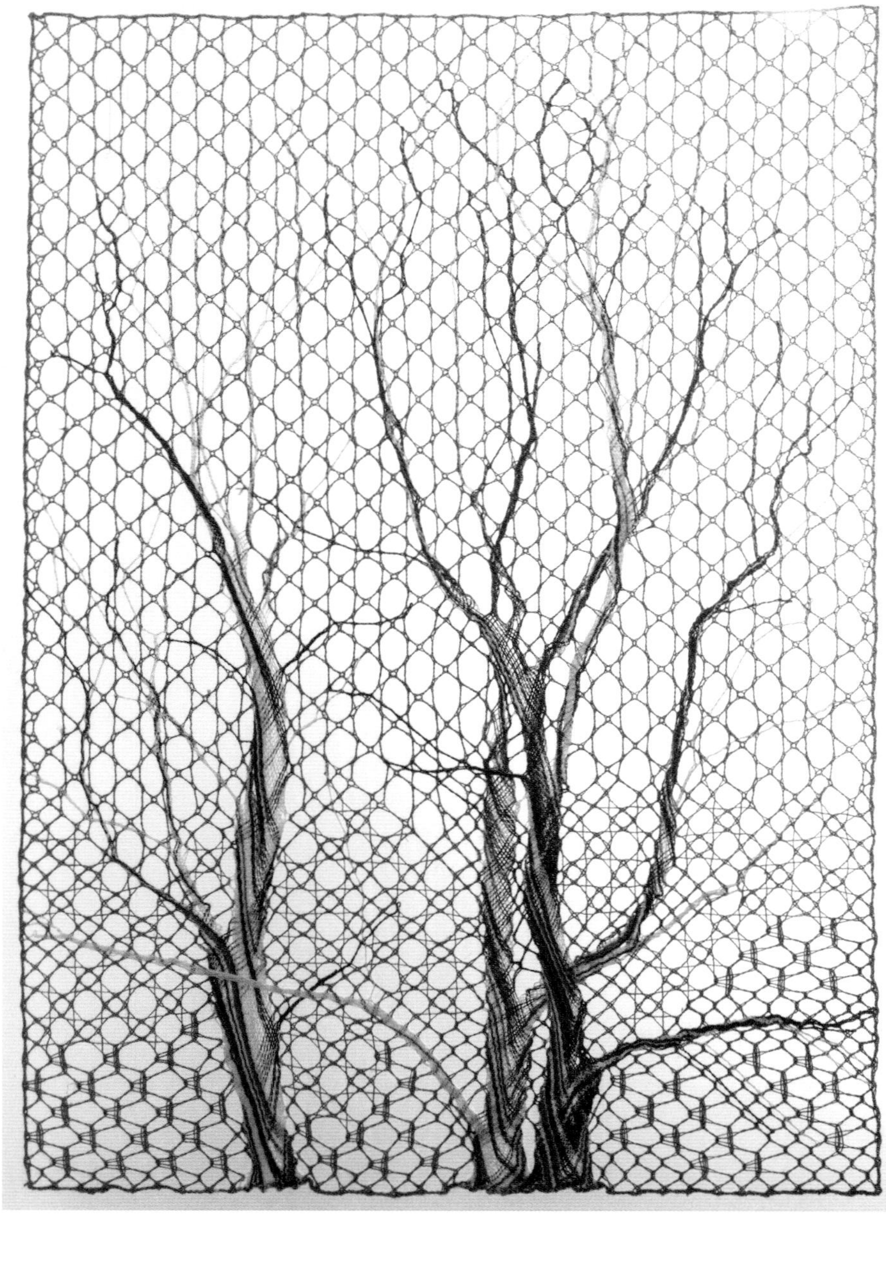

Arbor mortis
69 x 48 cm – dentelle aux fuseaux – étoupe de lin – collection personnelle de l'artiste – 2017.
Photo : Peter Smith

Lorsque j'étais enfant, dans les années cinquante, il y avait dans le salon de ma grand-mère, un carreau de dentelle de Downton qu'elle avait elle-même utilisé plusieurs dizaines d'années auparavant.
Elle avait appris la dentelle avec sa mère et ma tante en bas âge, dans des cours organisés par le Women's Institute (connu sous le nom de WI), une organisation de femmes des campagnes.
Elle avait gardé ce carreau en souvenir, comme sujet de conversation.
Un jour, j'ai fini par lui demander comment on faisait de la dentelle mais elle n'a jamais voulu m'apprendre, je crois qu'elle pensait que je n'aurais pas la patience.
Downton est un village situé au sud de Salisbury, dans le Wiltshire.
C'était autrefois le centre d'une industrie de dentelle artisanale d'un style unique, à fond clair et de dentelle torchon.
Des efforts ont été faits pour la faire revivre dans les premières décennies du XXe siècle par la personne qui l'a enseignée à ma famille. J'ai encore les fuseaux pointus caractéristiques de ma grand-mère et son échantillonneur de motifs de dentelle, ainsi que des articles qu'elle a ornés pour des membres de sa famille.
Dans les années vingt, les femmes ordinaires avaient du mal à se procurer de jolies choses, car de nombreuses usines de dentelle avaient disparu pendant la Première Guerre mondiale, alors souvent elles les fabriquaient elles-mêmes.
Ma grand-mère a fini par jeter au feu son coussin et son porte-coussin quand elle a déménagé en 1961. J'ai conservé jusqu'à ce jour le dé à coudre offert à ma tante par l'industrie de la dentelle de Downton lorsqu'elle était enfant, pour l'encourager à continuer à faire de la dentelle, car il était rare que trois générations fassent de la dentelle ensemble ; malheureusement, la dentelle aux fuseaux ne l'a pas vraiment attirée, mais elle a découvert plus tard la frivolité et est devenue experte.
Je garde précieusement certaines des magnifiques pièces qu'elle a fabriquées.

J'ai découvert la dentelle aux fuseaux tout à fait par hasard grâce à un inconnu lorsque j'ai déménagé dans le Dorset, sur la côte sud de l'Angleterre. Mis à part quelques leçons, j'ai surtout dû m'instruire seule à partir de livres ; j'ai d'ailleurs eu la chance qu'un très bon livre sur le sujet soit sorti au moment où j'en avais besoin.
La première fois que j'ai déplacé des fuseaux sur un métier, j'ai eu l'impression de voir des étoiles. J'ai ressenti une émotion qui ne m'a jamais plus quittée. Je fais de la dentelle par pur plaisir et pour me détendre, même lorsque ce que je fais est difficile et que je dois réfléchir pour passer d'une épingle à l'autre, en improvisant sur un dessin plutôt qu'en suivant un modèle. J'aime aussi préparer méticuleusement le patron, mais au final la conception n'est jamais qu'une idée - vous ne pouvez jamais savoir si vous avez réussi avant de voir la pièce terminée.
Lorsque j'ai commencé à expérimenter la création de modèle, j'ai exploré les trois dentelles régionales britanniques les plus populaires, la dentelle de Buckinghamshire, avec son délicat point hexagonal, la Bedfordshire et sa guipure tressée, et la Honiton, une dentelle fine fabriquée à partir de plusieurs petites parties jointes.
Je ne m'étais jamais vraiment intéressée à la dentelle torchon, une dentelle assez répandue et très géométrique, simple, avec des mailles en forme de diamant et que l'on enseigne souvent aux débutants. Je la trouvais monotone. Lorsque l'on m'a demandé d'enseigner la création de modèles à un groupe de dentellières, j'ai alors reconsidéré la dentelle torchon et ce fut une révélation. J'ai compris qu'elle avait en réalité un potentiel illimité.

Pour réaliser mes dentelles, j'ai étudié l'histoire, l'architecture, le dessin de motifs, les textiles en général, je me suis intéressée à la nature, la science, la mythologie, la culture internationale, l'histoire de l'art et l'archéologie. J'ai étudié la pédagogie, la littérature et plus particulièrement la poésie. J'ai lu un jour que les étudiants en art invités à des répétitions de musique dessinaient différemment selon le compositeur qu'ils écoutaient, alors j'ai décidé de mettre de la musique classique anglaise et moderne du XXe siècle dans mon atelier.
De mes voyages, je rapporte du fil de lin, ma matière préférée, dans des couleurs et des styles que je ne trouve pas au Royaume-Uni. Peu à peu, la dentelle est devenue une sorte de moteur qui alimente tout ce que je fais et me pousse vers l'avenir.
Quand j'ai commencé à créer des modèles, un ami m'a suggéré l'idée d'inventer une dentelle de ma région, le Dorset.
Une façon d'y parvenir était de m'inspirer des spécificités de la région, j'ai donc commencé à dessiner des fleurs sauvages, à représenter de façon abstraite la glace qui se dépose sur les marais en hiver, des falaises, des détails architecturaux et décoratifs locaux, à relever toutes les particularités du paysage.
La dentelle torchon m'a permis d'aborder tous ces sujets.

Pour les œuvres abstraites, suggérées par des formes naturelles, j'utilise toute technique qui me semble appropriée. Il m'arrive d'inventer des points, de filer moi-même les fils, de puiser dans la dentelle tchèque, le freehand et d'autres techniques qui se présentent à moi. Je ne fais pas partie de ceux qui apprennent de nombreuses techniques, j'essaie de faire ce que je peux avec ce que je connais ou ce que je trouve dans les livres.
Les travaux en couleurs par exemple nécessitent selon moi d'être faits avec des techniques simples, sinon cela risque de ressembler à un amas de couleurs désordonnées.
Autrement, j'aime laisser la dentelle se faire toute seule après avoir déterminé le chemin des fils ou prévu les effets recherchés.
IL est arrivé qu'une commissaire d'exposition ne choisisse aucun de mes travaux en couleurs parce qu'elle estimait que mes travaux monochromes étaient plus intéressants...

Pour mon exposition *Ebb'n'Flow*, je me suis inspirée de plusieurs décennies d'observation et d'un journal visuel que j'avais constitué en photographiant le même chemin emprunté chaque jour à l'heure du déjeuner. Souvent, nous n'apprécions les choses que nous voyons que lorsque nous les comparons à nos souvenirs.
Et ces souvenirs m'ont montré que le paysage où j'ai vécu pendant quarante ans est subtilement, et parfois dramatiquement, affecté par la dégradation de l'environnement. C'est donc devenu ma mission de le démontrer par mon travail à ceux qui n'en ont pas encore conscience.

J'ai toujours eu la conviction que la dentelle avait un potentiel inexploité... Plus jeune, je me suis demandé ce que c'était, puis j'ai pris plaisir à le chercher et je suis fière de ce que j'ai trouvé jusqu'à présent. Mais ce n'est qu'une goutte d'eau dans l'océan par rapport à ce que d'autres peuvent faire.
J'ai également eu la chance d'être invitée à exposer dans de nombreux pays d'Europe – Slovaquie, République tchèque, Pologne, Hongrie, Autriche, Croatie, France et Espagne – où j'ai été accueillie par des communautés dynamiques dont la culture de la dentelle est totalement différente de la mienne.
La dentelle est une fraternité internationale et je suis toujours étonnée de voir que nous faisons tous la même chose... différemment.

Je ne parle peut-être pas la même langue, mais je peux

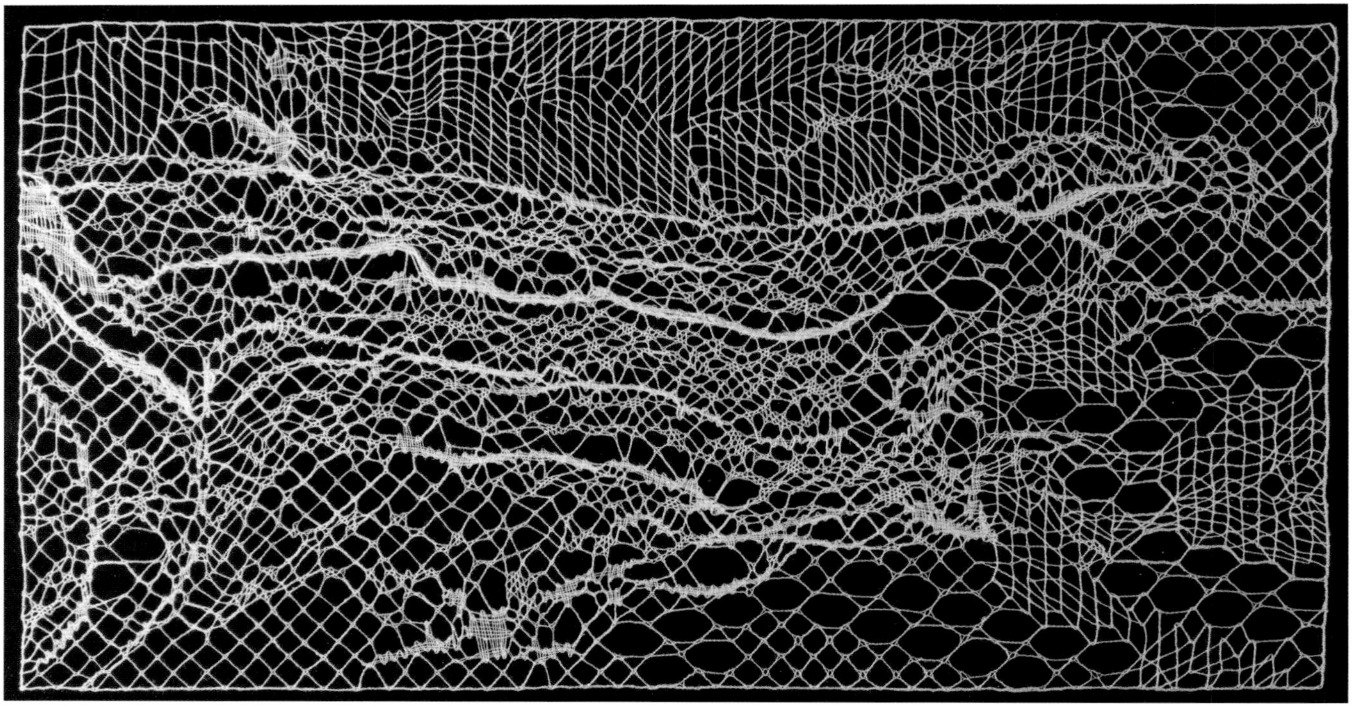

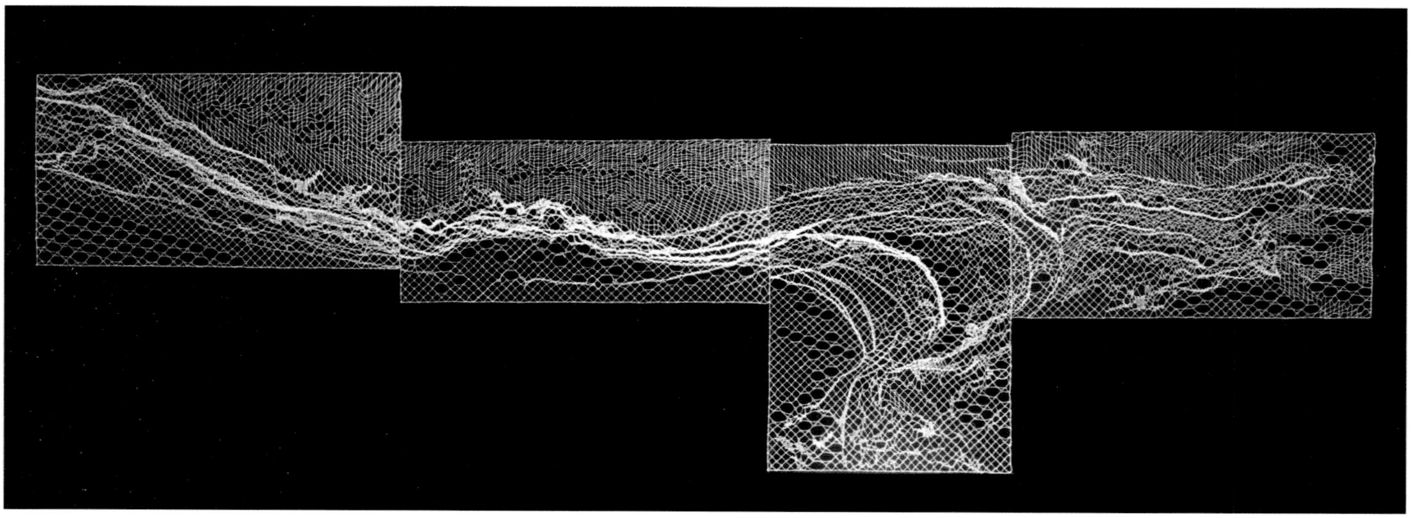

Oxygen 4 (détail de la série Oxygen 1-4)
429 x 55 cm – dentelle aux fuseaux – lin tchèque filé à la main – collection personnelle de l'artiste – 2016.
Photo : Peter Smith

Oxygen 1-4
131 x 56 cm ; 225 x 56 cm ; 352 x 38 cm ; 429 x 55 cm – dentelle aux fuseaux – lin tchèque filé à la main – collection personnelle de l'artiste – 2016. Photo : Peter Smith

Page suivante :
On the Trawl
32 x 83 cm – dentelle aux fuseaux – lin – collection personnelle de l'artiste – 2017. Photo : Peter Smith

m'émerveiller et apprécier les compétences que l'on me montre, et une autre dentellière qui n'a peut-être jamais utilisé les couleurs et les fils que j'utilise peut néanmoins comprendre comment j'ai construit mes effets.

L'enseignement a été le moteur de ma dentelle à partir du moment où j'ai commencé à comprendre comment la concevoir, et mon désir de ne jamais donner deux fois le même cours m'a poussée à explorer constamment comment je pouvais améliorer mes compétences.
Je suis donc très reconnaissante à l'enseignement, pour m'avoir tant appris.

J'ai écrit deux livres sur la conception de la dentelle afin de transmettre ce que j'ai appris, et on m'a demandé l'année dernière d'en écrire un autre, car il y a eu un regain d'intérêt pour la dentelle pendant la pandémie. J'avais demandé à trois autres artistes de l'écrire avec moi, mais finalement cela n'a pas abouti. Alors l'un des trois, Pierre Fouché (page 46), m'a demandé ainsi qu'aux deux autres, si nous voulions nous joindre à lui pour enseigner via Patreon. C'est donc là que le matériel de notre livre sera désormais publié.
Pierre a publié des leçons de création de modèles et organisé une masterclass pour encourager les dentellières contemporaines, c'est devenu une communauté en ligne très dynamique.

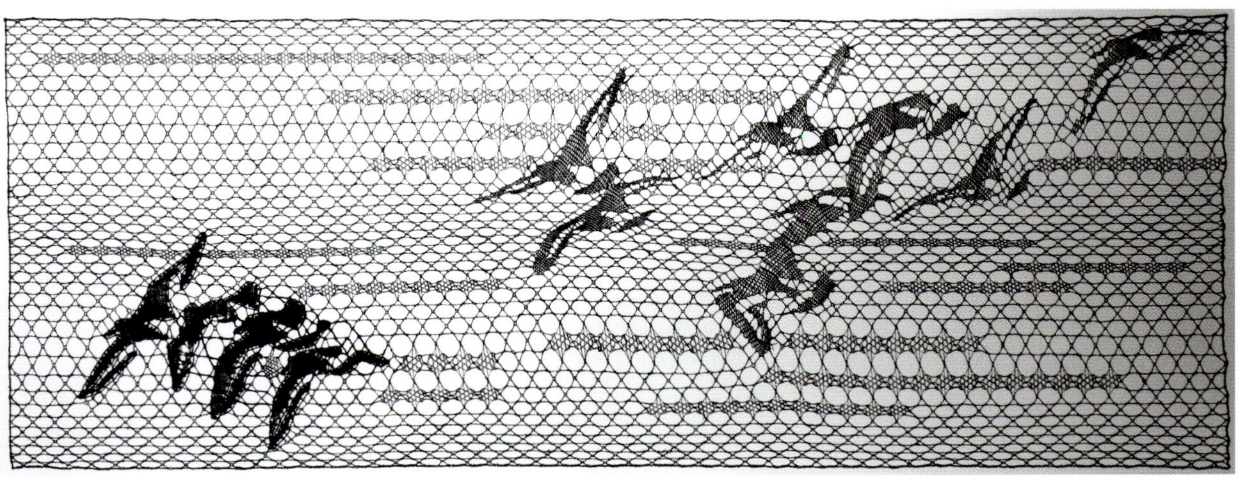

Si vous étiez…

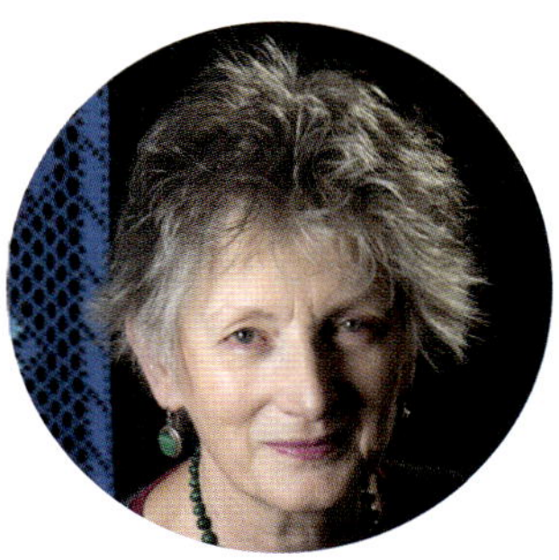

UN POINT OU UN FOND DE DENTELLE
Un gros point de Paris, un champ ouvert aux expérimentations.

UNE DENTELLE
Une dentelle blonde pour un maximum d'effet.

UNE MATIÈRE
Le lin, un fil solide et avec une bonne tenue.

UNE ŒUVRE D'ART
La sculpture de Voltaire par Houdon, quelqu'un qui a vu la vie.

UN MUSÉE
Le Victoria and Albert Museum à Londres, avec ses richesses incomparables.

Daniela Banatova

États-Unis • danielabanatova.com

Daniela Banatova s'est formée en République tchèque et réside actuellement aux États-Unis.
À la fois cellules humaines, organismes marins ou formes végétales, ses œuvres nous immergent dans un monde étrange qui semble se créer sous nos yeux.

Page de droite :
Spirit of Uluru
37 x 100 cm – dentelle aux fuseaux – coton – collection privée – 2019.

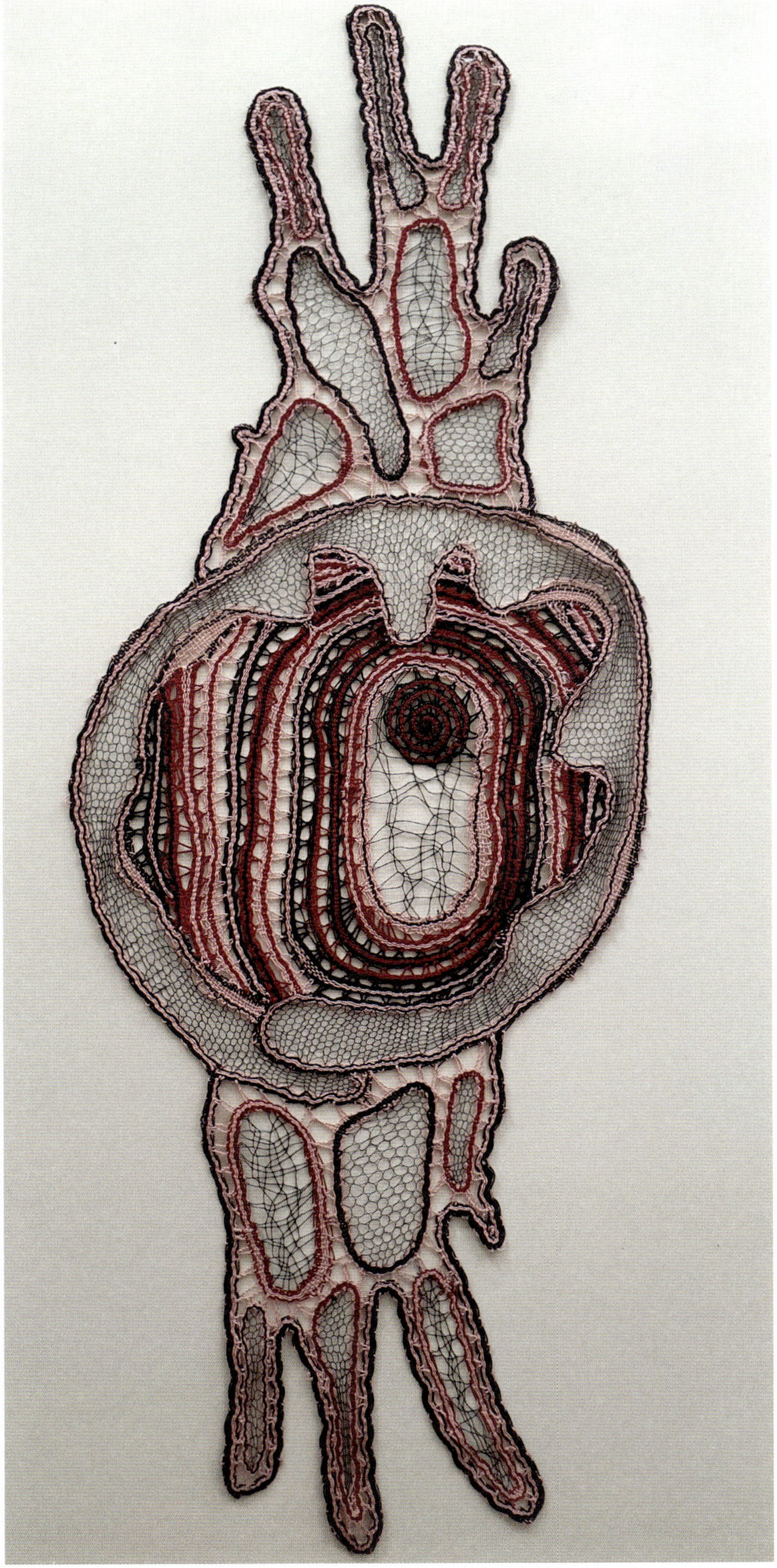

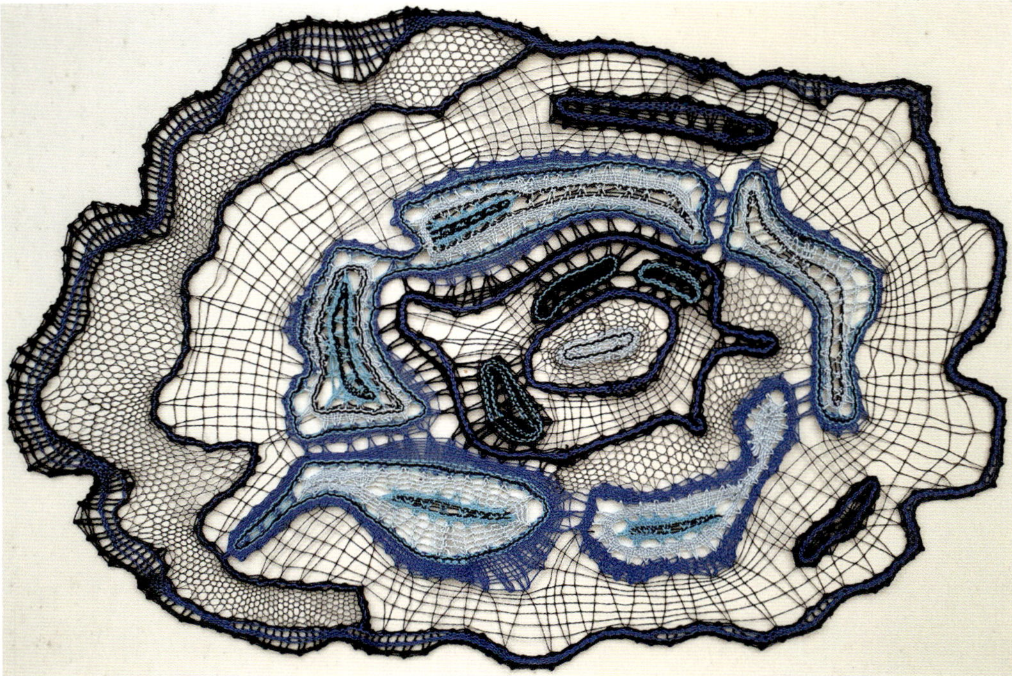

Ocean Song
58 x 40 cm – dentelle aux fuseaux – coton – collection personnelle de l'artiste – 2008.

Ci-contre :
Silence of Consciousness
79 x 25 cm – dentelle aux fuseaux – coton – collection personnelle de l'artiste – 2012.

Ci-dessous :
Whisper of Spirit
73 x 33 cm – dentelle aux fuseaux – coton – Collection privée – 2012.

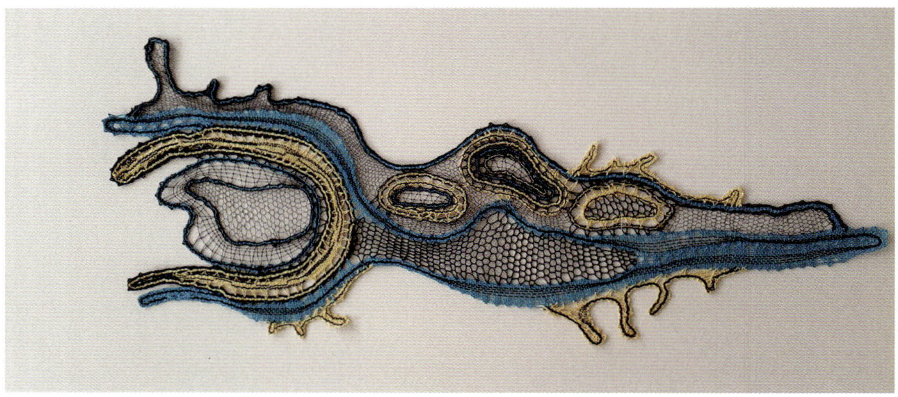

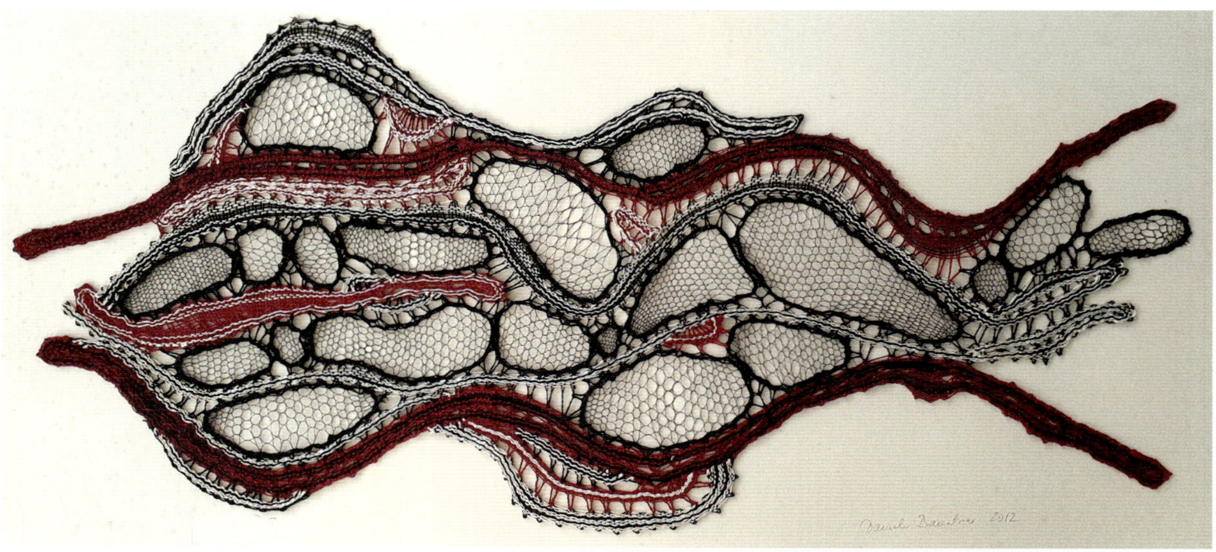

J'ai découvert la dentelle aux fuseaux lors de mes études à la Secondary Industrial School of Textiles de Brno, en République tchèque. Nous apprenions de nombreuses techniques de dentelle, mais c'est celle-ci qui m'a le plus attirée et dans laquelle j'ai voulu me perfectionner. Le son à la fois rythmé et doux des fuseaux m'enchantait et m'apaisait. Depuis mon enfance, j'aime jouer avec les fils, tricoter, crocheter, tisser. La différence avec la dentelle aux fuseaux est qu'elle offre des possibilités infinies de jeux avec l'espace, les couleurs et les formes. C'est aussi une technique très graphique avec ces lignes de fils qui permettent de donner l'illusion de la profondeur. En même temps, la dentelle aux fuseaux est très poétique, fragile.

Dans mes dentelles, je vois des formes organiques, des cellules originelles ; le passage et les épaisseurs de fils créent comme un flux d'énergie interne.
J'utilise peu de points. J'aime la simplicité combinée à l'utilisation de couleurs que j'intègre comme le faisaient les pointillistes dans leurs tableaux.

La nature en générale m'inspire mais ma plus grande affection va aux arbres. Ils peuvent nous apprendre tant de choses, ils ont leur propre histoire, leur propre sagesse.
Au cours de mes nombreux voyages, il y a tant d'arbres qui m'ont inspirée par leur forme, l'énergie qu'ils dégagent.
Le dernier en date, je l'ai trouvé dans le sud de la Floride.

Aujourd'hui j'écris régulièrement des articles sur la dentelle contemporaine pour un magazine en ligne, Bobbinlace.org.
Il propose à la fois d'apprendre la dentelle traditionnelle en ligne et de découvrir le travail d'artistes contemporains.
Il est essentiel de partager ses connaissances, d'interagir avec les autres. Peu importe ce que l'on fait et quelle pratique on a, l'échange d'idées, de connaissances et d'expériences me paraît nécessaire à notre évolution personnelle et à notre travail en tant qu'artistes.

Si vous étiez…

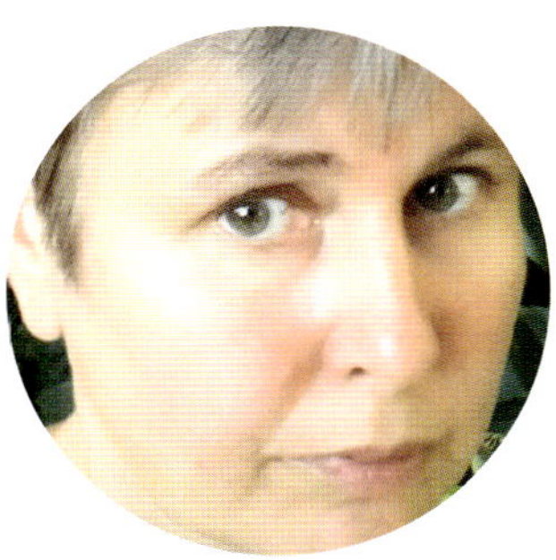

UN POINT OU UN FOND DE DENTELLE
Le fond torchon.

UNE DENTELLE
Un point libre.

UNE MATIÈRE
Du lin.

UNE ŒUVRE D'ART
La Hundertwasserhaus à Vienne en Autriche.

UN MUSÉE
L'Appleton Museum of Art à Ocala, en Floride (États-Unis).

Armel Barraud

France • armelbarraud.fr

Les dessins en dentelle de métal d'Armel Barraud créent des univers peuplés d'animaux et de personnages inspirés des contes, des légendes et des mythologies. Des points et des fonds de dentelle traditionnels posent le décor de la narration d'où s'échappent des fleurs, des arbres et toutes sortes de végétaux.

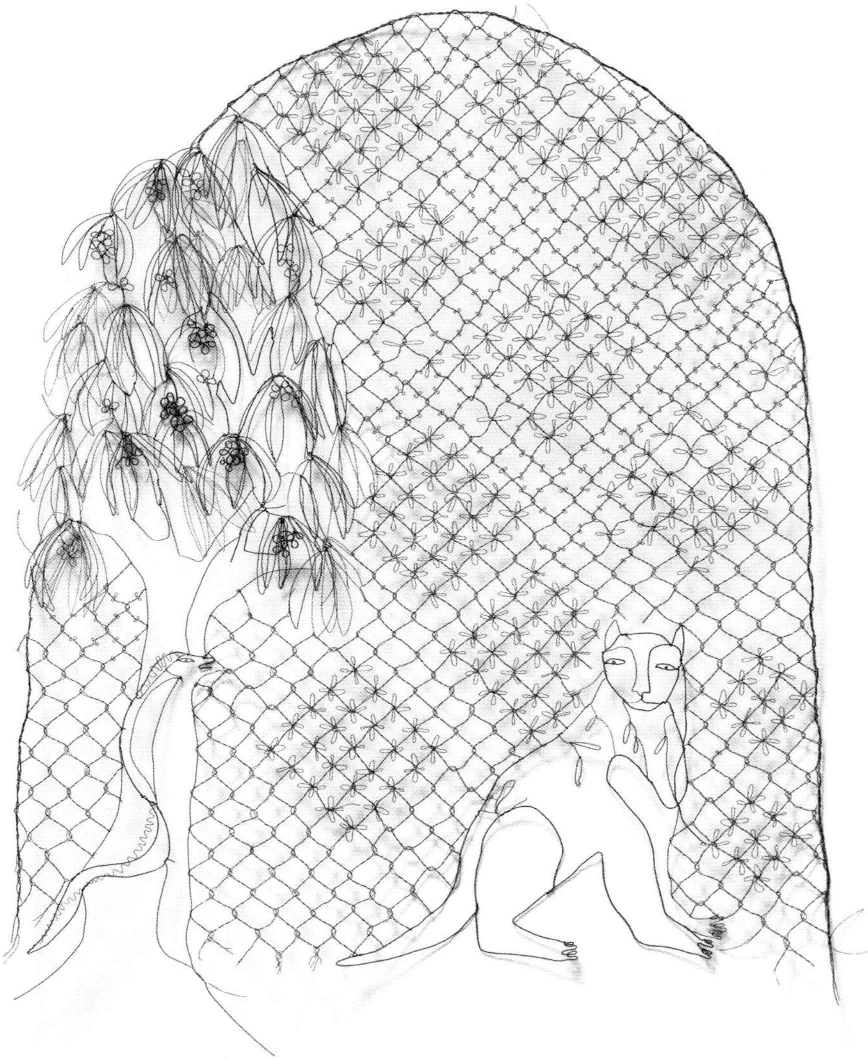

Paradis
42 x 30 cm – dentelle aux fuseaux – fil d'acier et fil d'argent – collection privée (Paris) – 2015.

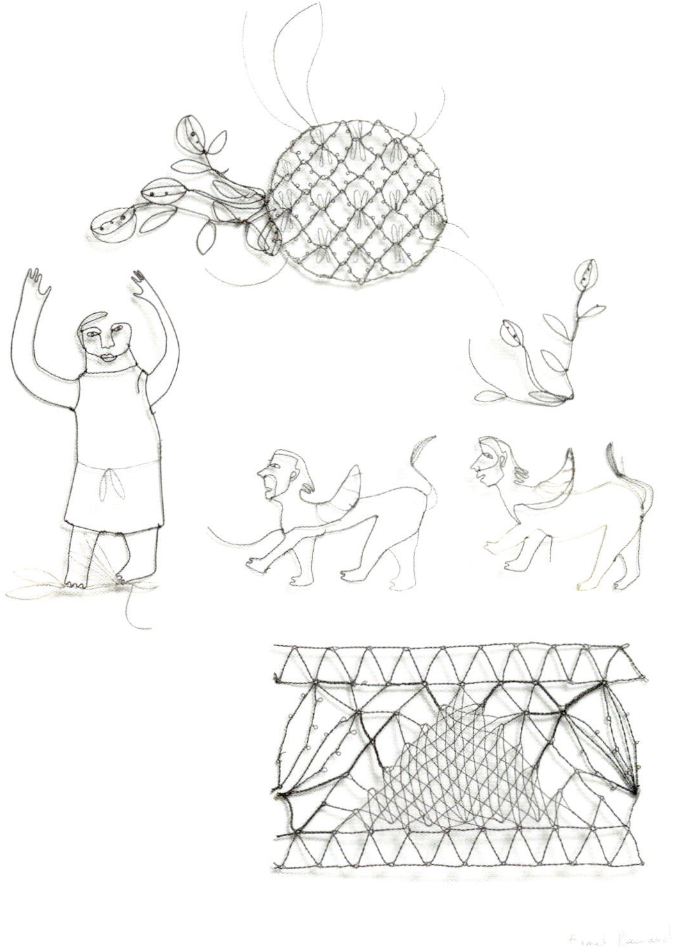

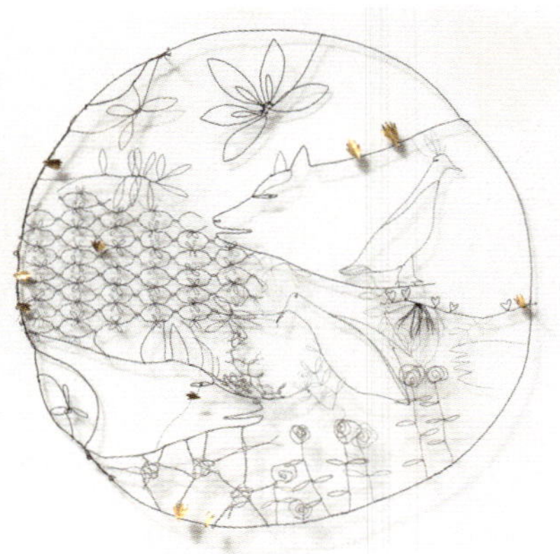

Promenons-nous
28 x 28 cm – dentelle aux fuseaux – fil d'acier – galerie Handwerk (Munich, Allemagne) – 2020.
© Adagp, Paris, 2021.

Ci-dessus :
Tombeau de Percéphone
30 x 24 cm – dentelle aux fuseaux – fil d'acier – collection personnelle de l'artiste – 2016.
© Adagp, Paris, 2021.

Ci-contre, à droite :
Variation autour de la Dame à la licorne
32 x 42 cm – dentelle aux fuseaux – fil d'acier – collection privée (Paris) – 2015.
© Adagp, Paris, 2021.

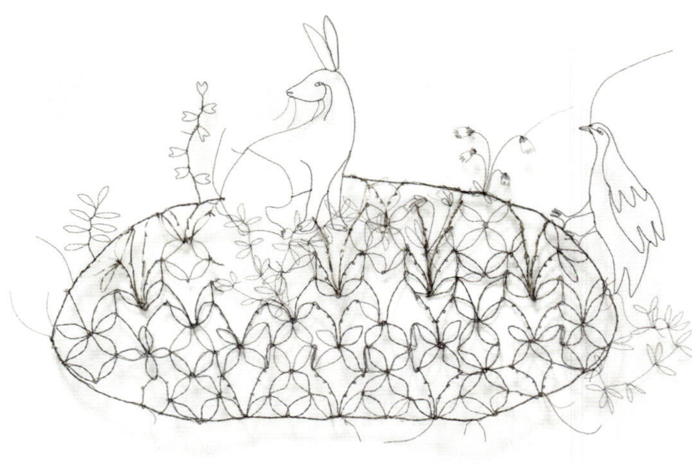

Je suis venue à la dentelle en réalisant des films d'animation pour lesquels j'ai voulu couper des dentelles (mécaniques) pour les exploiter. Je dessinais déjà avec du métal à ce moment-là, je réalisais des mailles métalliques. Quand j'ai vu ces morceaux de dentelle et ces trames, cela m'a fascinée.
À l'occasion d'un concours organisé par la Fédération française des Dentelles et des Broderies (FFDB), je suis allée à la Fédération et ai vu qu'il y avait des cours de dentelle aux fuseaux dirigés par Mylène Salvador. J'ai alors vu des femmes qui créaient elles-mêmes de la dentelle. Ce fut une révélation, il fallait que je l'apprenne, c'était exactement ce qu'il me manquait pour réaliser cette trame. J'ai imaginé les possibilités infinies qui s'ouvraient à moi.

J'ai pu suivre un cours d'une semaine avec Mylène Salvador qui m'a encouragée à continuer.
Il a ensuite été difficile de trouver des cours du soir en France où je pouvais continuer à la fois l'apprentissage traditionnel et utiliser le métal. J'ai donc obtenu une bourse pour partir apprendre à l'étranger, au Portugal. Pendant six mois, j'ai travaillé aux côtés de dentellières avec mon fil de métal.
Je travaillais comme elles, chaque jour. Quand je suis revenue en France, j'avais la volonté de faire perdurer cette technique, de la partager, je pensais qu'en l'utilisant j'apporterais ma petite pierre à l'édifice et participerais à la préservation de cette belle technique.

La dentelle aux fuseaux m'a aussi particulièrement intéressée, car je me suis aperçue que je pouvais prendre et arrêter les fils où je voulais. Avec le métal, je peux couper et arrêter le fil très facilement. Cela me permet d'assembler des panneaux. J'utilise souvent des points très simples, même si parfois je m'inspire de motifs plus élaborés, de frises. Je dessine d'abord les points et puis je les réalise en métal, je mêle dessin et dentelle.
J'utilise des fuseaux portugais assez larges, ce sont ceux avec lesquels j'ai commencé puisque j'ai appris la dentelle au Portugal. Surtout, ils conviennent bien pour dompter le fil de métal.
Ce qui m'intéresse avant tout c'est de dessiner des motifs, de leur donner de la vibration, et la dentelle leur apporte de la texture et de la couleur. Par exemple, j'ai travaillé sur les motifs du fond de *La Dame à la Licorne*. Toutes ces recherches mêlent le motif textile et la narration. Dans mes installations murales, ce sont des images rébus, avec de nombreux éléments qui s'ajoutent les uns aux autres et, quand on les regarde, on se forge son propre scénario, et cela crée des liens et des ponts.

La dentelle est un médium comme un autre pour moi.
Je garde l'essence de la dentelle avec ses points, sa régularité et ses motifs, même si parfois je dévie un peu, mais je reste dans la tradition de la dentelle. D'ailleurs, j'aime beaucoup les ambiances de travail dans les clubs de dentellières, on apprend tout le temps, on discute. Comme elles, j'aime toujours avoir un travail en cours, c'est rassurant. Je suis allée dans plusieurs petites villes dentellières en France, mais aussi en Finlande.
En voyageant, on se rend compte que la dentelle est vécue différemment d'un pays à l'autre. En Finlande par exemple, les clubs de dentelle travaillent de façon assez ludique, on invente des danses avec les fuseaux.

Si vous étiez...

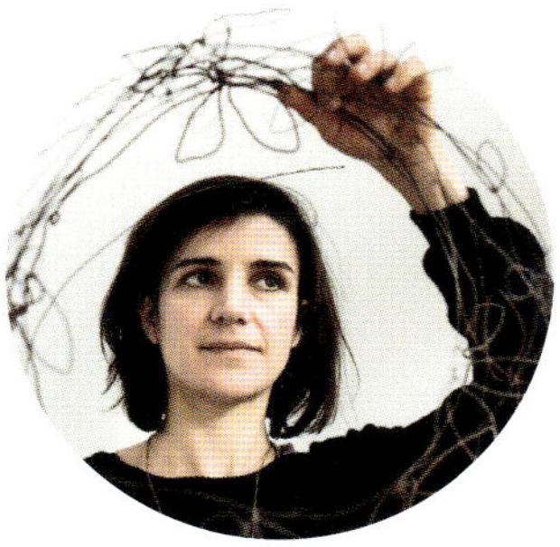

UN POINT OU UN FOND DE DENTELLE
Arañas con base de rosas (point typique de la dentelle portuguaise).

UNE DENTELLE
Celle qu'Yves Saint-Laurent a utilisée pour le dos de sa robe.

UNE MATIÈRE
La mousse de savon.

UNE ŒUVRE D'ART
Une œuvre de Sarah Sze.

UN MUSÉE
Le musée de la Chasse et de la Nature à Paris.

Annie Bascoul

France • anniebascoul.com

La dentelle est omniprésente dans le travail d'Annie Bascoul, que ce soit de la dentelle réalisée à l'aiguille ou aux fuseaux, ou des dentelles projetées, dessinées puis découpées dans du papier ou du tissu. Elle en exploite les jours et la finesse pour créer des espaces raffinés, habités de motifs floraux.
On entre dans ses dentelles blanches immaculées comme on entrerait dans un lieu sacré.

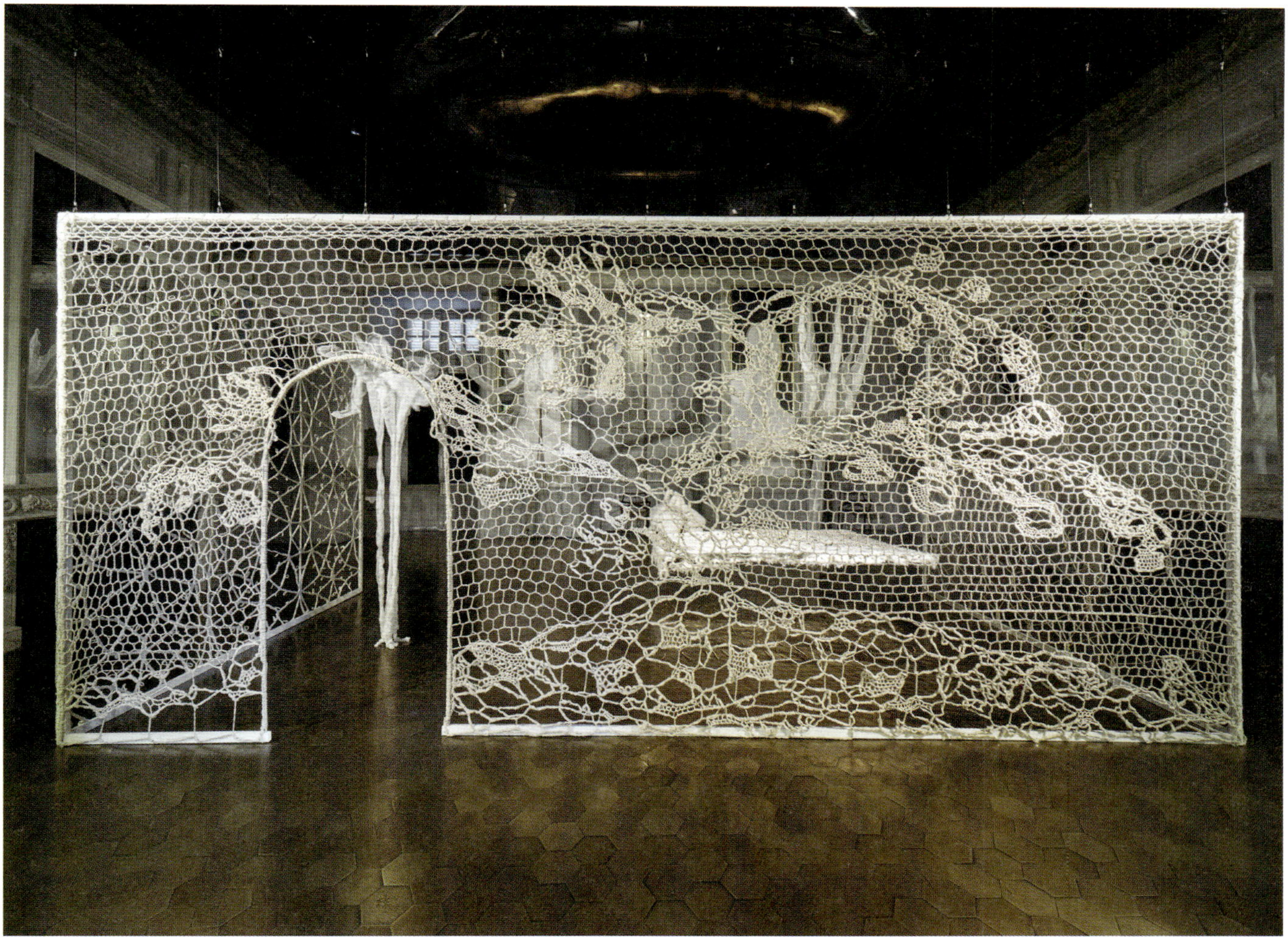

Moucharabieh
600 x 275 cm – dentelle à l'aiguille – coton – 2010.
Lit de jardin, jardin de lit
138 x 188 cm, hauteur variable – dentelle à l'aiguille – coton, laiton, plumes filées – 2003.
Photo © David Giancatarina.

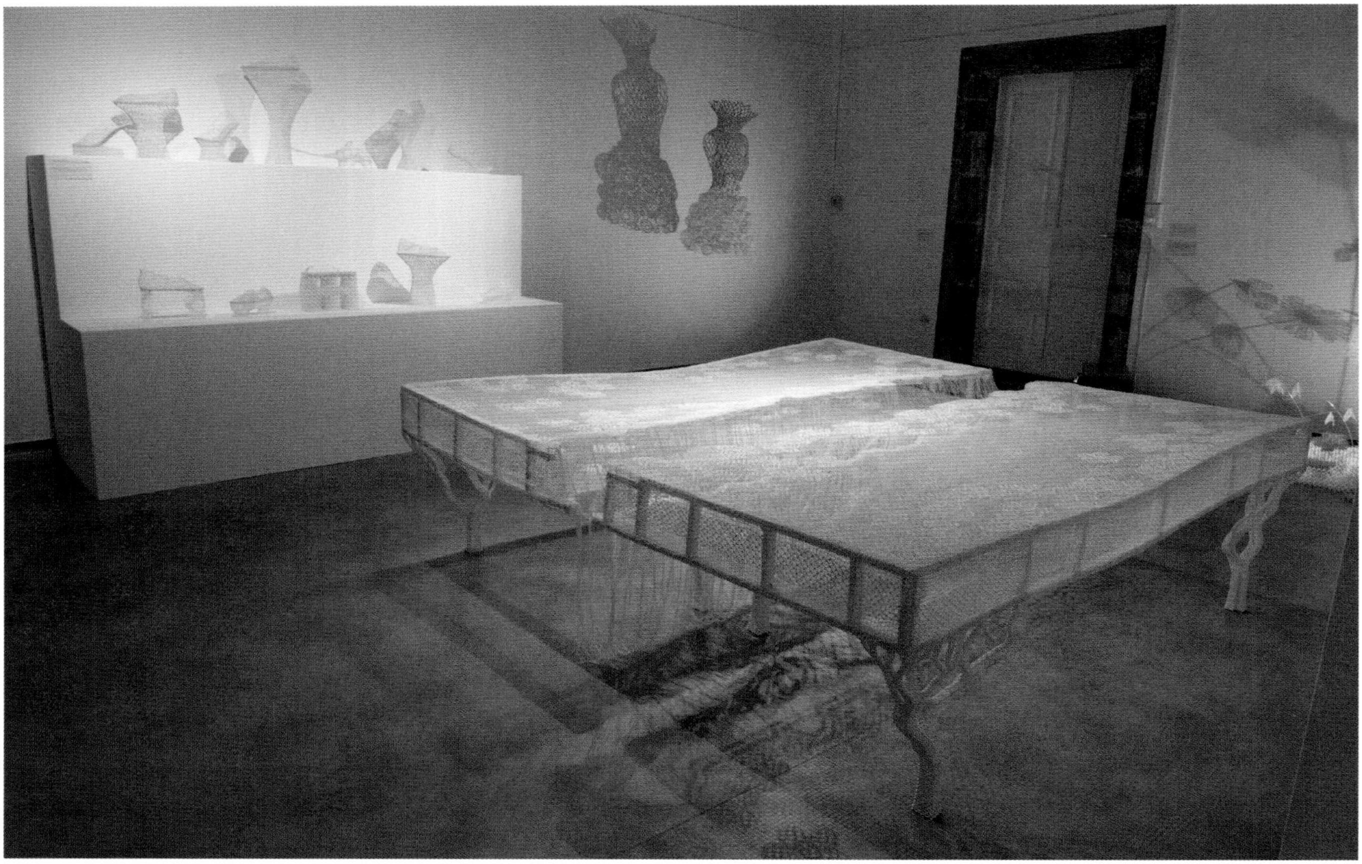

Ci-dessus :
Aux marches du palais (détail)
Lit aux pervenches
210 x 200 x 60 cm – dentelle à l'aiguille, impression 3D – coton – 2019-2020.
Photo © Christophe Bascoul

Ci-contre :
Aux marches du palais (détail)
Prototypes de chaussure
Dimensions variables – dentelle à l'aiguille, impression 3D – coton – 2019-2020.
Photo © Christophe Bascoul

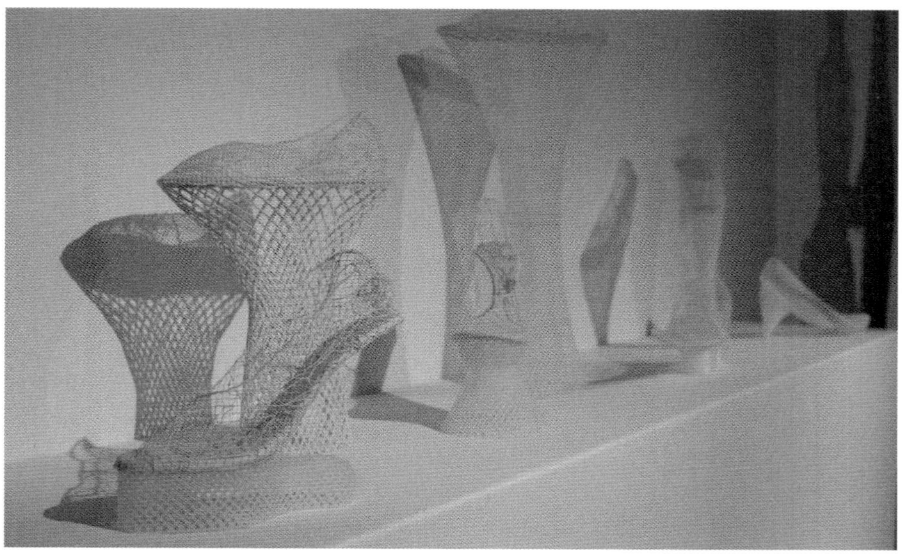

Lors de mon exposition *Dentelle au jardin* au musée des Beaux-arts et de la Dentelle d'Alençon, il m'a semblé intéressant de faire entrer le spectateur dans une dentelle en passant par son ombre puis dans sa lumière. J'ai alors eu l'idée de réaliser un moucharabieh en dentelle pour lequel j'ai suivi des cours de dentelle à l'aiguille, que je prends toujours auprès de Brigitte Depalle. J'ai également appris la dentelle à l'aiguille de Tulle avec les dentellières de l'association Renouveau et Diffusion du Poinct de Tulle lors de ma résidence d'artiste dans cette ville entre 2018 et 2019.

L'ombre et la lumière ont une place prépondérante dans mon travail et la dentelle permet justement ce jeu entre les deux. De plus, je travaille essentiellement le blanc, la transparence, et le fil m'intéresse depuis toujours.
Ce sont essentiellement les lieux d'exposition qui m'ont inspiré les travaux en dentelle, pour le plaisir de me confronter aux lieux. Les thèmes que j'aborde en dentelle sont ceux que l'on retrouve traditionnellement : la nature et les fleurs.

La dentelle est une technique qui peut être utilisée en volume, être exagérément agrandie, être expérimentée dans de nombreux matériaux. Il y a de nombreuses manières de l'aborder aujourd'hui. J'aime montrer que ce n'est pas une technique qui a fait son temps ; on peut se l'approprier de nombreuses façons et l'adapter à son style, ne serait-ce qu'en privilégiant une étape de la fabrication, comme en dentelle à l'aiguille d'Alençon avec le piquage ou les modes par exemple. Enfin, c'est aussi apprendre à envisager ces techniques anciennes autrement, par un autre biais, pour les réactualiser et séduire notre regard contemporain.

Si vous étiez…

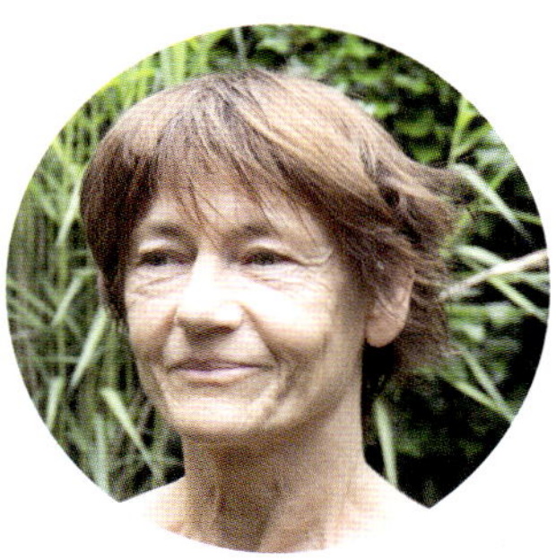

UN POINT OU UN FOND DE DENTELLE
Le point de neige.

UNE DENTELLE
La dentelle d'Alençon ou la dentelle vénitienne.

UNE MATIÈRE
La plume blanche.

UNE ŒUVRE D'ART
J'en aime beaucoup et il m'est difficile de choisir, mais peut-être Cy Twombly dans la série des fleurs, Rothko, Pipilloti Rist, Ann Hamilton, Watteau, Memling, Botticelli…

UN MUSÉE
Le musée du Louvre.

Marie-Thérèse Bonniol

France • artetdentelle.free.fr

S'écarter de la tradition, déformer les fonds, y revenir, confronter la dentelle aux éléments naturels, Marie-Thérèse Bonniol expérimente la dentelle dans toutes ses dimensions.
En utilisant toutes sortes de matières, elle réalise des œuvres insaisissables, à mi-chemin entre le réel et l'imaginaire, et ainsi déploie les possibilités infinies offertes par la dentelle.

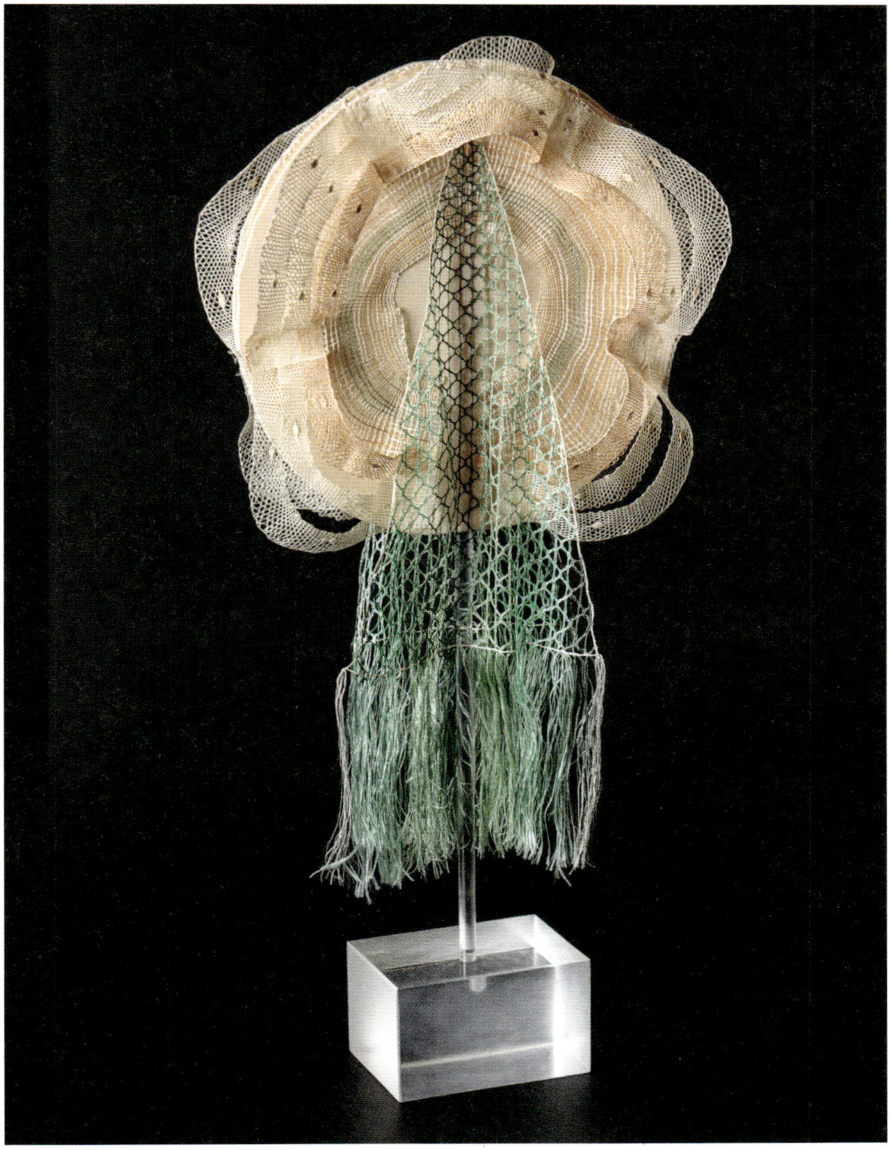

Quintessence
54 x 25 x 7 cm – dentelle aux fuseaux – soie – Cité de la dentelle et de la mode (Calais) – 1995.

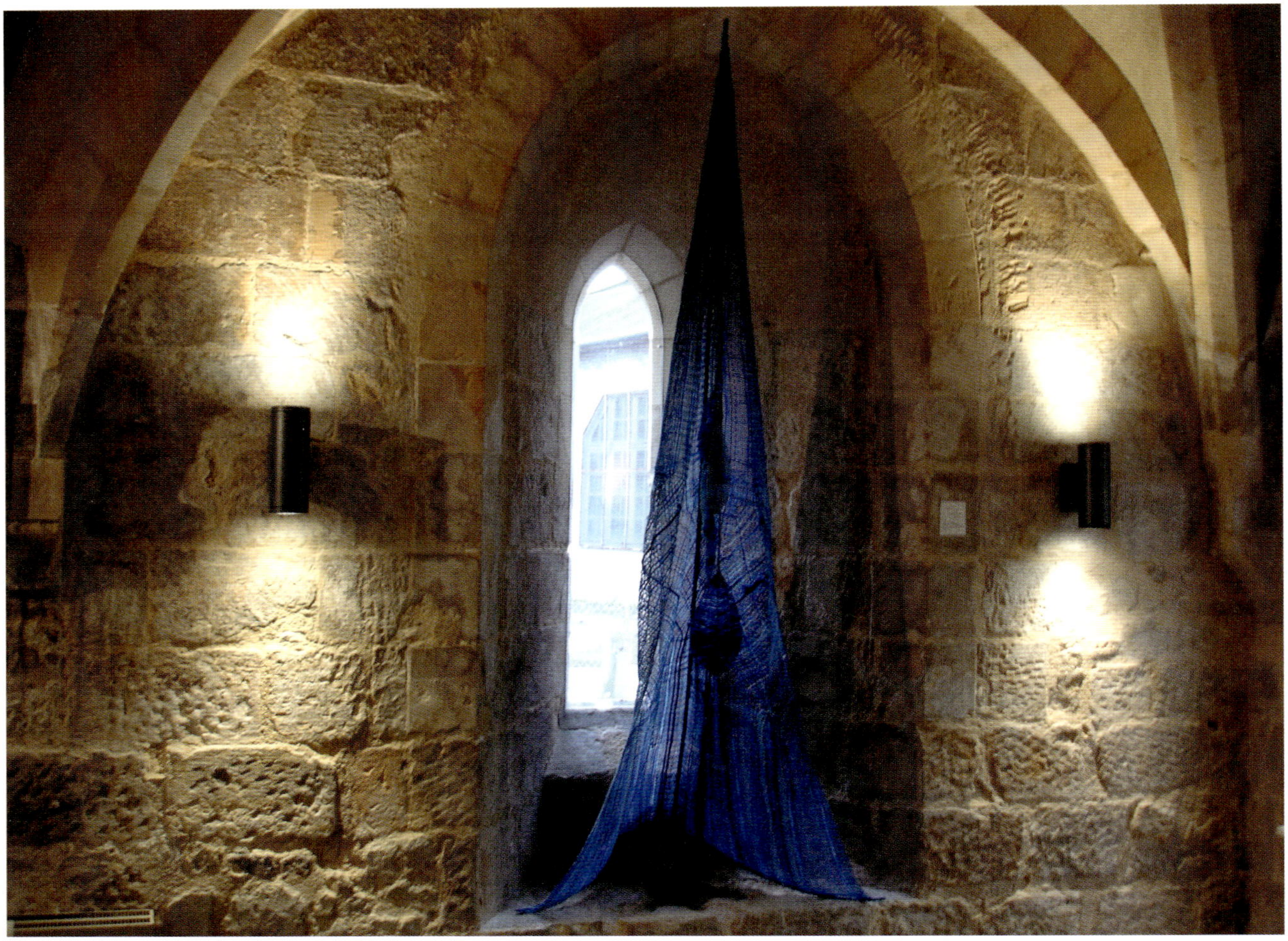

Cascade
200 x 150 cm – dentelle aux fuseaux – lin, coton, soie, polyester – musée de la Dentelle à Abenberg (Allemagne) –1999.

J'ai commencé à apprendre la dentelle en 1976 au Centre d'enseignement de la Dentelle aux fuseaux du Puy-en-Velay. Après plusieurs années de travail sur les diverses dentelles traditionnelles, le désir d'utiliser cette technique pour créer des œuvres et des modèles contemporains a germé et s'est développé petit à petit. En 1985, j'ai été sélectionnée pour une exposition internationale qui a voyagé pendant deux ans en Europe et aux États-Unis. Cette sélection m'a beaucoup encouragée à continuer.

Je considère mon travail comme une recherche dans laquelle j'essaie d'explorer les combinaisons qu'offre la technique de la dentelle aux fuseaux tout en gardant l'idée de dentelle, c'est-à-dire la transparence et la légèreté.
Je me sers des différents points qui ont fait la richesse de la dentelle traditionnelle et je les déforme et les déstructure. Entremêler, croiser les fils, réinventer les formes, essayer de mêler le réel et l'irréel… c'est un cheminement infini.

Il m'arrive aussi de revenir à la logique de la technique car je pense aux dentellières qui l'ont fait évoluer, et sous prétexte de dentelle contemporaine, je ne peux pas oublier tout ce qui a été fait avant nous.
Je joue avec les matières, les textures, les couleurs. Je peux donc passer du fil de coton le plus fin à la soie, au lin, aux fils électriques, de métal, et même à la corde armée.

La réalisation de dentelle cristallisée dans le sel m'a permis de découvrir un autre univers. La formation des cristaux de sel a quelque chose de magique. Après avoir maîtrisé au mieux possible la technique de la dentelle, je voulais laisser la nature finir l'œuvre.
J'ai aussi collaboré avec le verrier Didier Noisetier. Le verre et la dentelle donnent une idée de transparence mais ils ne sont pas pour autant invisibles. Les deux mettent en présence le vide et le plein, le verre donne vie au vide qui prend alors un autre sens. La même question se pose sans cesse à nous : qu'est-ce qui est le plus important, le vide ou le plein ?

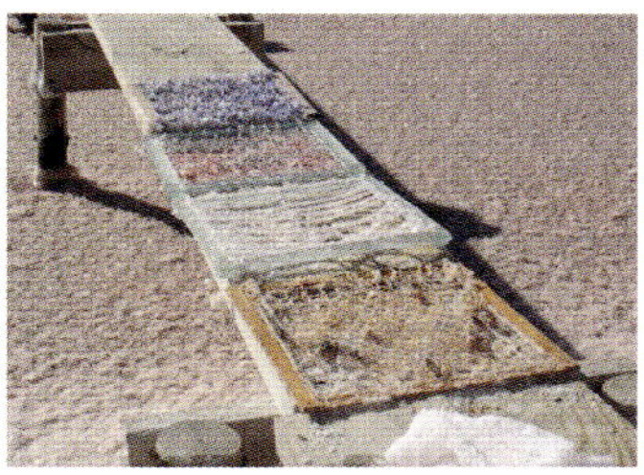

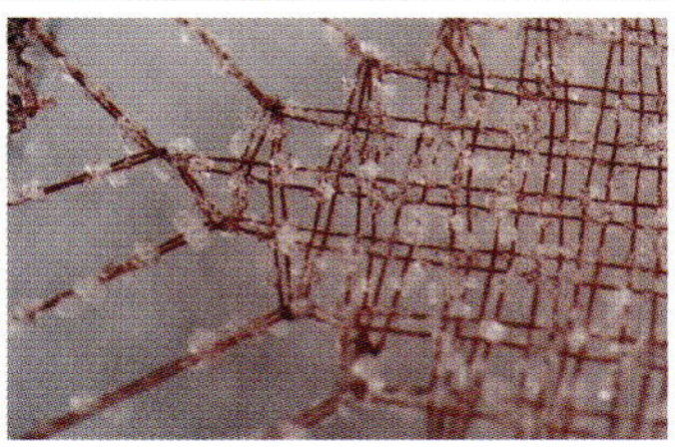

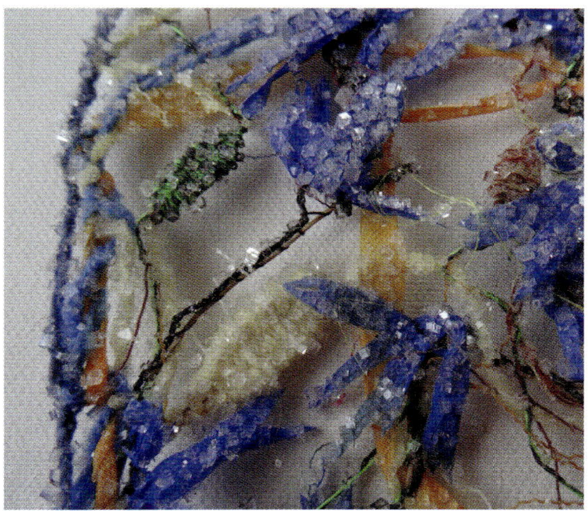

De gauche à droite :
Dentelles dans les marais salants
Aigues-Mortes, 2006.

Dentelle cristallisée (détail)

Si vous étiez…

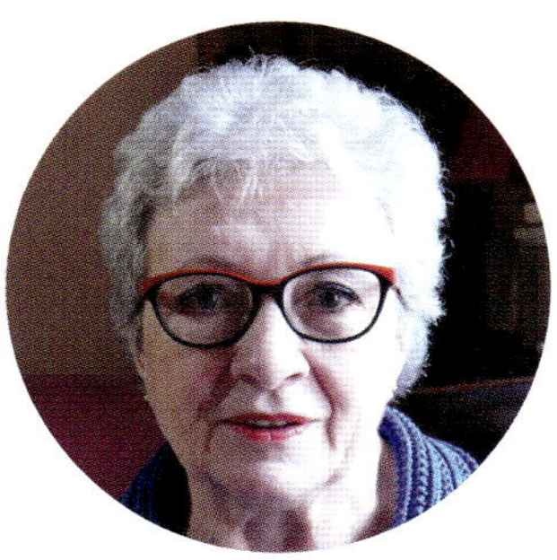

UN FOND OU UN POINT DE DENTELLE
La grille.

UNE DENTELLE
Une dentelle de la Renaissance italienne.

UNE MATIÈRE
Le lin.

UNE ŒUVRE D'ART
La série *Outrenoir* de Pierre Soulages.

UN MUSÉE
Le théâtre-musée Salvador Dali à Figueras, en Espagne.

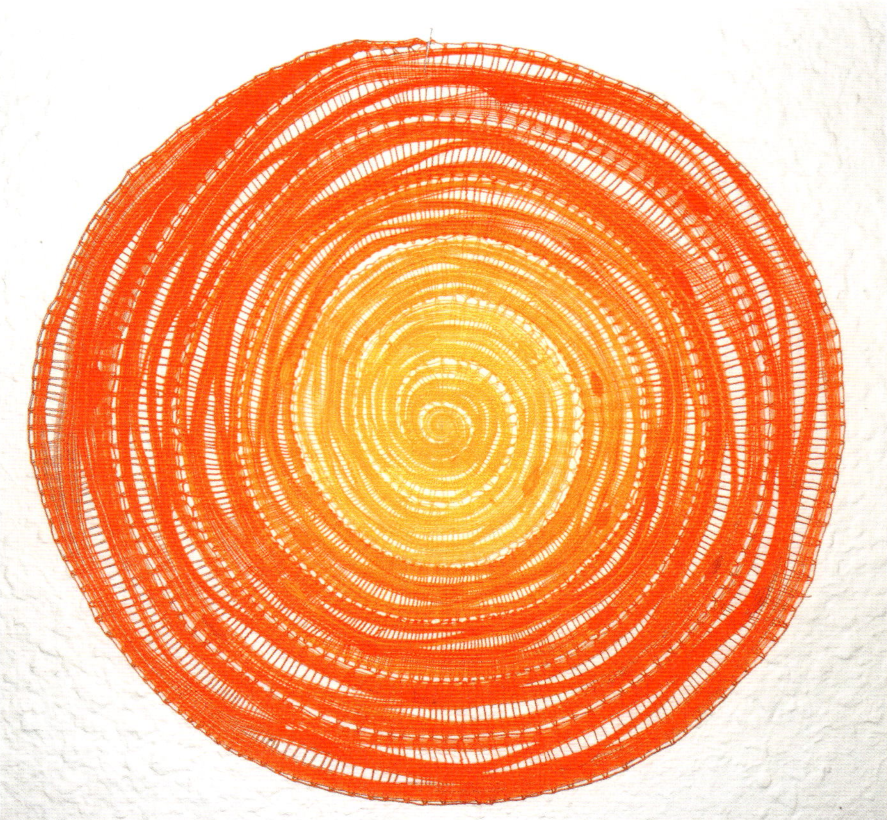

Mandala orange
35 cm de diamètre – dentelle aux fuseaux – lin, coton, soie – collection privée – 2014.

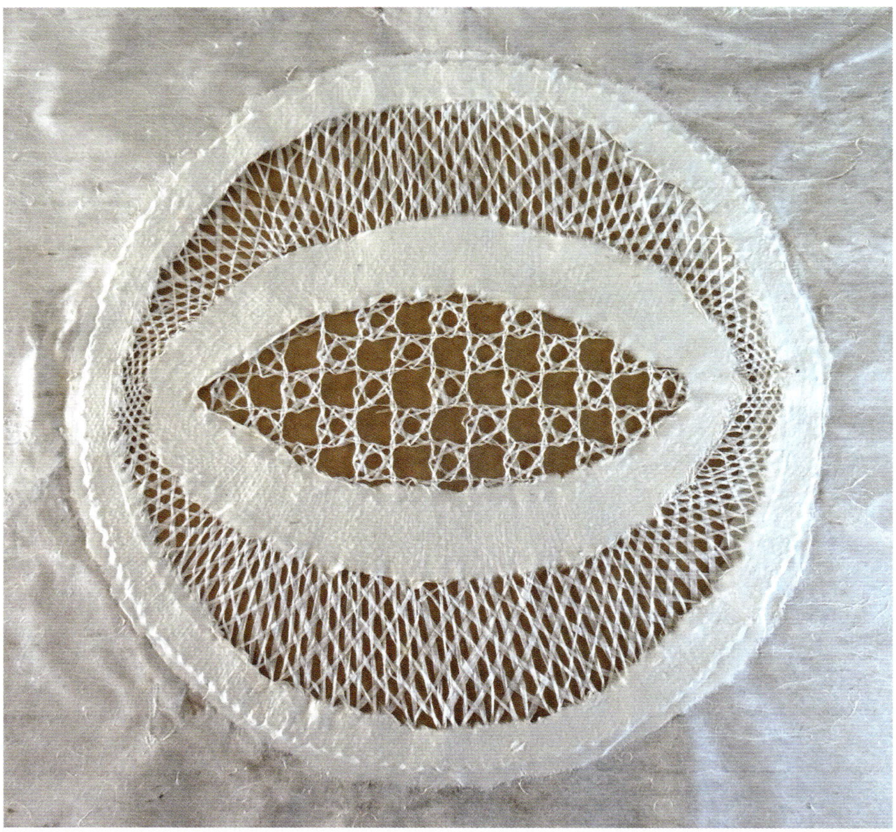

Dentelle de papier
65 x 50 cm – dentelle aux fuseaux – papier japonais (du papetier spécialiste du papier Japon Benoit Dudognon) – collection personnelle de l'artiste – 2021.

Page de droite :
Crin de cheval
46 x 33 cm – dentelle aux fuseaux – crin de cheval – collection personnelle de l'artiste – 2019.

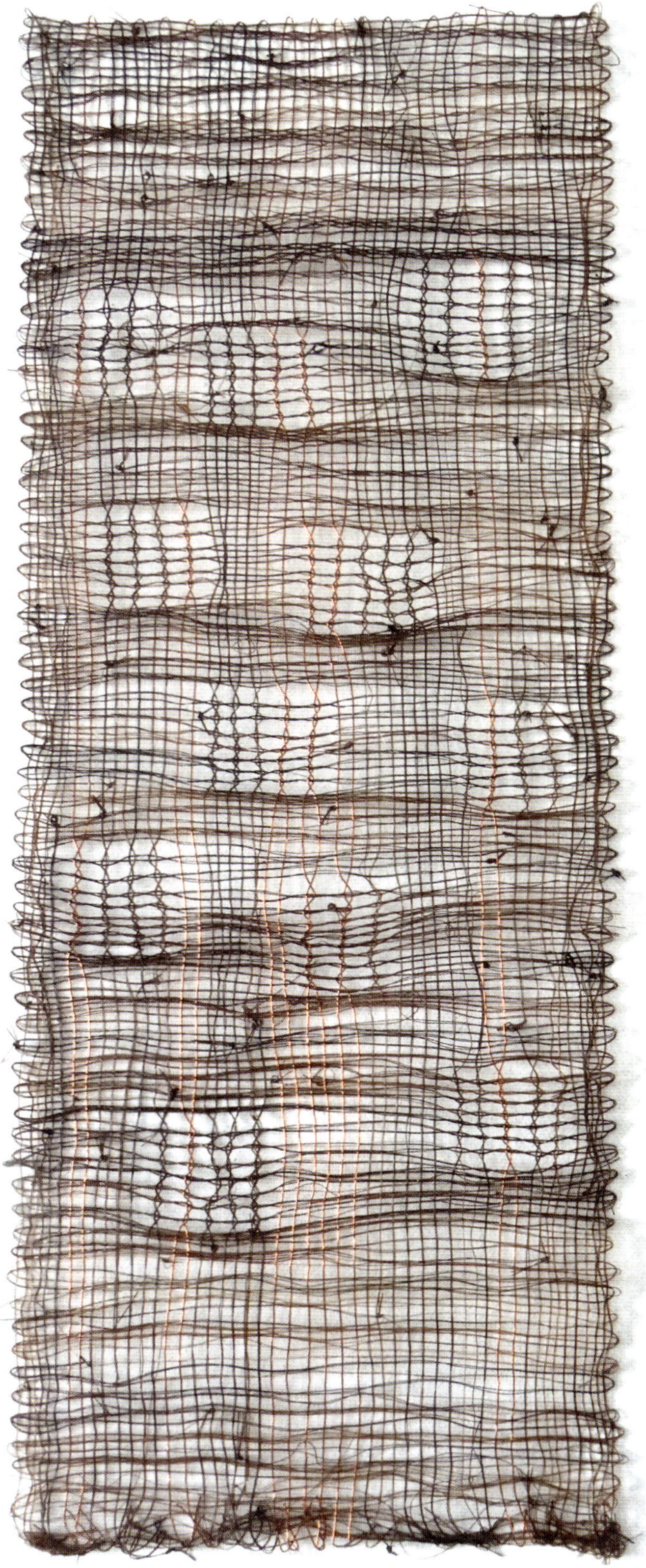
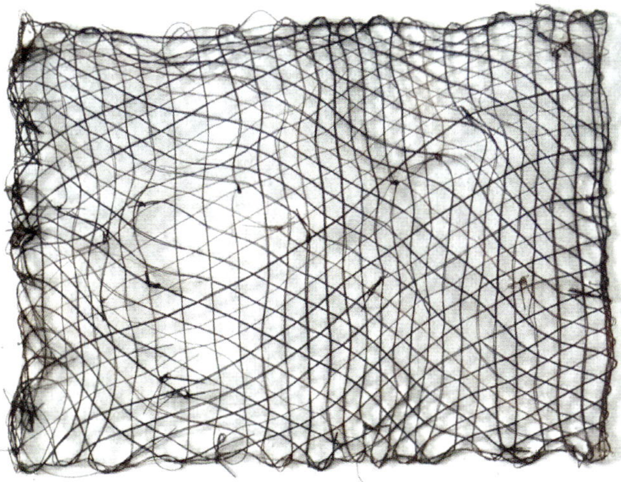
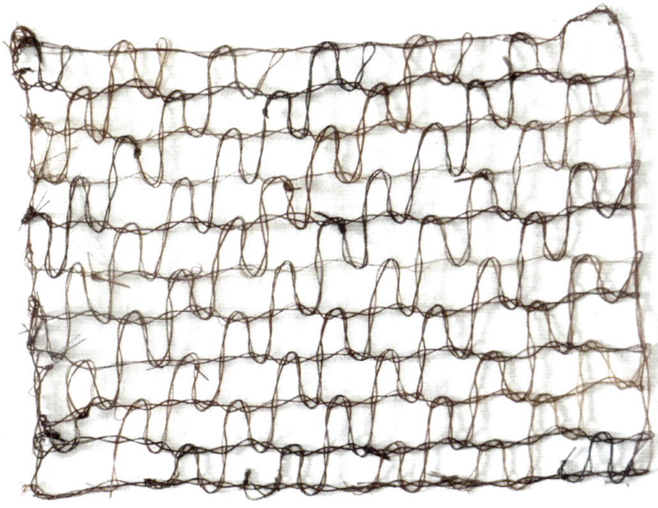
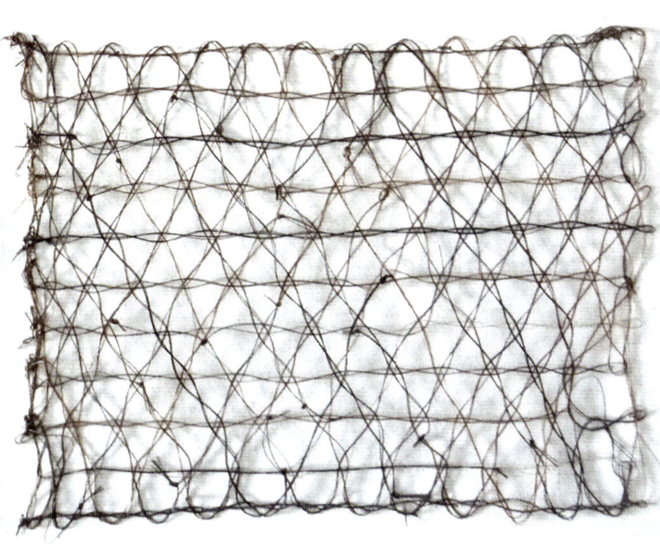

Lydie Chamaret

France • lydiechamaret.com

La dentelle de Lydie Chamaret est un fixateur d'éléments furtifs du quotidien. Une forme, un geste, un sentiment deviennent alors précieux à nos yeux.
Avec sa série de vêtements pour fruits et légumes (*Cœur d'artichaut*, *Peau d'orange…*), l'artiste pérennise l'éphémère de ses sujets. Un dialogue s'opère alors entre le temps interminable de la fabrication et l'évanescence du végétal.
À travers la série *Pelure de Clémentine* ou encore l'œuvre *Une poignée, un lancer*, elle fixe en dentelle de cuivre, des formes réalisées d'un geste fugace de la main. Ces formes insignifiantes se métamorphosent et transforment la vision que l'on a d'elles.

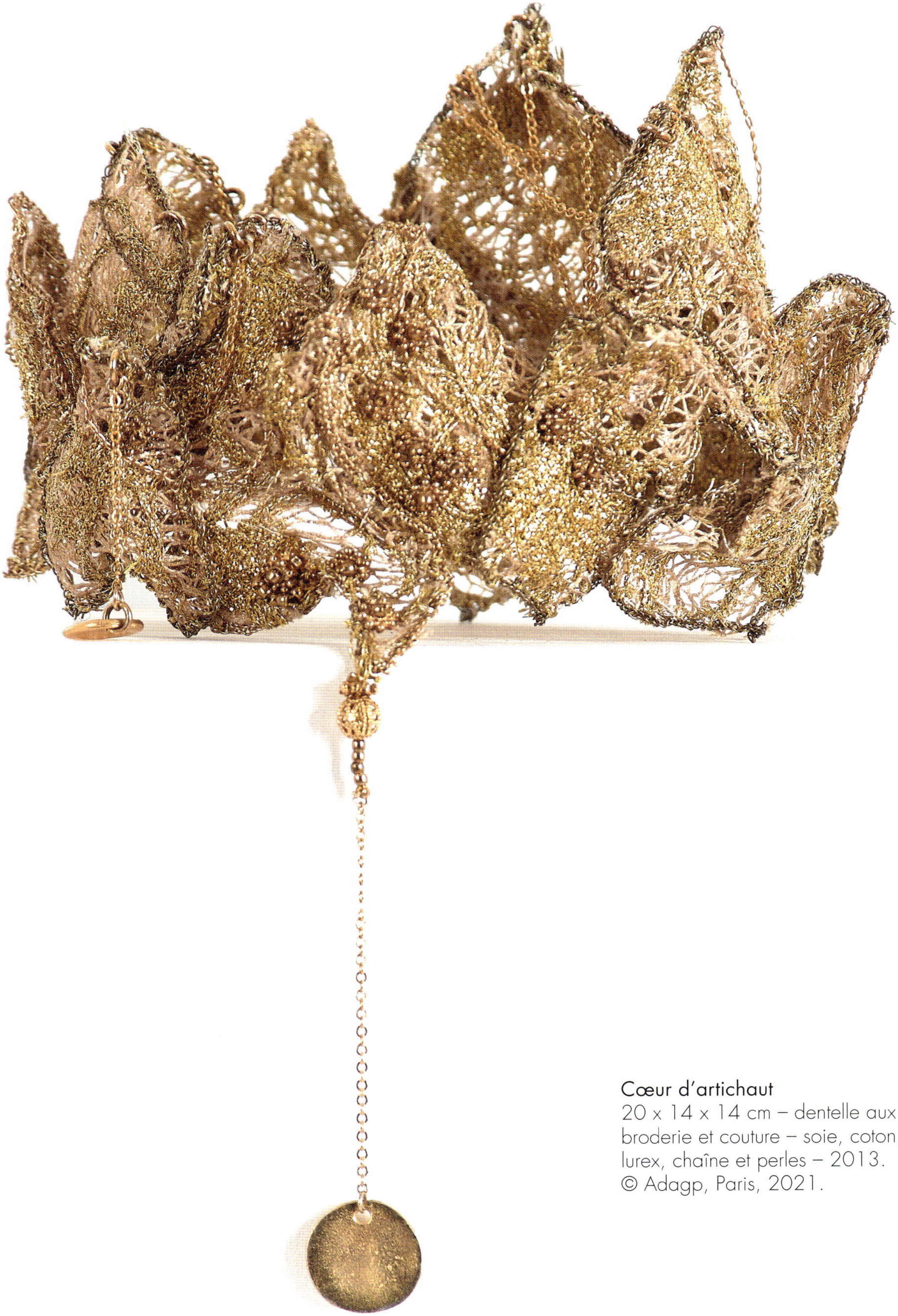

Cœur d'artichaut
20 x 14 x 14 cm – dentelle aux fuseaux, broderie et couture – soie, coton, métal, lurex, chaîne et perles – 2013.

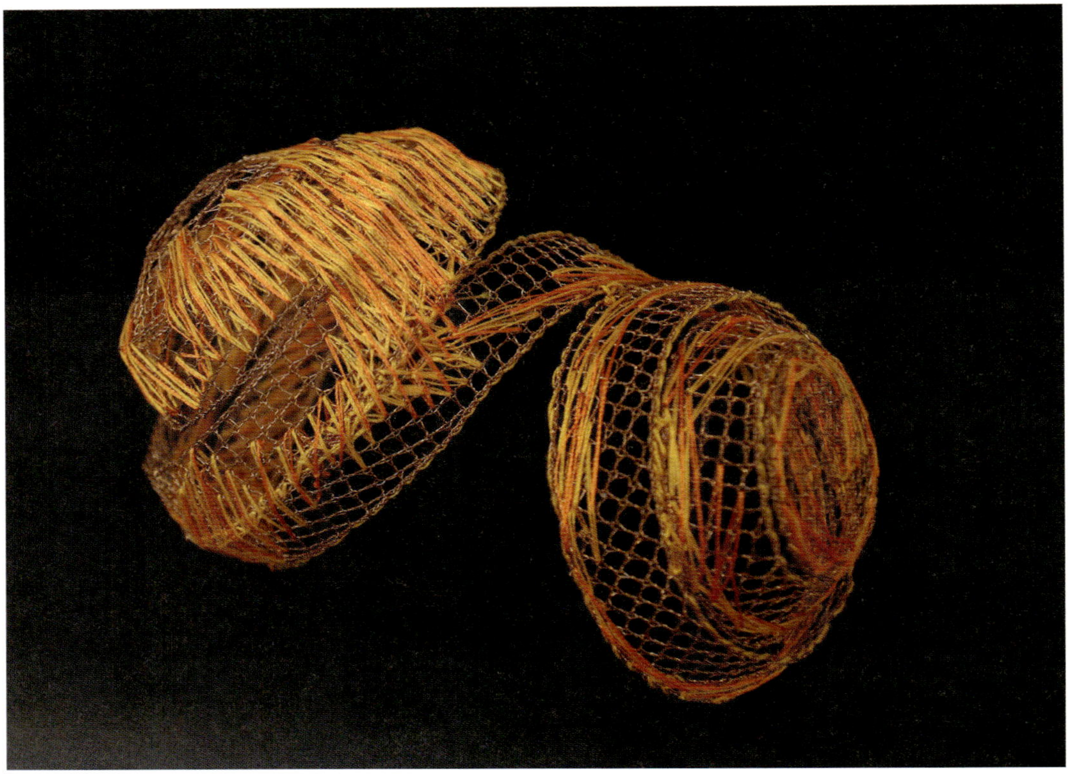

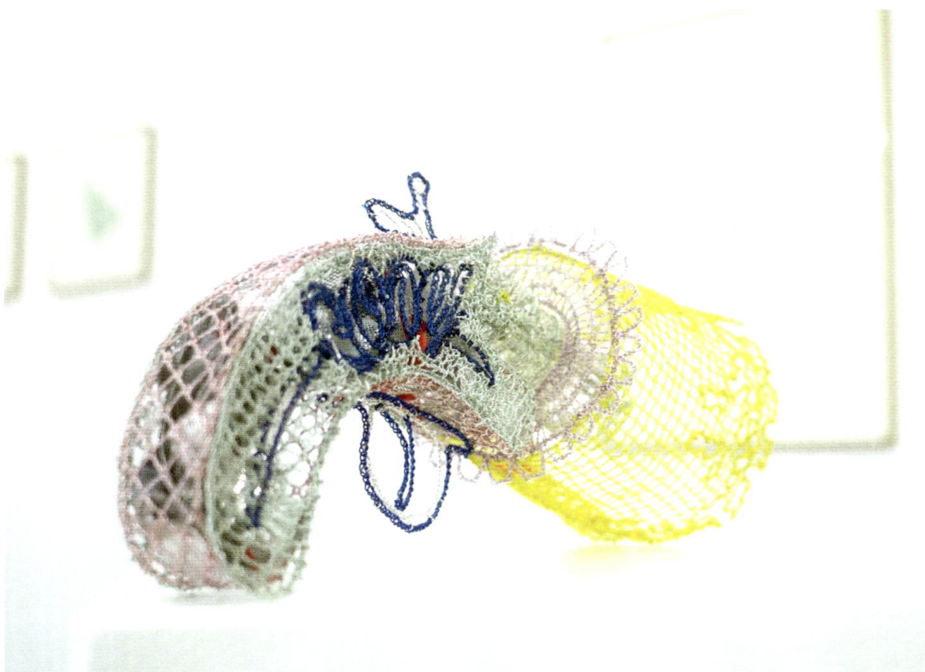

Ci-dessus :
Peau d'orange
12 x 20 x 15 cm – dentelle aux fuseaux, broderie – cuivre, soie – 2018.
© Adagp, Paris, 2021.

Ci-contre :
Pistolet cody
17 x 12 x 7 cm – dentelle aux fuseaux – métal, confettis – 2018.
© Adagp, Paris, 2021.

Lors de mon séjour Erasmus à Bruxelles en septembre 2009, j'intègre l'option Art-Textile et Tapisserie à l'Académie royale des Beaux-Arts. Pendant neuf mois, je m'initie aux techniques textiles, comme la tapisserie, le tissage et la dentelle aux fuseaux. Depuis, j'utilise et questionne cette dernière dans ma démarche artistique. Dès les premiers instants de son apprentissage, j'ai voulu explorer toutes les possibilités techniques et physiques d'entrelacs en trois dimensions qu'offre la dentelle afin de créer des sculptures. Grâce à mes savoir-faire en modélisme de mode et en dentelle, je peux créer des volumes inédits, jouer sur les transparences, les couches, les plis, les reliefs et les courbes.
Mon travail se développe principalement autour de l'étude de l'enveloppe corporelle avec comme matériau de prédilection le textile et les nombreuses techniques qui permettent sa mise en forme. J'accorde un intérêt tout particulier aux formes qui m'entourent, qu'elles soient tirées de l'anatomie humaine, du monde animal, ou végétal. Mon imaginaire et ma façon d'apprécier transforment le naturel en patrons géométriques et mathématiques. Je compose et décompose les formes que je perçois en une multitude de points, de droites et de courbes. Grâce à la dentelle aux fuseaux, je décortique et dissèque les pleins, les aplats et les masses. J'y ajoute du vide et lui donne de l'espace. J'exprime ma pensée en arborescence, j'évoque le minuscule, l'insaisissable, l'énigme du vivant dans toute sa complexité. Ces sculptures en dentelle non figuratives ayant seulement pour titres *Cœur d'artichaut* ou *Peau d'orange,* deviennent par leurs propriétés (techniques, matérielles, leur préciosité, leur sens), des œuvres intimes regroupant une multitude de sensations.

Si vous étiez…

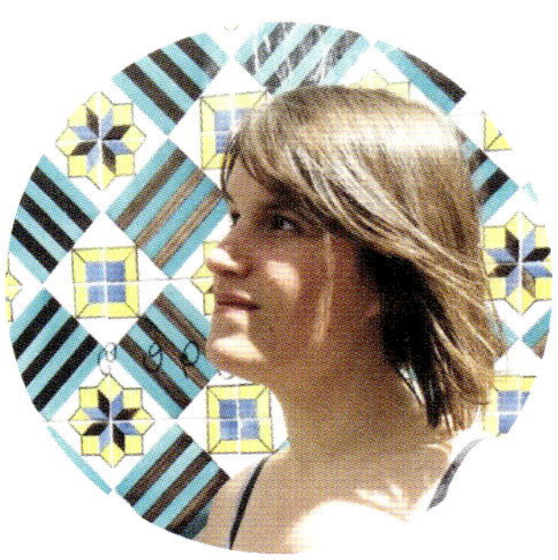

UN POINT OU UN FOND DE DENTELLE
La grille.

UNE DENTELLE TRADITIONNELLE
Une dentelle de Cluny.

UNE MATIÈRE
Des fils de métal.

UNE ŒUVRE D'ART
Difficile d'en choisir une seule.

UN MUSÉE
Le Centre Pompidou.

Pierre Fouché

Afrique du Sud • pierrefouche.net

Au premier regard, les œuvres de Pierre Fouché coupent le souffle par la complexité des fonds de dentelle réalisés avec tant de perfection et dans un tel format. Ensuite on s'éloigne et le sujet apparaît. Loin des motifs habituels de la dentelle traditionnelle, ce sont des fragments de corps en mouvement, des visages, comme des traces de souvenirs, des moments marquants de l'histoire humaine.

Page de droite :
1994.77 ou Lebenslänglichen Explosionsglück
130 x 180 cm – dentelle aux fuseaux – cordes en soie d'un parachute de la Seconde Guerre mondiale – Norval Foundation, Le Cap (Afrique du Sud) – 2020.
Photo © Matthew Bradley & Whatiftheworld Gallery.

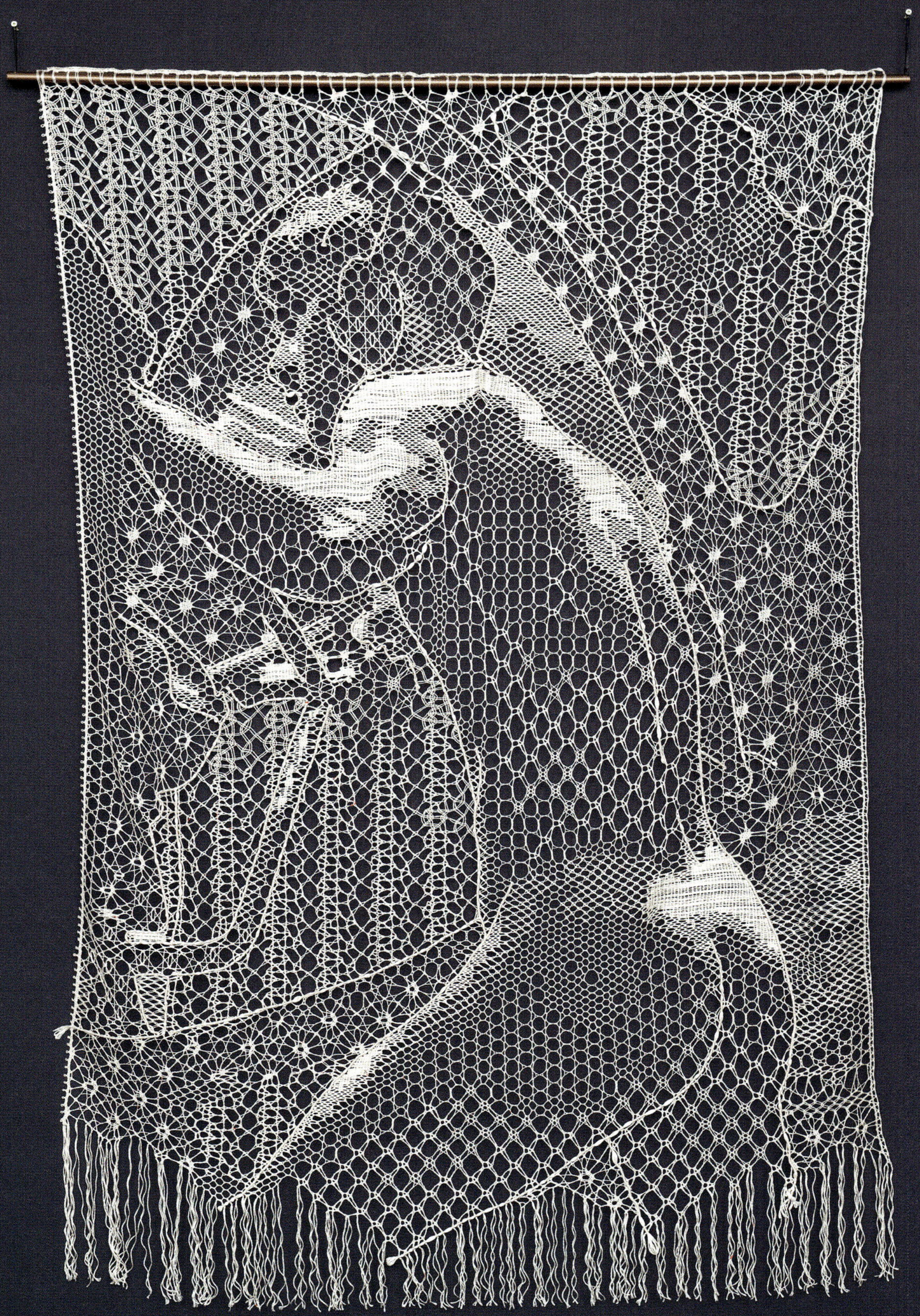

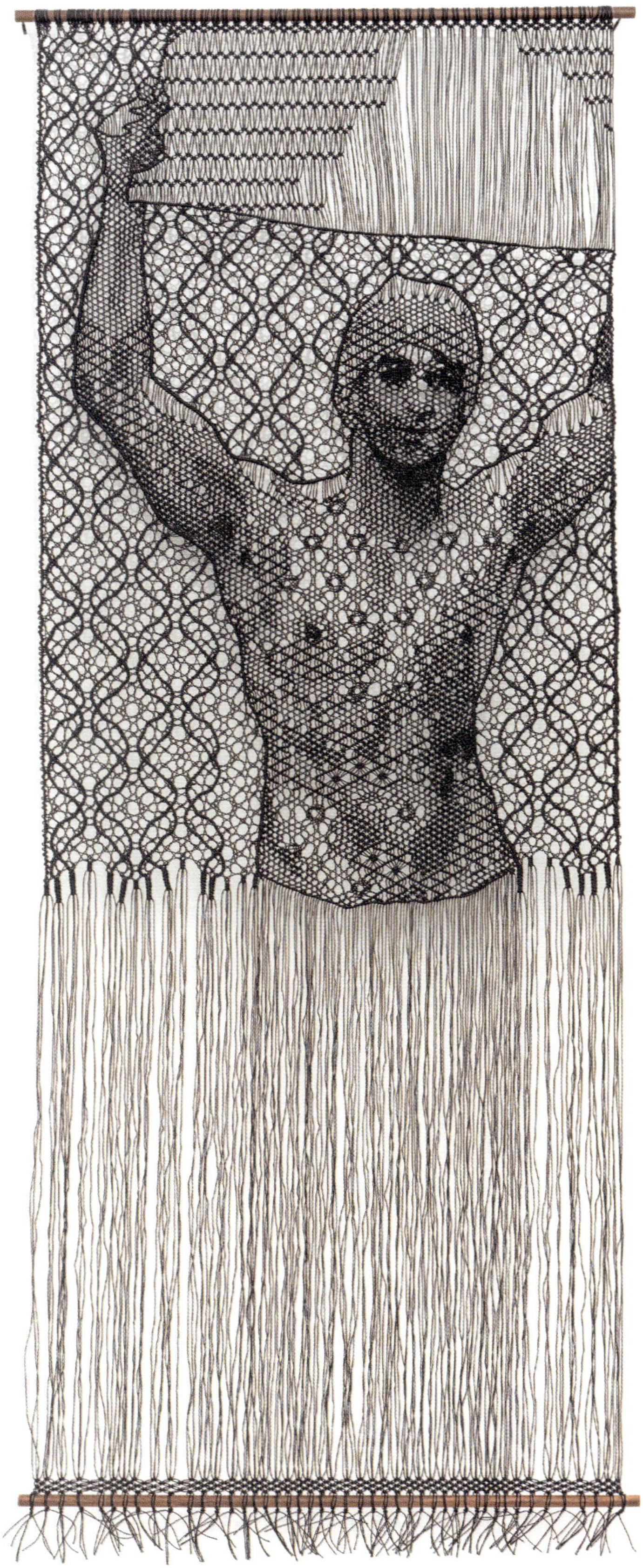

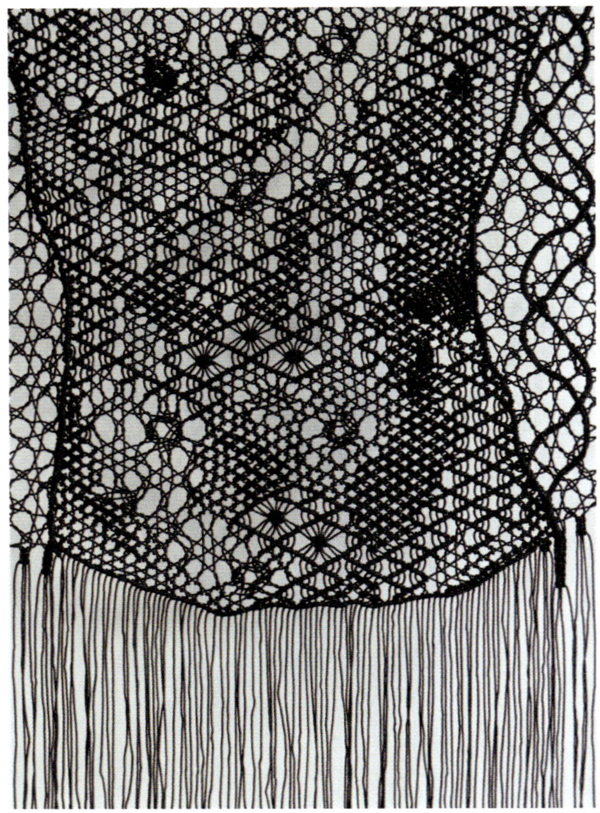

The Judgment of Paris (after Wtewael) III
208 x 80 cm – dentelle aux fuseaux, macramé – polyester – collection privée – 2018.
Photo © Hayden Phipps - Whatiftheworld Gallery

The Judgment of Paris (after Wtewael) III (détail)
Photo © Hayden Phipps – Whatiftheworld Gallery

J'ai suivi une formation de sculpteur, mais au début de ma carrière, je suis tombé amoureux du fil et de ses possibilités infinies de manipulation. La tapisserie à l'aiguille m'a conduit au crochet, et c'est le potentiel du crochet à construire des formes organiques en dentelle qui m'a inspiré l'idée d'essayer des structures similaires à une échelle beaucoup plus petite en dentelle aux fuseaux.

J'ai commencé mon apprentissage de la dentelle par les livres, puis j'ai appris qu'il y avait une guilde de dentelle au Cap et j'ai suivi les cours d'un professeur tous les vendredis. Charlotte Keen, une octogénaire et brillante dentellière, est devenue mon mentor et une amie très chère. Apprendre à faire de la dentelle aux fuseaux est un processus qui dure toute la vie. Dès que vous pensez savoir quelque chose, vous découvrez une technique ou un type de dentelle que vous n'aviez jamais vu ou essayé auparavant. La quantité de méthodes et de styles peut être déroutante. Naviguer dans tout cela et trouver ma voie a été un défi et une récompense, et ce processus se poursuit aujourd'hui. Il n'y a aucune excuse pour se lasser d'une technique ou d'un style en dentelle, car il y en a des centaines à étudier.
Je me suis vite rendu compte que ce médium correspondait parfaitement à mon tempérament. Il est haptique-sensuel, intellectuellement stimulant et beau – les trois conditions les plus importantes pour qu'une œuvre soit belle, selon moi.

Je suis fasciné par la dentelle ancienne. J'ai eu l'honneur de voir quelques belles pièces dans des collections privées et publiques, et rien n'enseigne plus l'humilité que ces chefs-d'œuvre. Très peu de dentellières ont le savoir-faire nécessaire pour reproduire quelque chose d'aussi délicat et monumental que ce qui a été produit par le passé. Mais les dentellières contemporaines rattrapent rapidement leur retard !

Les dentelles anciennes nourrissent ma curiosité et élargissent mes connaissances et mon répertoire. Mais elles sont aussi au service des formes et des symboles : le plus souvent, je m'intéresse aux images contemporaines en passe de devenir un symbole ou une nouvelle incarnation d'un archétype. Je suis curieux de l'imaginaire collectif de l'humanité et de la manière dont il se traduit dans les cultures du collectif.

La dentelle est la reine des textiles, l'apogée esthétique de l'une des plus anciennes technologies inventées par l'homme. Elle redevient aujourd'hui un moyen d'expression artistique à part entière, représentant et communicant des concepts et des émotions. Il est exaltant de faire partie de ce mouvement aux valeurs authentiques : lenteur, artisanat, révérence et respect des ressources naturelles.

Dans le but de perpétuer ce savoir-faire, je me suis récemment associé à trois autres artistes de la dentelle, Jane Atkinson (p. 18) et Denise Watts (p. 152) au Royaume-Uni, et Dagmar Beckel-Machyckova aux États-Unis, pour créer un collectif d'enseignement de la dentelle et de soutien à la créativité intitulé « The Adventurous Lacemakers ». Nous proposons des tutoriels en ligne et des masterclasses de créativité en direct.

Si vous étiez…

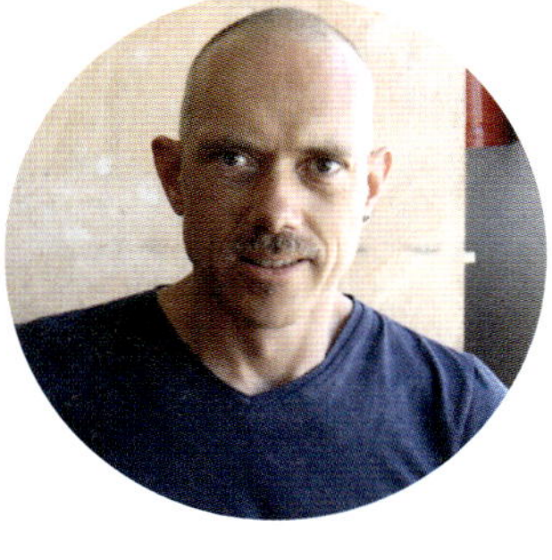

UN POINT OU UN FOND DE DENTELLE
Un fond de neige en dentelle de Binche.

UNE DENTELLE
Une bordure en dentelle moderne de Leni Matthaei.

UNE MATIÈRE
La soie.

UNE ŒUVRE D'ART
Un dessin du carnet de Hilma Af Klint ou une photographie de Wolfgang Tillmans.

UN MUSÉE
Le Metropolitan Museum of Art de New York.

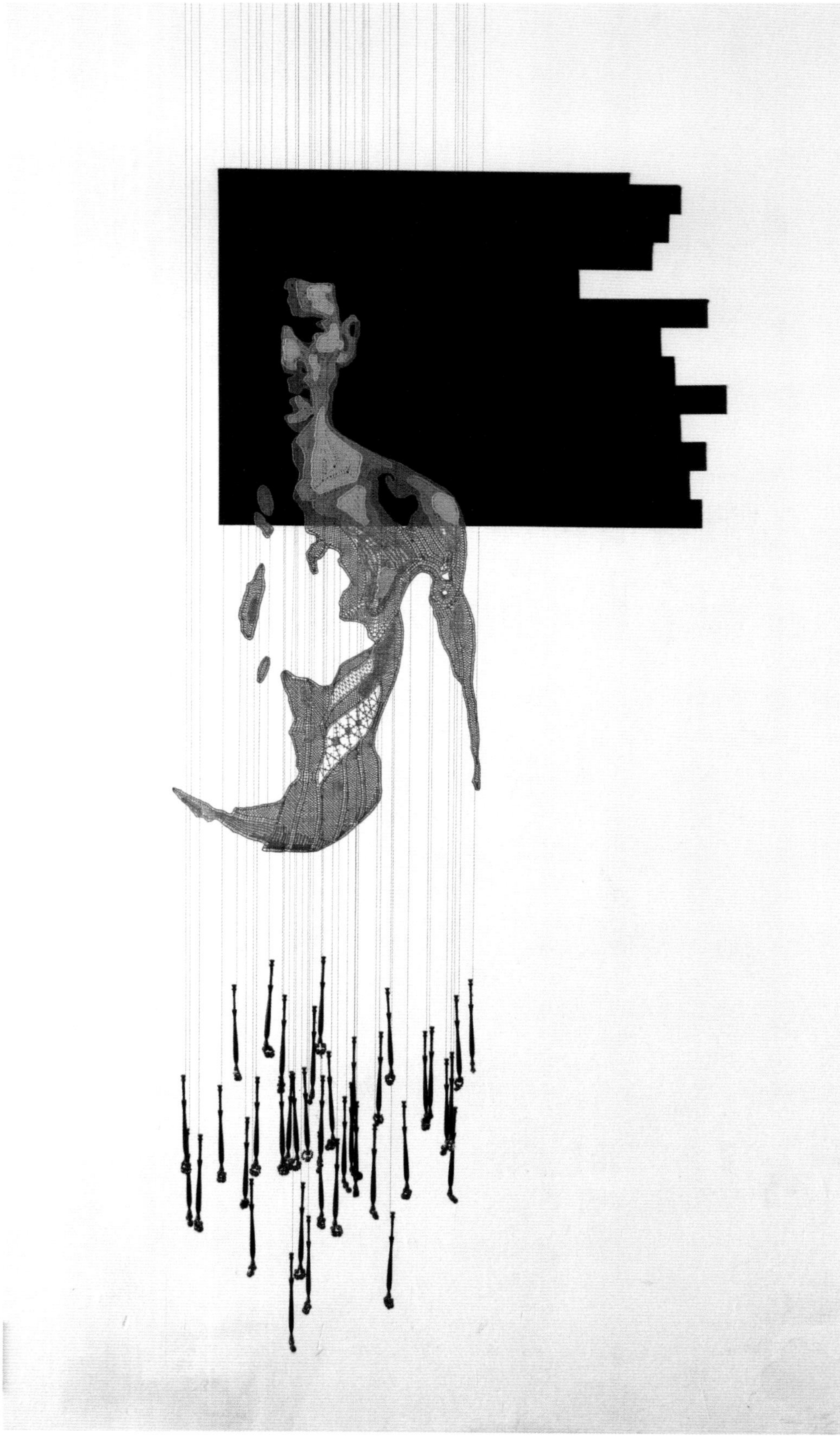

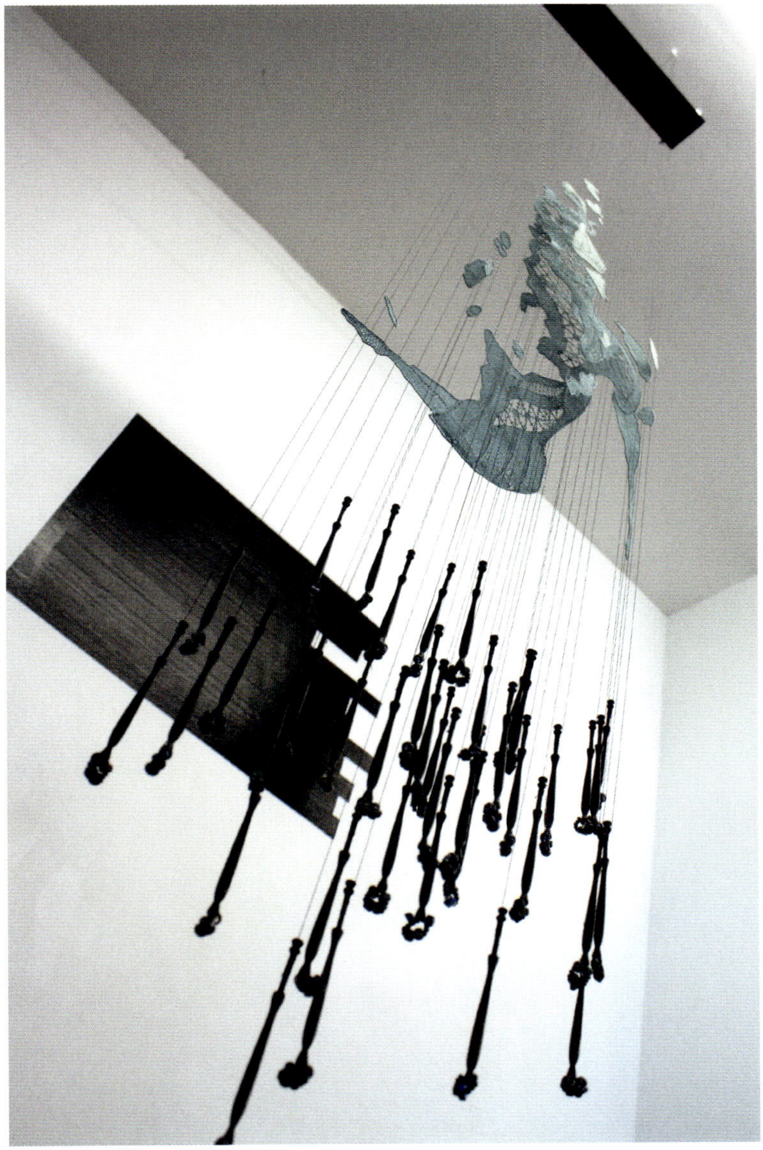

Page de gauche et ci-dessus :
Aiden's Metamorphosis
Installation aux dimensions variables – dentelle aux fuseaux – coton, fuseaux anglais pailletés de verre et de lapis-lazuli, ruban adhésif, polyester noir – collection privée – 2010.

Hélène de Gottal

Belgique • helenedegottal.be

La dentelle aux fuseaux est pour Hélène de Gottal une façon de dessiner avec du fil de cheveu, de crin, ou de coton glacé. La dentelle devient corps, grille, grillage, mais sa finesse et ses jours laissent entrevoir des ouvertures, des possibles, telle une métaphore de la condition humaine.

Page de droite :
Sans titre (burqa)
60 x 40 cm – dentelle aux fuseaux – cheveux – collection privée – 2010.
Photo : Luc Schrobiltgen

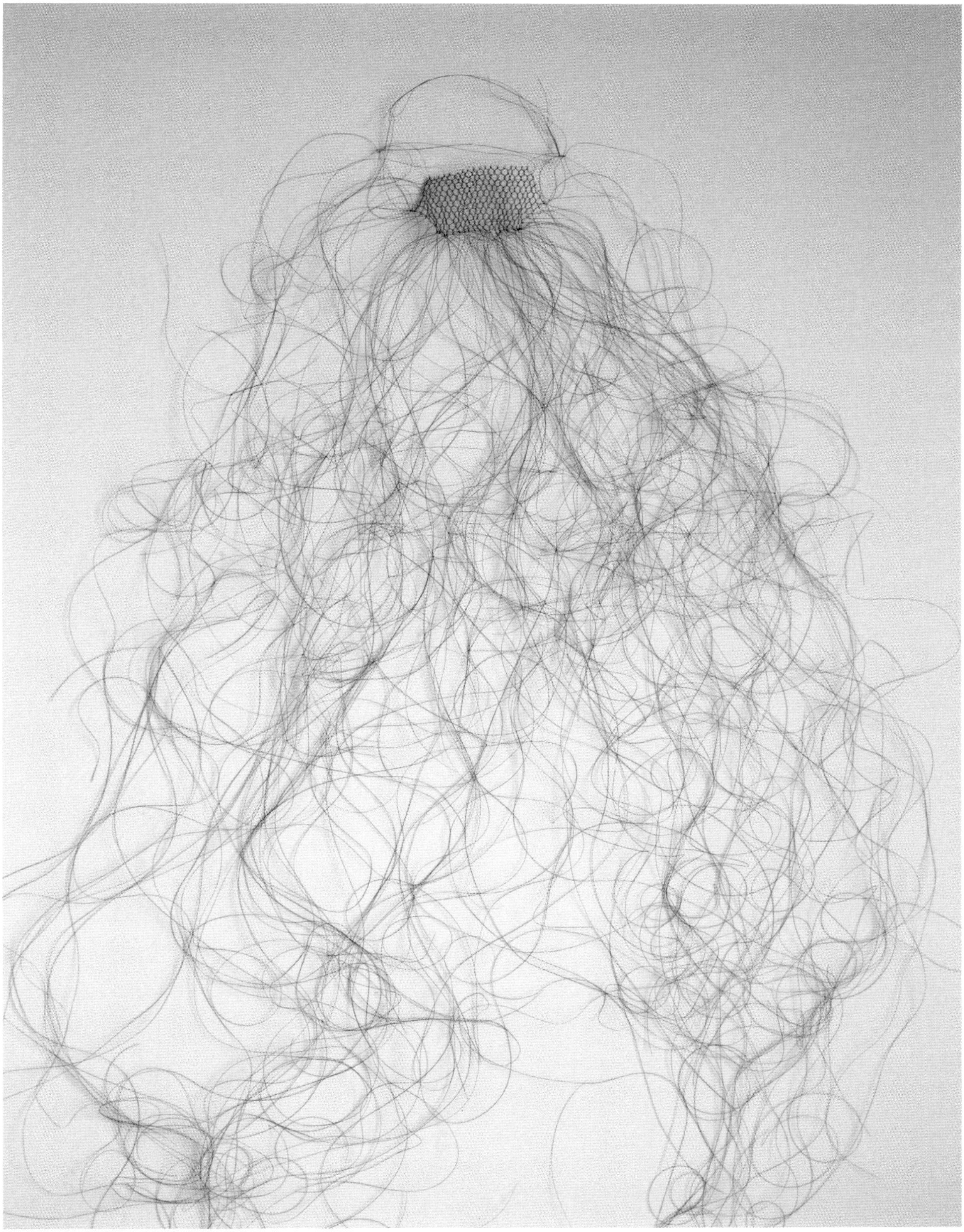

J'ai découvert la dentelle aux fuseaux grâce à une bourse du Tamat (Musée de la Tapisserie et des Arts textiles de la Fédération Wallonie-Bruxelles à Tournai). Afin de répondre à une demande, j'avais déjà entamé des recherches sur le thème du cheveu. Ma formation relevant du domaine du dessin et de la gravure, j'ai commencé tout naturellement à dessiner le cheveu sans parvenir à un résultat satisfaisant. L'idée de l'utiliser comme médium m'est apparue alors comme une évidence.
Le processus de recherche a commencé par la récolte de cheveux et d'accessoires tels qu'élastiques, filets, épingles, et enfin la création et la mise en place de formes et d'objets.
Du trait à la matière. De la ligne au cheveu. Tout un univers s'ouvre… La mémoire, le souvenir, la trace, le spectre, le secret. Afin d'enrichir mon travail, je m'intéresse aux symboles qu'il génère à travers l'histoire, la philosophie, la littérature, la science et la mythologie. Je « podcaste » énormément en travaillant tout en prenant des notes sur mon coussin.
J'imagine une mise en espace entre laboratoire et cabinet de curiosité, une référence à la nature morte et aux vanités.
Une réflexion sur l'homme et sa finitude à travers un esthétisme aérien, léger, durable ou éphémère.
À l'époque, nous étions en pleine polémique concernant le port du voile et j'étais déjà très préoccupée par le sort des femmes afghanes. Si le cheveu évoque notre ADN, il incarne aussi la féminité, la fécondité. C'est la grille de la burqa qui m'a inspirée : à la fois belle et symbole d'un emprisonnement cruel et raffiné que les femmes se brodent pour elles-mêmes.

C'est en découvrant le travail d'artistes qui pratiquaient la dentelle aux fuseaux que je me suis décidée à utiliser ce savoir-faire ancestral pour ce projet. J'ai participé à un stage de dentelle aux fuseaux dans l'atelier de Geneviève Kesteloot (page 68) à l'Académie d'Été de Libramont, pensant que ce serait juste un épisode, un apprentissage qui ne me servirait qu'une seule fois. Or je me suis prise de passion pour cette pratique et tout ce qu'elle évoquait : la lenteur, la concentration, qui physiquement me comblaient. Cette façon de travailler est à la fois très rythmique, musicale et méditative.
S'en suivirent alors six années de cours à l'Académie des Arts de Wolluwé-Saint Pierre (Bruxelles) également avec Geneviève Kesteloot. Maintenant, c'est à mon tour d'enseigner et de transmettre. J'ai pris la relève lors des stages donnés à l'Académie d'Été de Libramont ainsi qu'en privé. Je suis aussi jury en Design textile. Si j'enseigne les bases de la dentelle aux fuseaux, j'accompagne aussi beaucoup d'artistes plasticiens dans leur démarche artistique.
On observe depuis une dizaine d'années que le textile envahit l'art contemporain. Est-ce lié au statut de la femme aujourd'hui, même si beaucoup d'artistes masculins travaillent également le textile ?
Avec des villes comme Bruxelles, Binche, Bruges ou Maline, la Belgique fut au fil des siècles reconnue comme un centre incontestable du marché de la dentelle pour sa qualité et sa haute technicité, participant ainsi aux grands enjeux économiques en Europe. Avec le temps et cette folie consumériste de tout jeter, de tout faire très vite, la dentelle est tombée en désuétude. Certaines techniques de dentelle ont disparu ou étaient sur le point de disparaître.
Les artistes ont eu besoin de remettre en lumière ces savoir-faire en les invitant au cœur de leurs créations.

J'ai toujours été fascinée par l'intelligence de la main et par tous ces métiers regroupant les artisans d'art et plus particulièrement dans la haute couture : perliers, plumassières, plissiers, brodeuses,… De la virtuosité à l'état pur ! Tous ces savoir-faire méritent d'être explorés et cela me réjouit d'avoir pu le faire avec la dentelle.
Dans mes premières œuvres en dentelle, j'utilisais les cheveux à la place du fil de coton. Je les nouais pour pouvoir ensuite les bobiner autour des fuseaux et les alimenter au fur et à mesure. C'est un matériau très fragile et j'en cassais beaucoup. Progressivement, la main s'est adaptée, en ajustant sa façon de tenir, de tirer, trouvant ainsi la bonne tension. Je pouvais passer du crin au cheveu sans difficulté. La main s'adapte inconsciemment, c'est fascinant.

J'interroge la dentelle sans la dénaturer, je cherche à dépasser ce qui a été acquis. Pour moi, la dentelle est vraiment un médium de dessin, je la réalise comme je dessine.
Afin d'éviter les erreurs, il faut un minimum de patrons préparatoires que j'alterne avec la spontanéité. C'est un va-et-vient entre l'exigence de la technique et l'aléatoire.
J'évolue de façon empirique. Si la pensée et le concept ont une grande place dans ma démarche, la dentelle permet de revenir au concret, à quelque chose de très terre-à-terre, voire mathématique.

J'associe la préciosité de la dentelle à des objets qui n'ont pas de valeur et que je glane ici et là. Je me sers de vieilles bobines de fils glacés trouvées dans des brocantes ou délaissées dans les tiroirs des grands-mères. L'intérêt de ce fil est qu'il est très raide et donc très graphique mais, par ailleurs, difficile à travailler. J'élabore ma propre méthode. J'enferme des fragments de marbre noir de Golzinne avec de la dentelle blanche. On peut y voir une

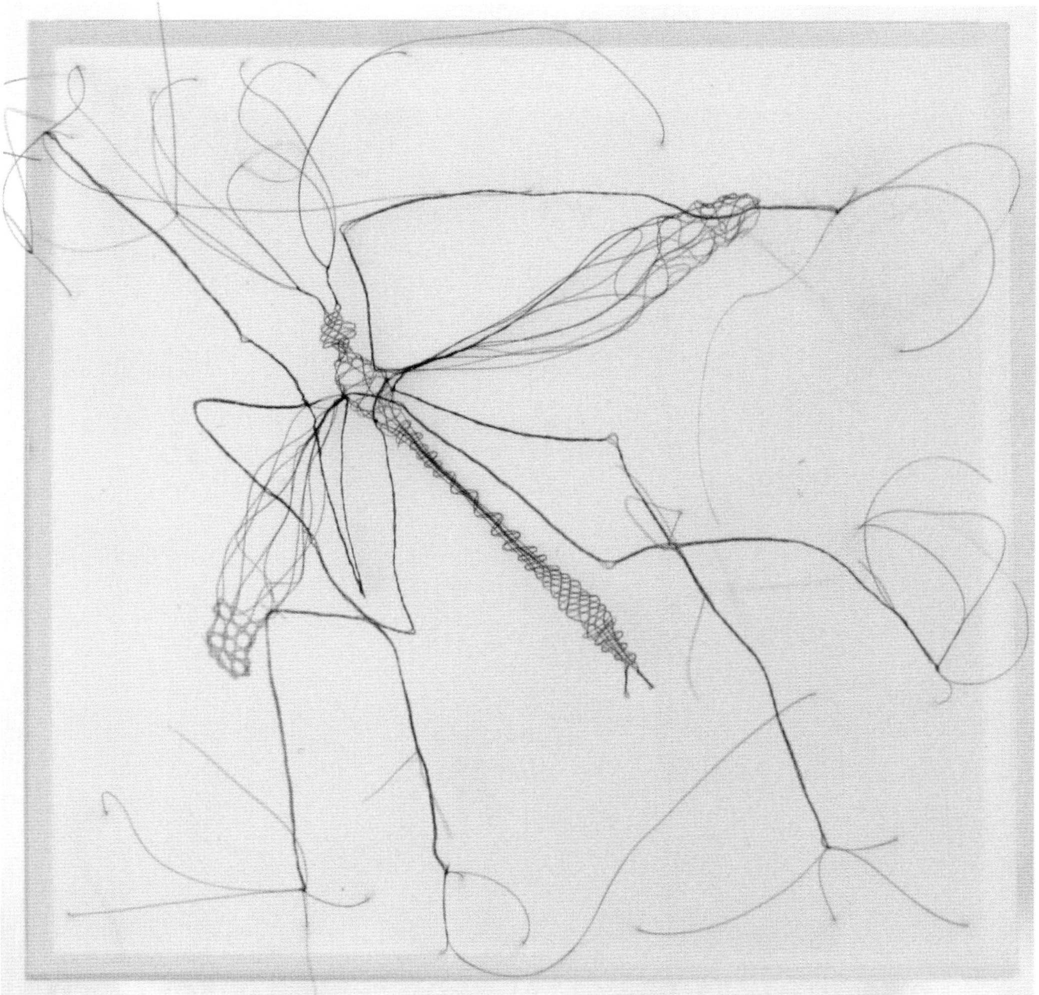

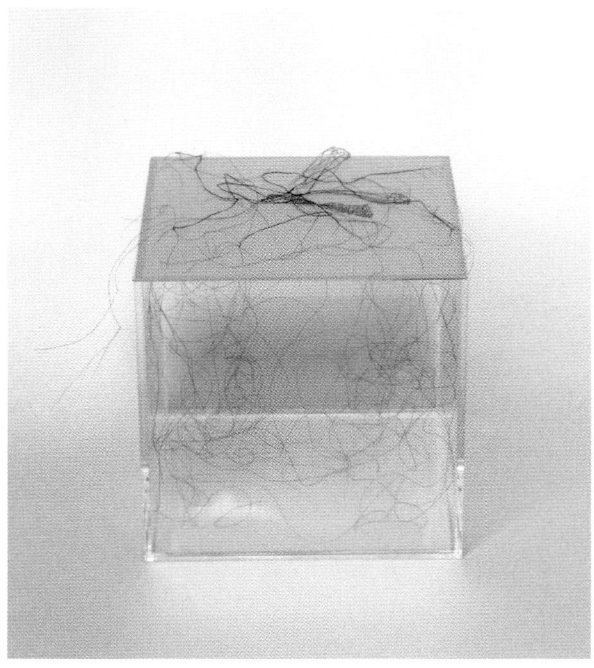

Tipule
12 x 12 x 12 cm – dentelle aux fuseaux – cheveux, plexi – collection personnelle de l'artiste – 2015.
Photo © Hélène de Gottal

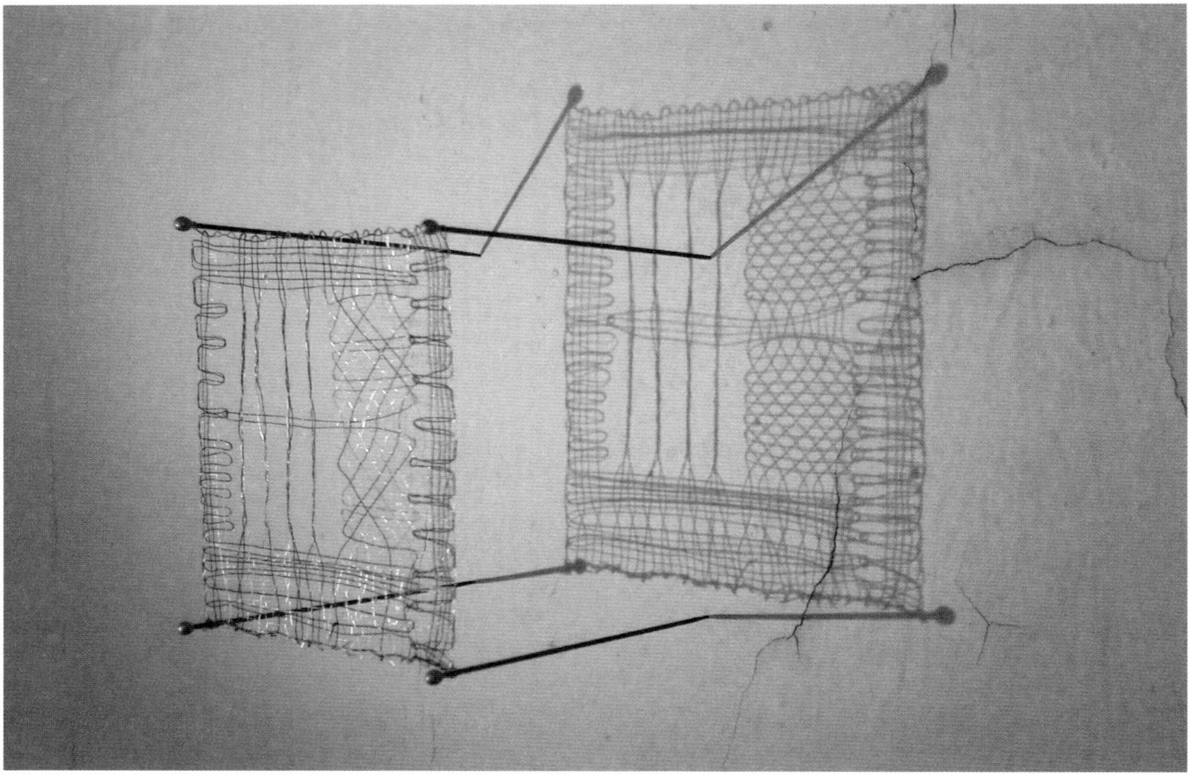

Ci-dessus :
Sans titre
5 x 4 cm – dentelle aux fuseaux – cheveux noirs, cheveux blancs, épingles d'entomologiste, ombre – collection personnelle de l'artiste – 2016.
Photo © Hélène de Gottal
Cette oeuvre a fait partie d'une installation réalisée in situ dans une ancienne cellule, dans les combles du musée juif de Bruxelles.

Ci-contre :
Métamorphose
9 x 8 x 13 cm – dentelle aux fuseaux – coton glacé, marbre noir de Golzinne – collection personnelle de l'artiste – 2019.
Photo : Philippe de Formanoir
© Hélène de Gottal

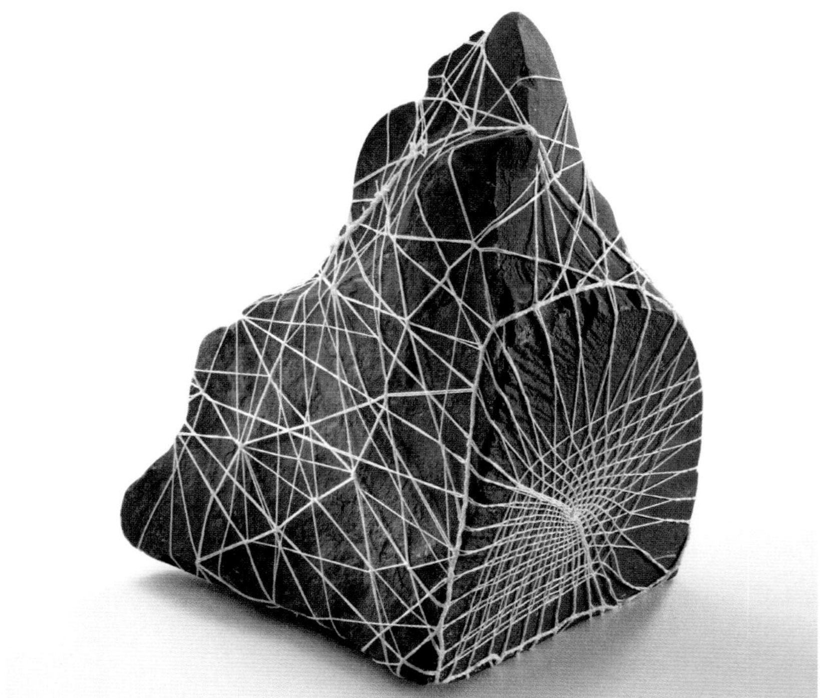

partie très structurée en « araignée » et une autre complètement déstructurée.
L'installation *Pourquoi naître esclave ?* en illustre le principe. Elle est née d'une collaboration entre BeCraft Mons, dont je suis membre, et La Piscine de Roubaix afin de proposer aux artistes de revisiter une pièce de leur collection. J'avais choisi un buste de Carpeaux en porcelaine de Sèvres représentant une esclave entravée. C'est la beauté et la finesse du biscuit blanc en opposition à la violence du sujet qui m'a attirée et le fait que je ne travaille pas la couleur. Les notions d'esclavage, d'enfermement m'interpellaient aussi dans cette œuvre, tout comme les réflexions sur l'assujettissement des êtres humains, leur destin d'après leur couleur de peau.

Tout comme la dentelle, la porcelaine me semblait surannée. Je l'ai redécouverte lors de ma participation à l'exposition *Un Rêve d'Éternité* à la Villa Empain, à Bruxelles, en 2011 : l'extraordinaire finesse de très anciennes pièces chinoises et la réappropriation de la technique par des artistes contemporains en collaboration avec les Manufactures de Sèvres.

La dentelle est un admirable savoir-faire, elle permet de ralentir le temps, de se poser. Aujourd'hui, elle est de plus en plus présente dans l'art contemporain et cela fait même partie des courants artistiques.

La pratique pure et bien faite a son sens, l'artiste de son côté déconstruit pour reconstruire et ces deux approches ont toutes les deux leur place. Il n'y a aucune concurrence, et au contraire, cela fait vivre la technique.
C'est en voyant des œuvres d'art contemporain contenant de la dentelle que viendra l'envie de visiter la Cité de la Dentelle et de la Mode de Calais, d'admirer ses anciennes machines de fonte et d'acier, et que l'on observera autrement l'interprétation remarquable du vêtement dans les tableaux anciens.

UN POINT DE DENTELLE TRADITIONNEL
Une araignée.

UNE DENTELLE
Une robe haute couture du tandem Yiqing Yin-Sophie Halette.

Si vous étiez…

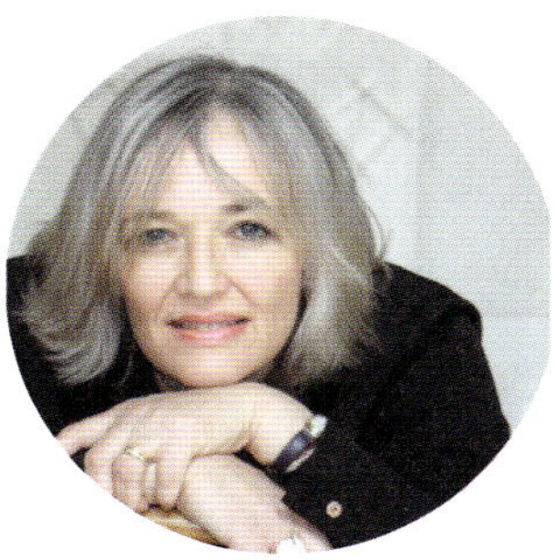

UNE MATIÈRE
Le cheveu.

UNE ŒUVRE D'ART
The Weather Project (2003) de Olafur Eliasson, Installation dans Turbine Hall (Tate Modern, Londres).

UN MUSÉE
Le Louvre Paris, Abu Dhabi, Lens, voyager et se perdre à l'infini dans l'immensité des lieux et des collections. Toute notre humanité y repose et l'éternité pour la découvrir.

Fiona Harrington

Irlande • fionaharrington.com

Les œuvres délicates de Fiona Harrington, réalisées en dentelle à l'aiguille irlandaise, transportent dans un univers pastel en apparence léger. On y devine la faune et la flore typiques des paysages irlandais avec des montagnes graphiques et des agneaux déambulant dans des plaines minimalistes.
On comprend alors que sous ces sujets se cachent en réalité des questionnements plus complexes qui interrogent la dentelle elle-même.

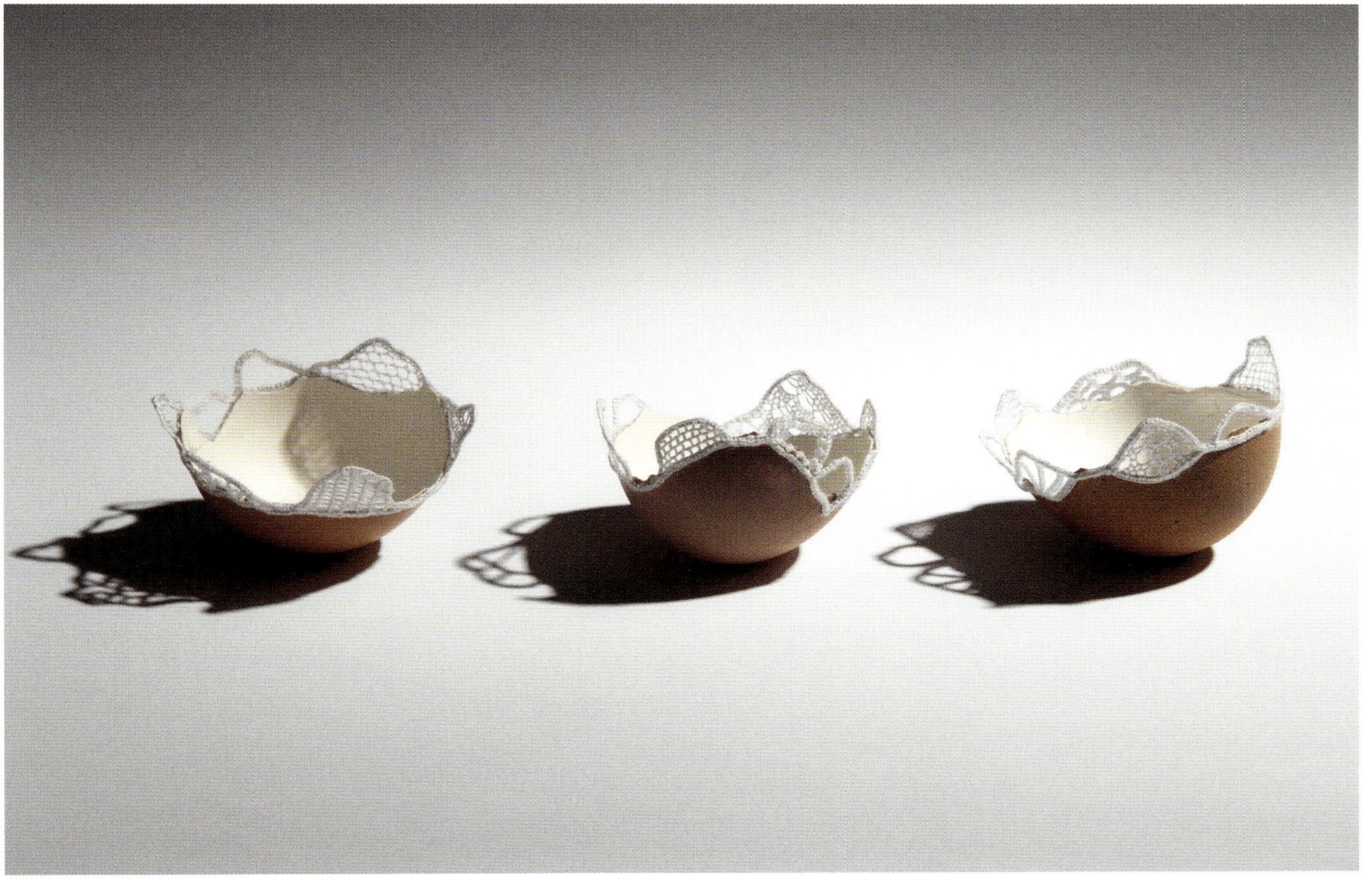

Fragile Economies
Dimensions variables – dentelle irlandaise et coquilles d'œuf – 2020.
Photo : Kate Bowe O Brien

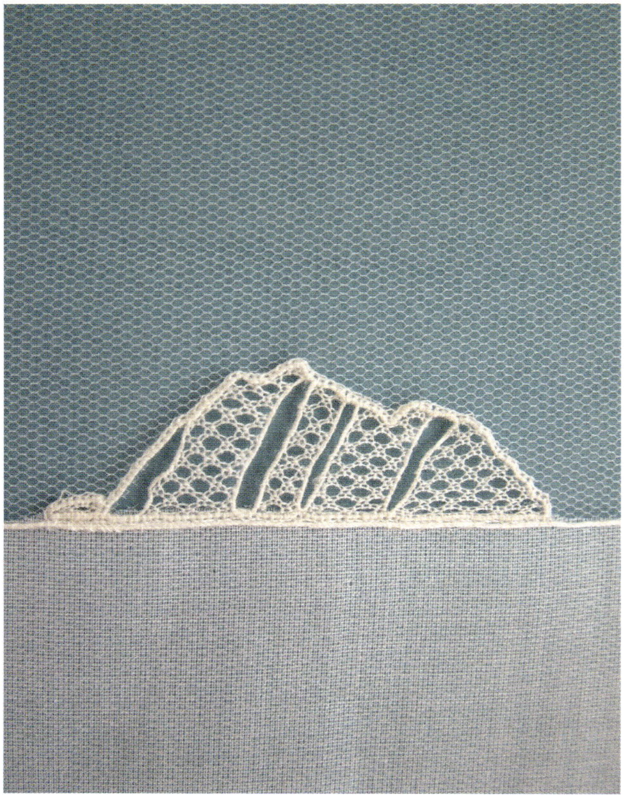

The Skellig
28 x 32 cm – dentelles à l'aiguille Kenmare et Carrickmacross – collection privée – 2014.

La dentelle fait partie de ma vie depuis que je suis enfant car ma mère faisait de la dentelle aux fuseaux, au crochet, et en particulier de la dentelle Carrickmacross. Pourtant je m'y suis vraiment intéressée vers la trentaine, lors d'une exposition intitulée *Lost in Lace* à Birmingham en 2011, qui m'avait été conseillée par l'un de mes professeurs au National College of Art and Design. On y voyait des œuvres du monde entier inspirées par la dentelle traditionnelle, ses techniques, son savoir-faire et son histoire. À ce moment-là, je cherchais justement à m'approprier un savoir-faire traditionnel pour en faire quelque chose de nouveau. J'ai été impressionnée par l'envergure, la beauté, la construction et la variété des œuvres présentées dans cette exposition. J'ai réalisé alors que la dentelle réunissait de nombreux artistes qui trouvaient en cette technique fragile et délicate une grande source d'inspiration.
C'est ainsi que j'ai décidé d'apprendre la dentelle, au moins pour comprendre comment elle était faite. J'ai donc recherché des cours en Irlande et ai fini par trouver le Kenmare Lace Center de Kerry, dirigé par Nora Finnegan. J'y ai passé quatre mois à étudier la dentelle à l'aiguille Kenmare, la dentelle aux fuseaux et la dentelle Carrickmacross. Puis, de retour à Dublin, j'ai terminé mon cursus de design textile. Je me suis ensuite spécialisée en dentelle et j'ai même écrit une thèse sur ce sujet, tellement plongée, voire obsédée, par cette technique !
Nora Finnegan m'a énormément appris, ainsi que sa fille Emer et même son autre fille de onze ans, Niamh, qui me montrait des points de dentelle aux fuseaux ! Ce furent d'excellentes enseignantes !
Ensuite, j'ai voyagé et pris d'autres cours : avec Lieve Smets (page 128) à Bruges (Belgique) et Marina Regueiro en Galice (Espagne). J'ai aussi eu la chance d'avoir une professeure de dentelle aux fuseaux à Dublin, Ann Keller. Plus récemment, j'ai suivi et suis encore les cours en ligne de TesseLace avec Veronika Irvine. J'essaie également de suivre autant que possible les cours proposés par la Guilde des dentellières irlandaises de Dublin.

Au début, quand j'ai commencé à pratiquer la dentelle, je me suis demandé pourquoi si peu d'artistes utilisaient cette technique. En effet, dès que l'on a compris les points et le passage du fil, on est aussitôt saisi par la beauté intrinsèque du moindre point. À cette époque, je me souciais aussi beaucoup de la transmission de ces savoir-faire. Si les jeunes générations ne les apprenaient pas, elles finiraient par disparaître. Il fallait garder ces traditions vivantes et trouver un moyen de les perpétuer. En même temps, je cherchais un moyen de m'approprier la dentelle autrement qu'en répétant les modèles traditionnels des dentellières du passé. C'était essentiel pour moi.

Je suis plus à l'aise avec la dentelle à l'aiguille, car elle correspond mieux à mes dessins et à mes idées. J'ai commencé mon travail artistique par la peinture et je trouve que la dentelle à l'aiguille est presque comme du dessin dans lequel le fil prend la place du trait. Je me sens beaucoup plus libre avec la dentelle à l'aiguille, même si elle nécessite un cadre comme c'est le cas pour toutes sortes de dentelle. La dentelle aux fuseaux m'a toujours semblé plus difficile techniquement et j'ai toujours eu besoin d'un professeur pour m'aider à avancer dans ce domaine. Récemment, j'ai suivi le travail d'artistes internationaux utilisant la dentelle aux fuseaux, comme Pierre Fouché (page 46) et Dagmar Beckel-Machyckova, qui m'ont vraiment ouvert les yeux sur les possibilités et la liberté créative qu'elle permet dès que l'on dépasse la difficulté technique. Il me reste encore beaucoup à apprendre et j'ai l'objectif de m'améliorer en dentelle aux fuseaux. En ce moment, je fais des recherches sur la manière dont les femmes se sont à la fois émancipées et ont été contrôlées en travaillant la dentelle. J'explore plusieurs domaines liés aux activités féminines comme le travail, les activités domestiques, la mémoire et la culture matérielle. Je suis fascinée par la manière dont les femmes en Irlande ont transformé des activités domestiques courantes en travail lucratif comme le furent la dentelle et l'élevage de volailles.

Ces observations sont à l'origine d'une de mes œuvres récentes, *Fragile Economies*, qui montre une série de coquilles d'œuf ornées de dentelle à l'aiguille blanche.
Je m'intéresse également à la dentelle produite dans les Magdalene Laundries, une institution religieuse où l'on envoyait des femmes contre leur gré, souvent parce qu'elles étaient enceintes hors mariage. La dentelle leur permettait de devenir indépendantes économiquement, mais d'un autre côté, c'était une punition. Dans les deux cas, la délicatesse des dentelles réalisées par ces femmes tranchait avec leur dure réalité sociale et économique.

Je pense qu'il est important de partager ses connaissances et ses recherches avec les autres afin qu'ils se les approprient et s'en inspirent. Je me suis rendu compte que la communauté internationale des dentelliers (ères) est très généreuse et solidaire. Il est essentiel pour la survie des métiers traditionnels de s'assurer que les procédés et les techniques sont bien enregistrés et documentés pour garantir que les futures générations disposent de ressources de qualité pour les perpétuer et se les approprier.

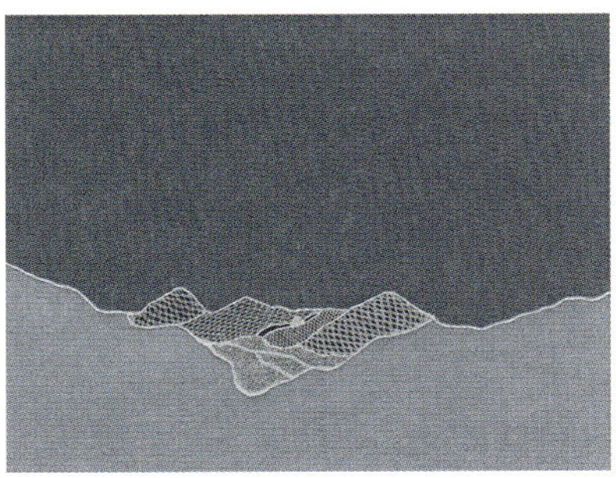

Deserted Cottage
38 x 42 cm – dentelles à l'aiguille Kenmare et Carrickmacross – collection privée – 2014.
Photo : Roland Pashoff

Si vous étiez…

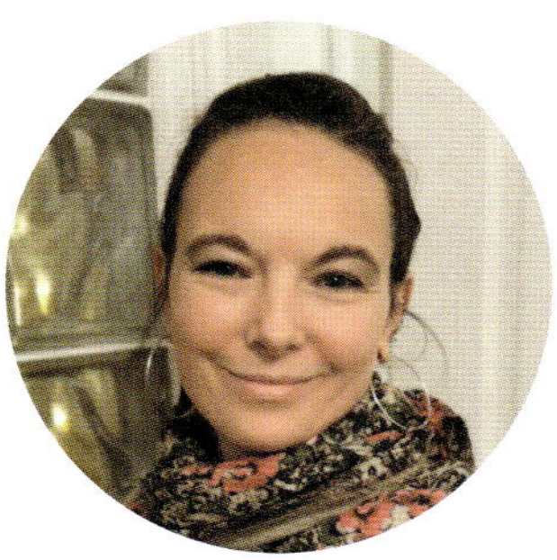

UN POINT DE DENTELLE TRADITIONNEL :
Le pea stitch (en dentelle à l'aiguille Kenmare).

UNE DENTELLE TRADITIONNELLE :
Une dentelle en gros point de Venise.

UNE MATIÈRE :
Le tweed irlandais.

UNE ŒUVRE D'ART : *Pelvis IV* de Georgia O'Keeffe, 1944.

UN MUSÉE :
Le National Museum of Ireland de Dublin.

Maggie Hensel-Brown

Australie • maggiehenselbrown.com

Maggie Hensel-Brown magnifie des scènes banales de la vie quotidienne en les représentant en dentelle à l'aiguille.
Une femme affalée sur son canapé ou ouvrant le réfrigérateur devient une guipure vénitienne sacola ou tondo rehaussée par des réseaux de brides ornées d'un grand raffinement.

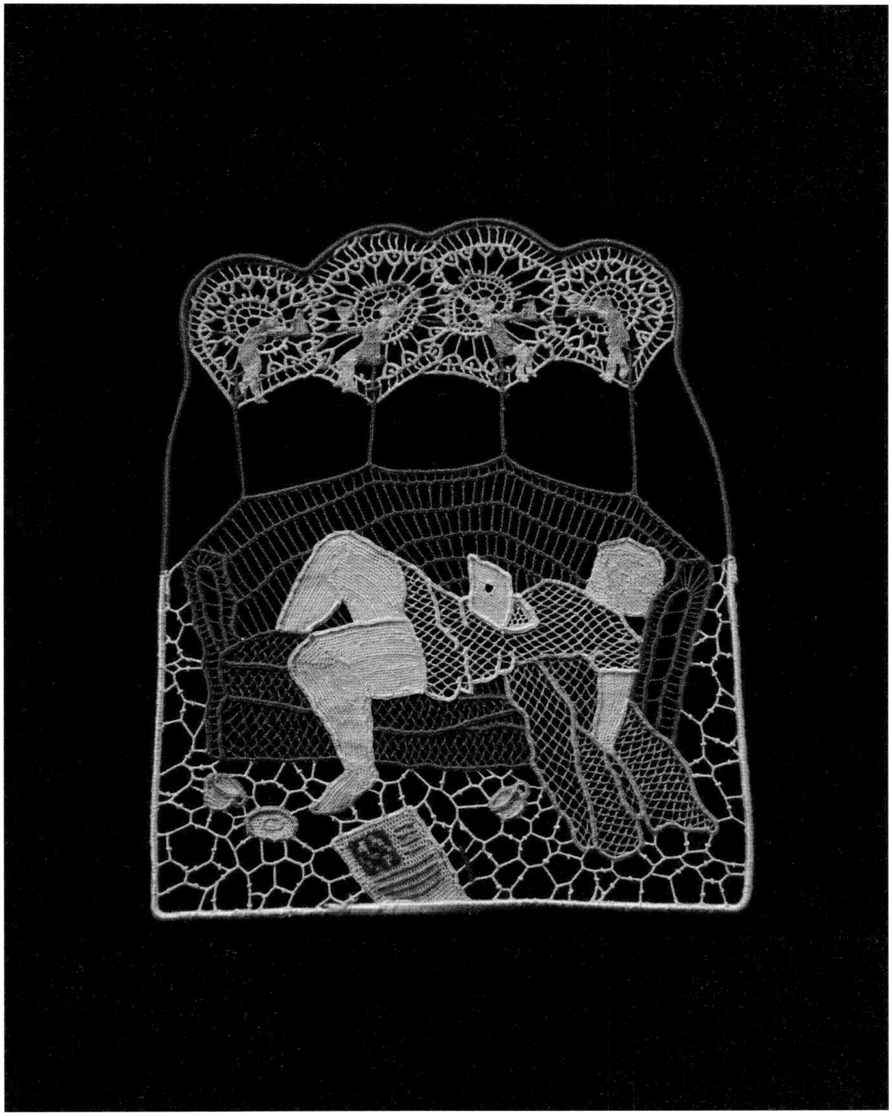

Quarantine self portrait II, dreaming of the Pub
(Autoportrait en quarantaine II, rêvant d'aller dans un bar)
12 x 17 cm – dentelle à l'aiguille – soie – collection privée de l'artiste – 2020.

J'ai découvert la dentelle à l'aiguille en 2015. Je dirigeais une petite galerie dans ma ville natale et j'avais besoin de changement. Grâce à la galerie, j'ai reçu une petite subvention pour aller suivre un cours afin de développer ma pratique artistique. Or la conférence annuelle de l'Australian Lace Guild tombait pile à ce moment-là et j'ai pu m'y rendre. À cette époque je travaillais surtout au crochet, combinant la délicatesse du textile avec de grands objets lourds comme des pierres et du métal. Mais c'est en septembre 2015 que j'ai eu l'occasion de voir une dentelle reticella, et j'en suis tombée amoureuse. Cette pièce était au Powerhouse Museum de Sydney. On y voit Judith décapitant Holopherne.
Elle m'a stupéfaite, elle était à la fois si belle et incroyablement violente. Cela m'a fait réaliser que la dentelle n'est pas seulement de la beauté ou de la frivolité, elle peut raconter des histoires riches et puissantes. Depuis, j'ai vu d'innombrables autres dentelles racontant d'innombrables autres histoires, mais celle à laquelle je reviens encore et encore est cette pièce de Judith et Holopherne. Elle restera à jamais ma préférée.
Suite à cette découverte, j'ai eu le sentiment que la dentelle était une technique parfaite pour moi. Tellement ornée, détaillée et grandiose. Je me suis alors inscrite à un cours de reticella avec Margaret Stephens lors de cette conférence de l'Australian Lace Guild, et je n'ai plus arrêté.

Jusqu'alors, j'avais réalisé de petites œuvres textiles, principalement au crochet, dont la structure ressemblait à de la dentelle.
J'ai toujours aimé la complexité. Depuis que je suis enfant, j'aime faire de toutes petites choses, très détaillées. J'ai appris à broder, à tricoter et à crocheter quand j'étais très jeune, vers sept ans.
Je me souviens même avoir défait des fils pour les rendre aussi fins que possible. Ou de tricoter avec des aiguilles de plus en plus fines.
Il y a tant de raisons qui me font aimer la dentelle à l'aiguille. La première, comme je l'ai déjà décrit, est son intense complexité.
Je suis constamment étonnée par la profondeur des détails qui peuvent être incorporés dans une pièce de dentelle.
J'aime aussi le processus lent et méthodique qui consiste à s'asseoir et à travailler pendant des heures. Des journées entières peuvent s'écouler sans que je me rende compte du temps qui passe, tandis que j'enroule lentement mon aiguille dans et autour des fils.

Une autre raison est que j'aime avoir le sentiment de faire partie d'une longue et fascinante histoire. Il y a eu tant de dentellières avant moi, et tant parmi elles n'ont jamais été reconnues pour leur incroyable travail. Personnellement, j'ai le sentiment que la dentelle n'a jamais reçu l'honneur qu'elle mérite.
Comme tant d'autres savoir-faire traditionnellement féminins, elle est souvent reléguée à quelque chose d'un peu désuet ou de joli. La dentelle se trouve sous nos assiettes sur la table, elle attrape les poils perdus lorsqu'elle s'enroule autour de nos cols, et il nous arrive même de nous moucher dedans.
Tout cela se fait généralement sans tenir compte du temps et du talent extrême qui ont été consacrés à ces objets en dentelle.
Cela me brise le cœur. Je ressens le besoin d'utiliser ma plateforme pour rappeler aux gens que ce que leur grand-mère fabriquait n'était pas seulement « joli », mais qu'il s'agissait d'un savoir-faire et résultait d'une attention très particulière. Et puis bien sûr, je fais de de la dentelle simplement parce que je trouve cela sublime.
Depuis mon premier cours de reticella en 2015, j'ai suivi les cours d'Aemilia Ars, en gros point de Venise, en dentelle irlandaise (Borris) et en Punto in Aria. Mon travail depuis lors a été un grand mélange de toutes ces techniques.
Je ne m'en tiens jamais à une seule technique par œuvre.
Pour être tout à fait honnête, j'ai oublié quels points appartiennent à quelle technique. J'appelle tout cela « dentelle à l'aiguille ».
Cela dit, je serai éternellement reconnaissante envers mes professeurs pour le travail qu'ils ont accompli afin de catégoriser et maintenir vivantes chacune de ces techniques.
Je pense à Margaret Stephens, qui m'a donné mon premier cours de reticella, à Doreen Holmes, qui m'a fait rencontrer Aemilia Ars, à Elizabeth Ligetti, qui m'a enseigné l'incroyable processus de fabrication du gros point de Venise, et à Annette Meldrum, la reine australienne de la dentelle Borris et de tout ce qui touche à l'aiguille. Il y en a tant d'autres, mais ces personnes-ci m'ont vraiment aidée à définir les spécificités de ma pratique.

Dans mon travail, je détourne le processus minutieux et détaillé de la dentelle pour l'appliquer à des scènes banales.
Le temps, le soin et l'attention nécessaires pour créer la dentelle les rendent précieuses. Cela me fait apprécier la vie d'une manière plus attentive. J'ai 30 ans et je vis en colocation dans la banlieue de Sydney, les moments que j'illustre sont intrinsèquement banals mais ils deviennent quasiment magiques lorsqu'ils sont transformés en dentelle.

La dentelle à l'aiguille est ma façon de donner un sens au monde. Ses points lents et méthodiques m'aident à traiter mes pensées et mes sentiments. Je crée des images qui reflètent ma vie dans toute sa splendeur ennuyeuse. Qu'il s'agisse de pleurer la perte

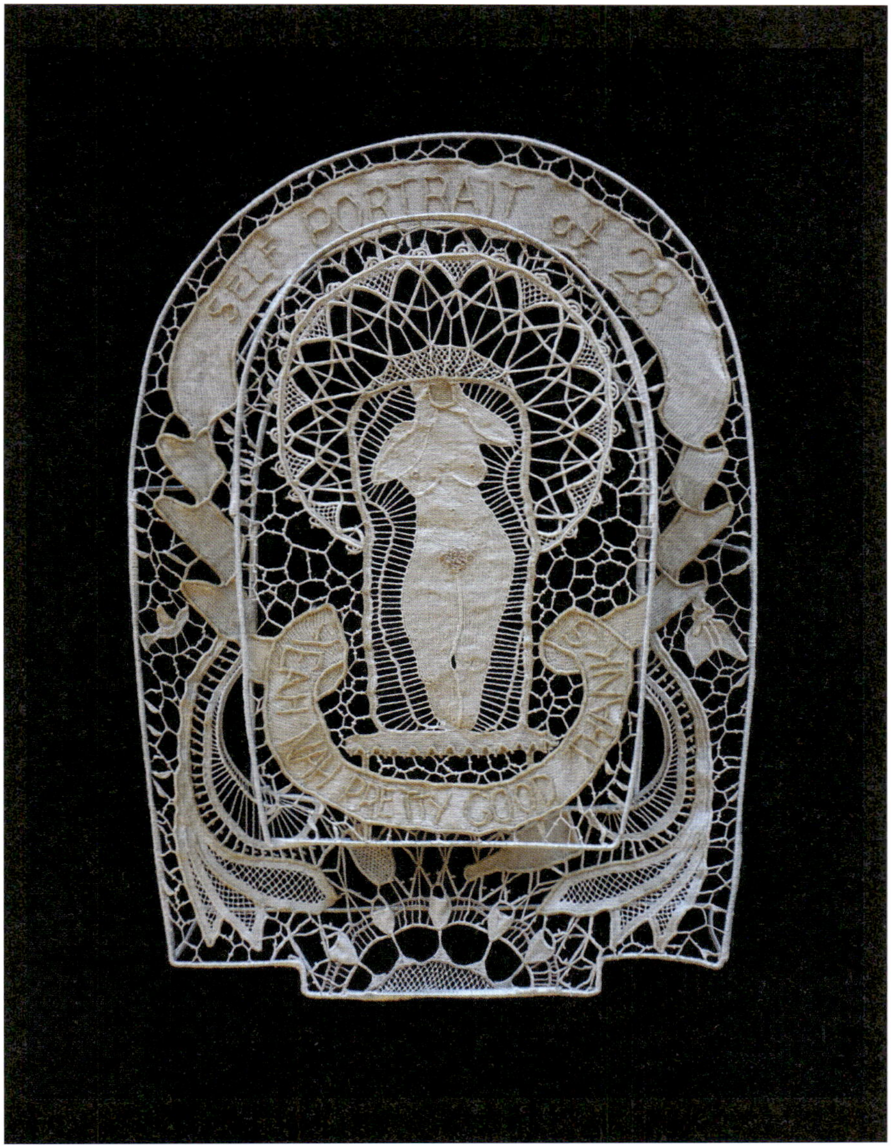

Self portrait at 28 (Autoportrait à 28 ans)
28 x 18 cm – dentelle à l'aiguille – soie – collection privée de l'artiste – 2018.

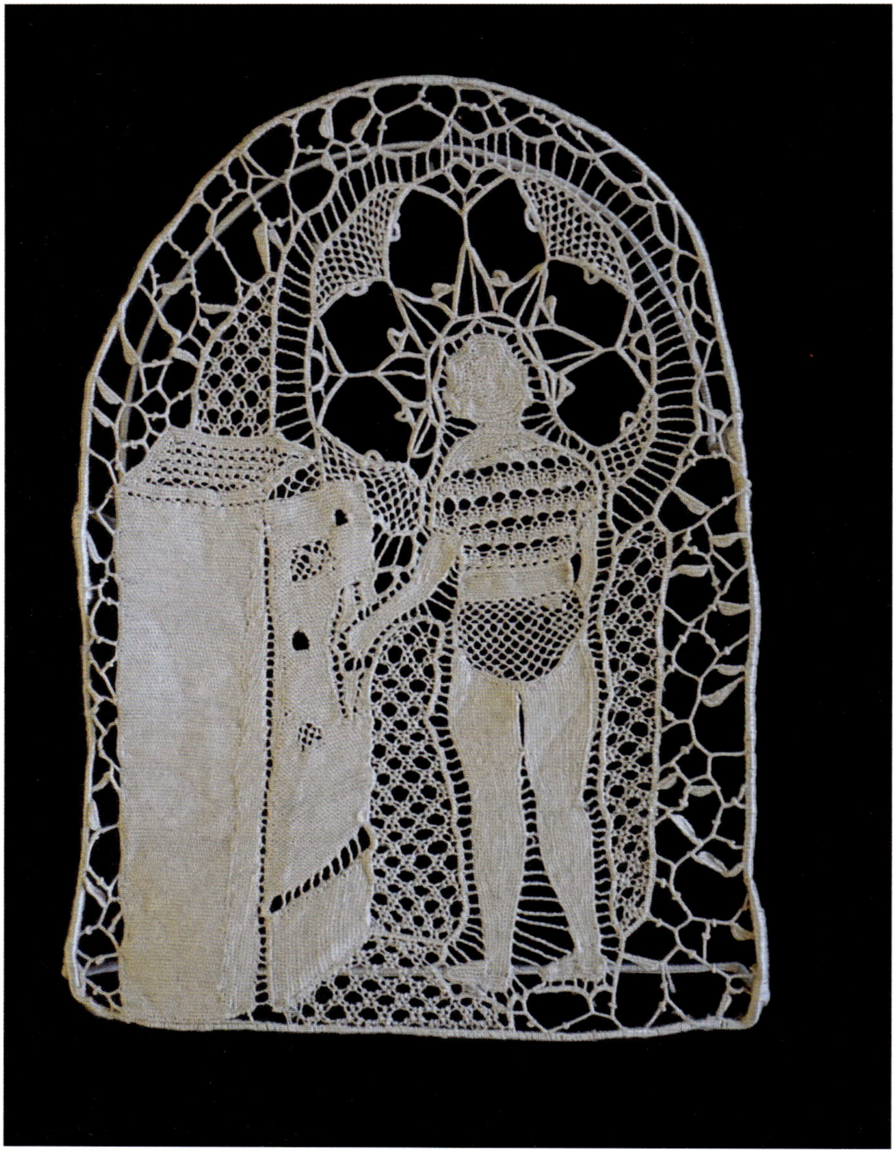

Staring into the Void : not hungry, just bored
(Regard dans le vide : pas la faim, juste l'ennui)
12 x 15 cm – dentelle à l'aiguille – soie – collection privée de l'artiste – 2017.

de ma tasse à café préférée lorsqu'elle se brise, de passer trop de temps à suivre les informations sur mon téléphone ou de regarder mes vêtements froissés, éparpillés sur le sol. La dentelle à l'aiguille me raconte lentement ma vie.

J'ai à cœur de transmettre ma technique et je suis particulièrement fascinée par la façon dont les réseaux sociaux ont permis de mettre en relation tant de dentellières et de curieux de la dentelle à travers le monde. J'ai commencé à partager de longues vidéos et des histoires qui suivent toute la création de chaque pièce. Les retours ont été fantastiques. J'ai constaté qu'il y a un réel besoin chez de nombreuses personnes de revenir à une solide compréhension de l'artisanat traditionnel.
Étant moi-même de la génération Y, je m'identifie à ce sentiment. Le monde peut parfois donner l'impression d'être jetable et d'évoluer trop rapidement. La dentelle est l'antithèse de ce sentiment. Elle est méthodique, lente et belle. Elle nous ramène à nous-mêmes, à nos centres, et nous rappelle les petites et belles choses qui rendent la vie précieuse.

Si vous étiez…

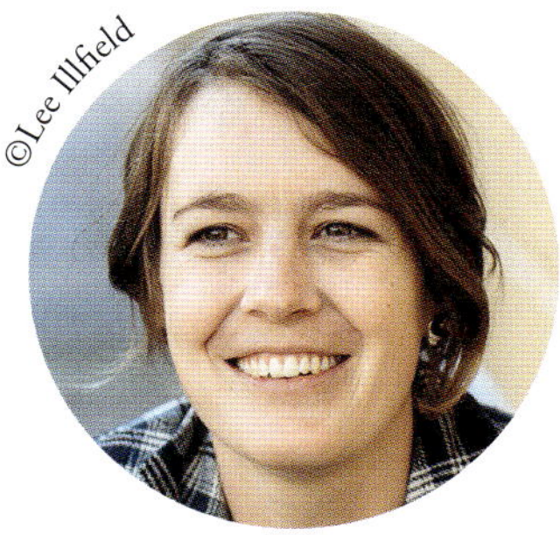

©Lee Illfield

UN POINT OU UN FOND DE DENTELLE
Un simple point de feston.

UNE DENTELLE
Un Reticella.

UNE MATIÈRE
Le calicot (légèrement taché et déchiré).

UNE ŒUVRE D'ART
Self Portrait with Fried Eggs de Sarah Lucas (1996).

UN MUSÉE
Un petit musée géré par des bénévoles.

Geneviève Kesteloot

Belgique • genevievekesteloot.com

Geneviève Kesteloot fait partie des artistes dentellières maîtrisant à la perfection la technique de la dentelle aux fuseaux.
Elle a formé et forme encore des artistes souhaitant découvrir la dentelle contemporaine.
Dans ses œuvres, elle associe différentes fibres comme le lin, le mohair, la soie, la fibre de banane ou des brindilles et d'autres matériaux comme le latex ou l'inox.
De ce jeu des matières et des couleurs naît une poésie textile raffinée qui célèbre la nature.

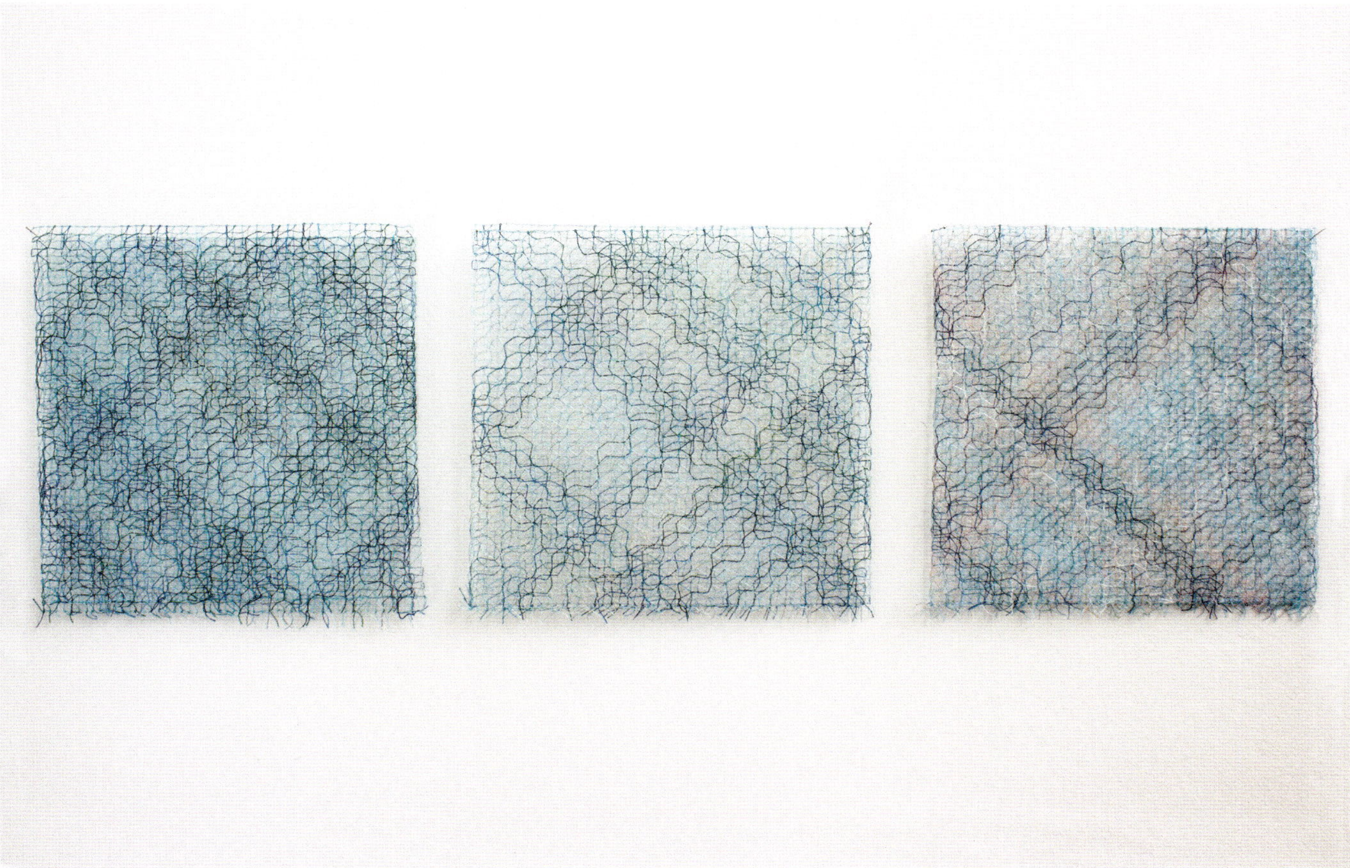

Ciel
Série de quinze carrés de 25 x 25 cm – dentelle aux fuseaux – coton – collection personnelle de l'artiste – 2018.
Photo : Mathieu Van Assche

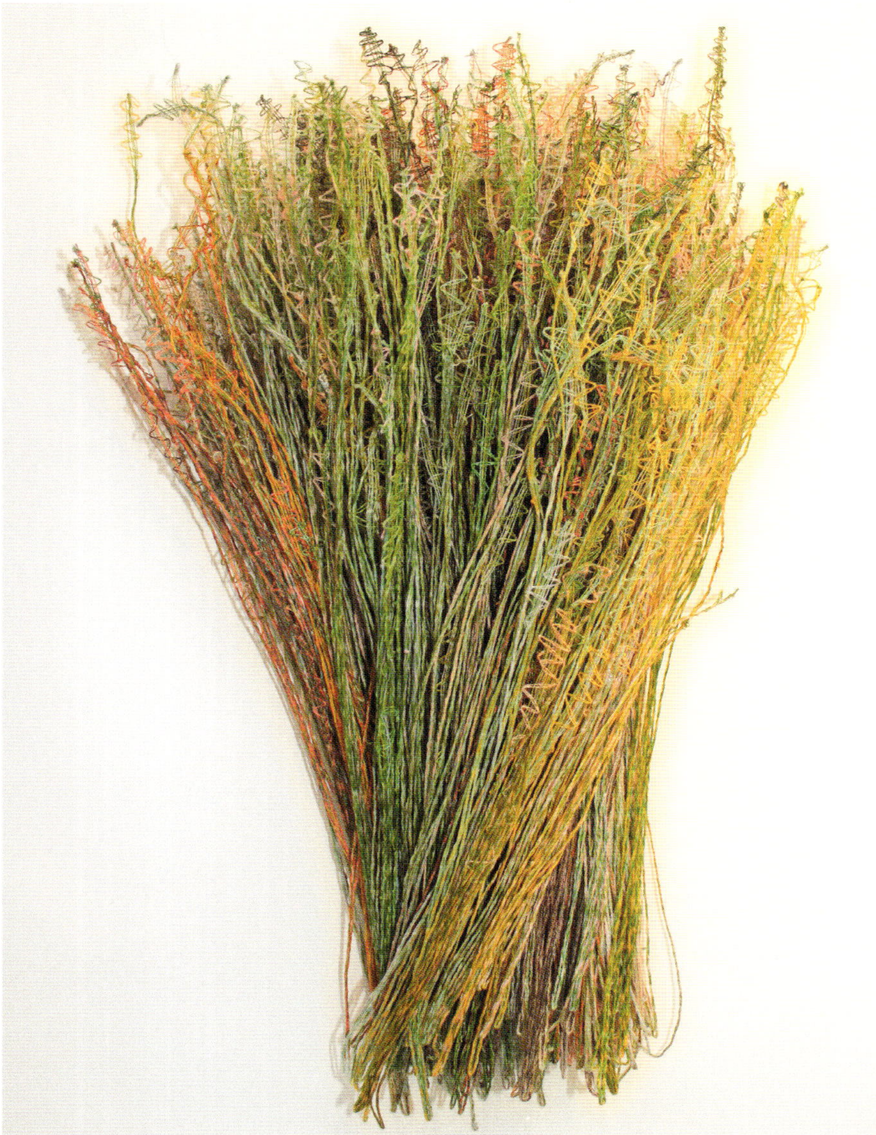

Petites herbes
65 x 45 cm – dentelle aux fuseaux – coton – collection personnelle de l'artiste – 2009.
Photo : Mathieu Van Assche

J'ai découvert la dentelle aux fuseaux lors d'une exposition à Bruxelles, une biennale internationale de Dentelle-Art contemporain.
J'ai étudié le design textile à La Cambre (Belgique), et à cette époque, je travaillais essentiellement le tissage et la tapisserie. Or, en découvrant la dentelle, j'ai été attirée par sa légèreté et sa transparence, qui correspondaient parfaitement à ce que je souhaitais développer.
J'ai donc suivi des cours de dentelle aux fuseaux à l'atelier du XXe siècle au musée du Costume et de la Dentelle à Bruxelles et à l'Académie de Hal.
Mes sources d'inspiration sont le monde végétal et le rythme des saisons. Je suis aussi sensible aux jeux des matières et des couleurs.
La dentelle aux fuseaux offre aujourd'hui beaucoup de liberté par rapport aux autres techniques textiles.

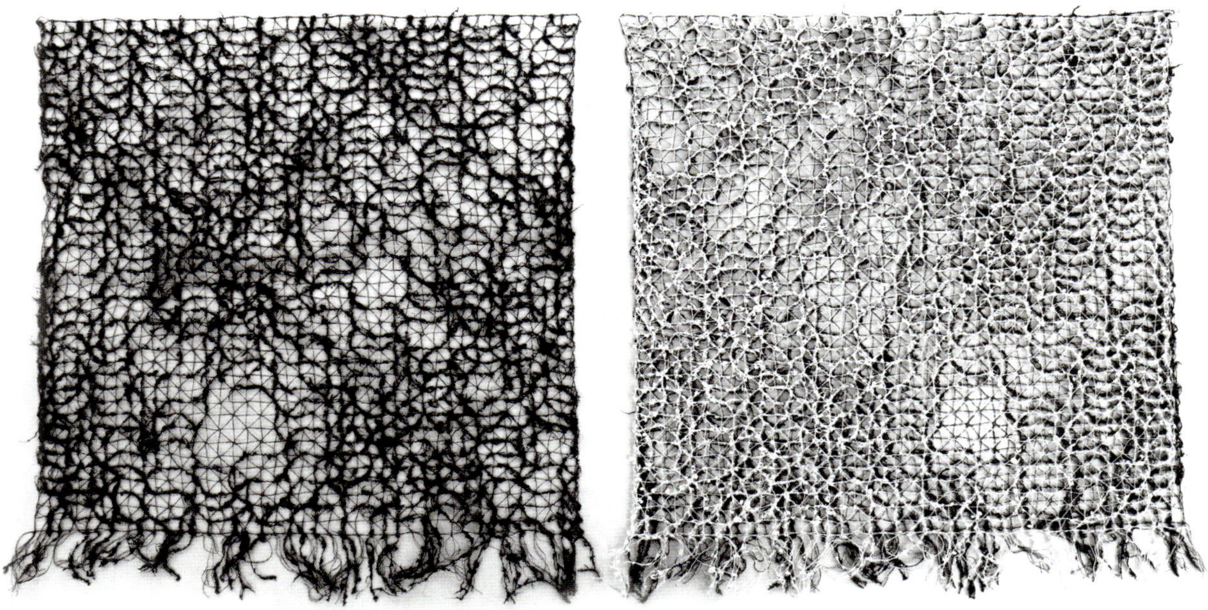

Noir et blanc
40 x 40 cm – dentelle aux fuseaux – lin, mohair, latex – collection personnelle de l'artiste – 2014. Photo : Mathieu Van Assche

Si vous étiez...

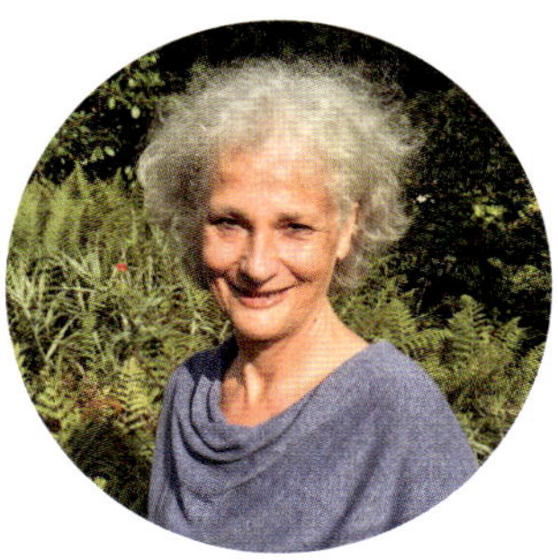

UN FOND OU UN POINT DE DENTELLE
Toutes les dentelles me fascinent pour leur technique et leur virtuosité, mais le point sauvage m'attire actuellement.

UNE DENTELLE
Chaque dentelle a son histoire et sa poésie.

UNE MATIÈRE
Le lin.

UNE ŒUVRE D'ART
L'univers de Rik Wouters, Pierre Alechinsky.

UN MUSÉE
Le musée du Costume et de la Dentelle à Bruxelles.

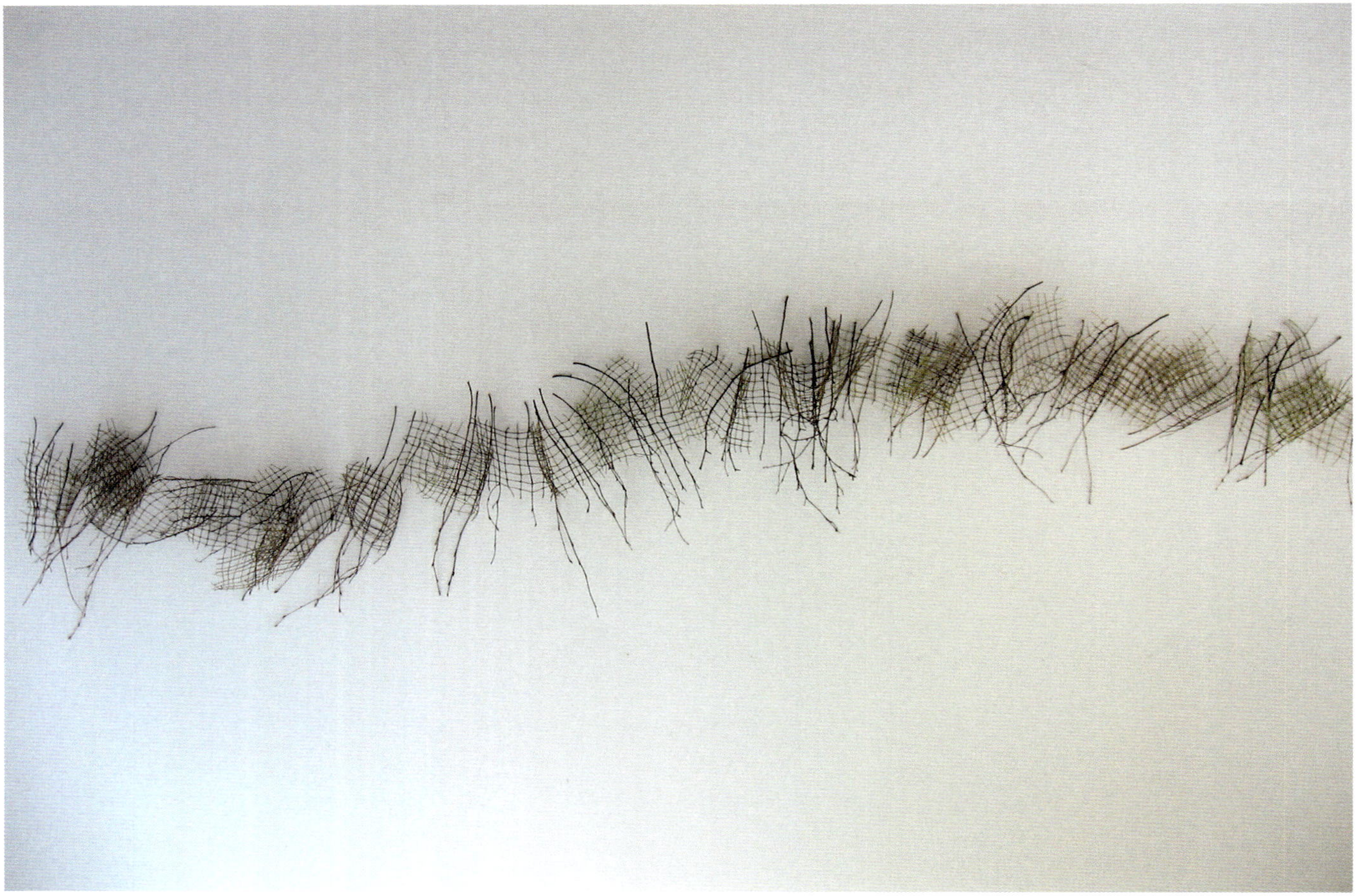

Envolée
40 x 400 cm – dentelle aux fuseaux – lin, branches de bouleau – collection personnelle de l'artiste – 2006.
Photo : Pierre Van Assche

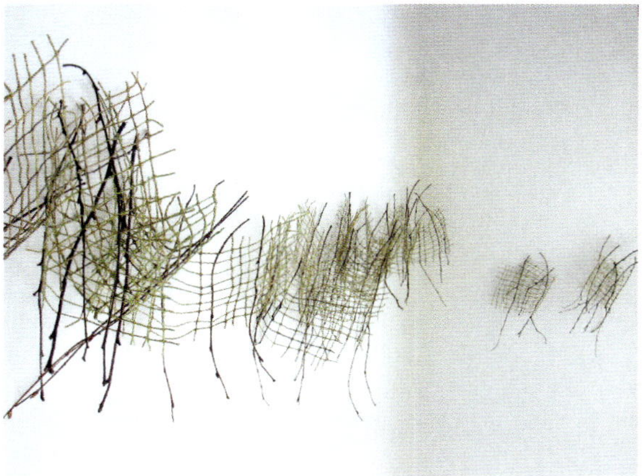

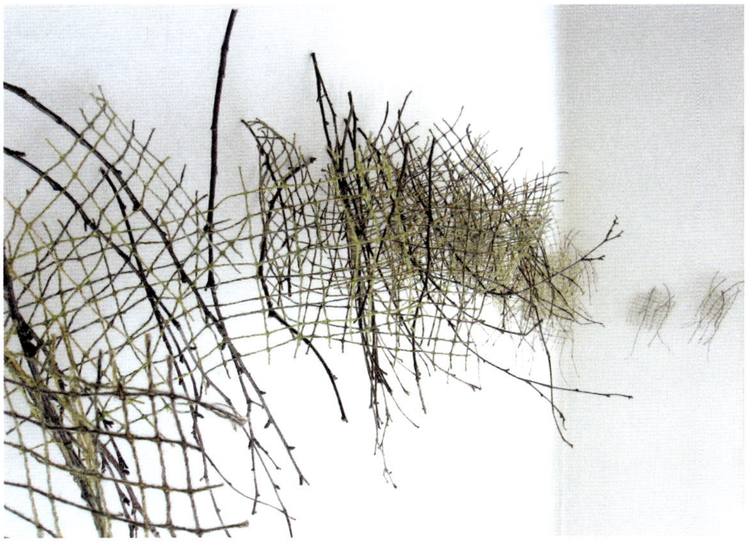

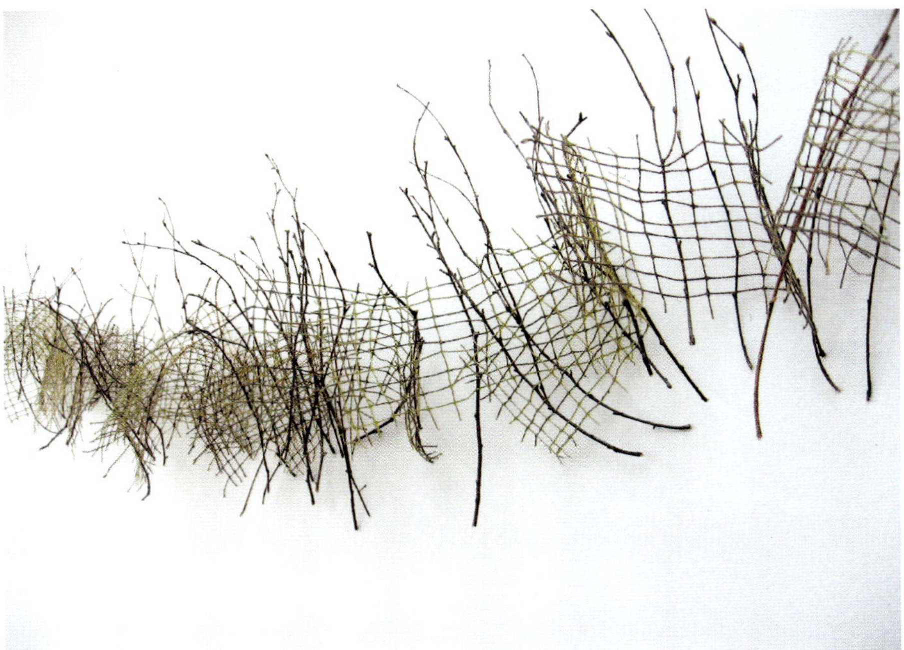

Kim Lieberman

Afrique du Sud • kimlieberman.com

Pour Kim Lieberman, la dentelle est un moyen de matérialiser les liens, les interconnexions complexes et invisibles entre les humains et ce qui les entourent.
La « reine du fond chaotique », comme certains la surnomment, se sert de la dentelle pour rendre compte de la complexité de notre monde et mettre en avant les questionnements qui devraient être essentiels aux yeux de l'humanité.

Page de droite :
Field of Paths
60 x 60 cm – dentelle aux fuseaux – soie – collection Hollard – 2009.

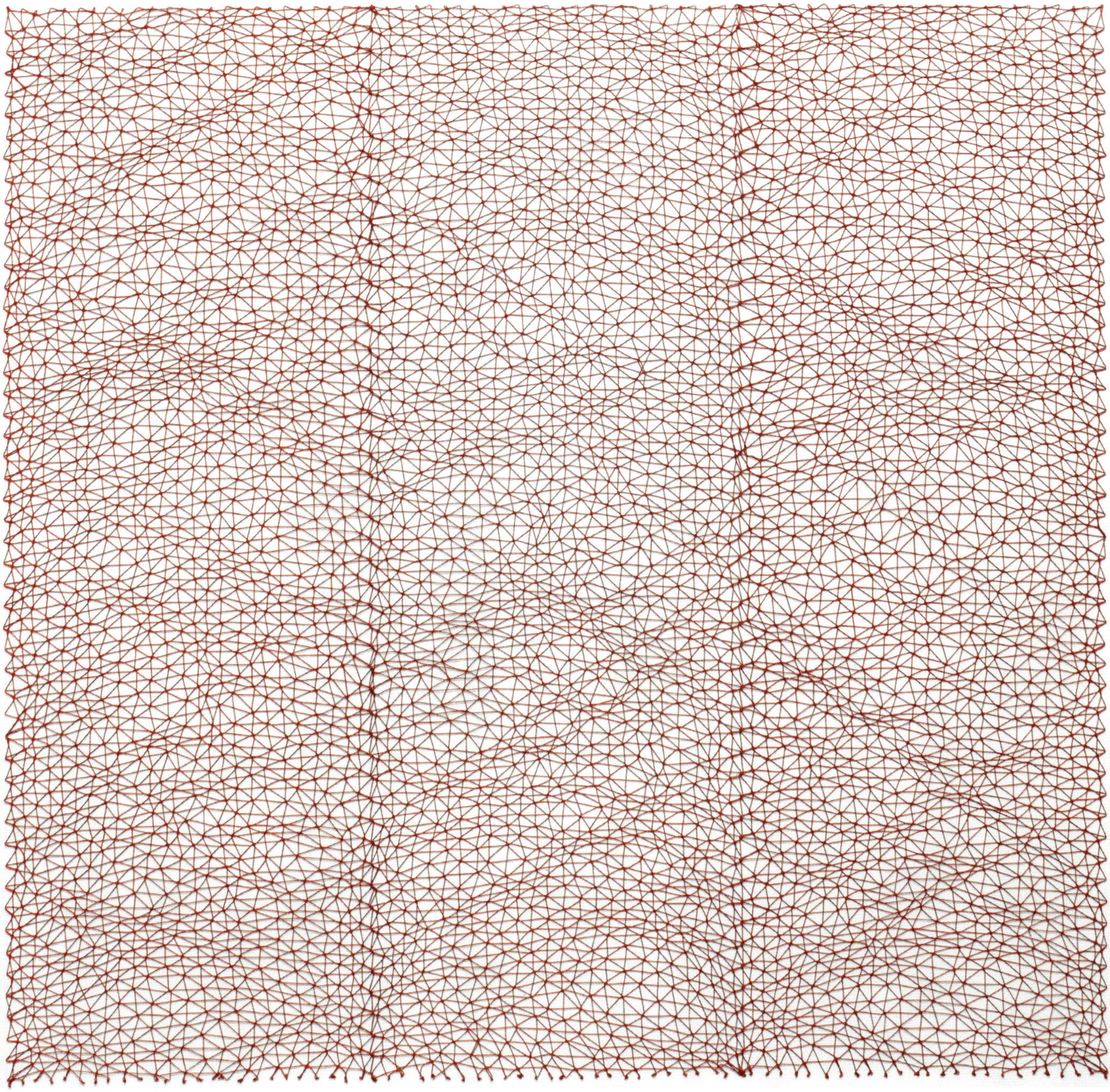

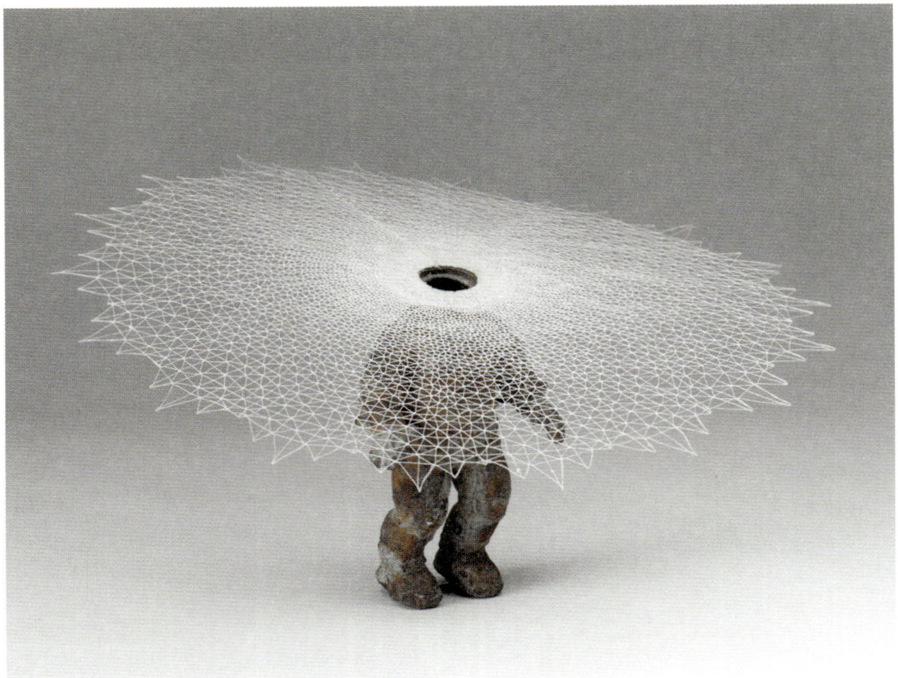

À gauche :
Human Constellations (détail)
(série de 18 sculptures)
30 x 50 x 50 cm – dentelle aux fuseaux, sculpture – coton, bronze – collection privée | collection de l'artiste – 2007-2008.
Photo : Wayne Oosthuizen

Ci-dessous :
Landscape of the Court
(Installation de 2020 à Constitution Hill, Johannesbourg, Afrique du Sud)
280 x 150 x 400 cm – dentelle aux fuseaux – métal, papier – 2017-2020.
Photo : Kim Lieberman

Pages 80-81 :
Territories
280 x 40 x 120 cm – dentelle aux fuseaux – acier – collection The artist, Johannesbourg – 2019.

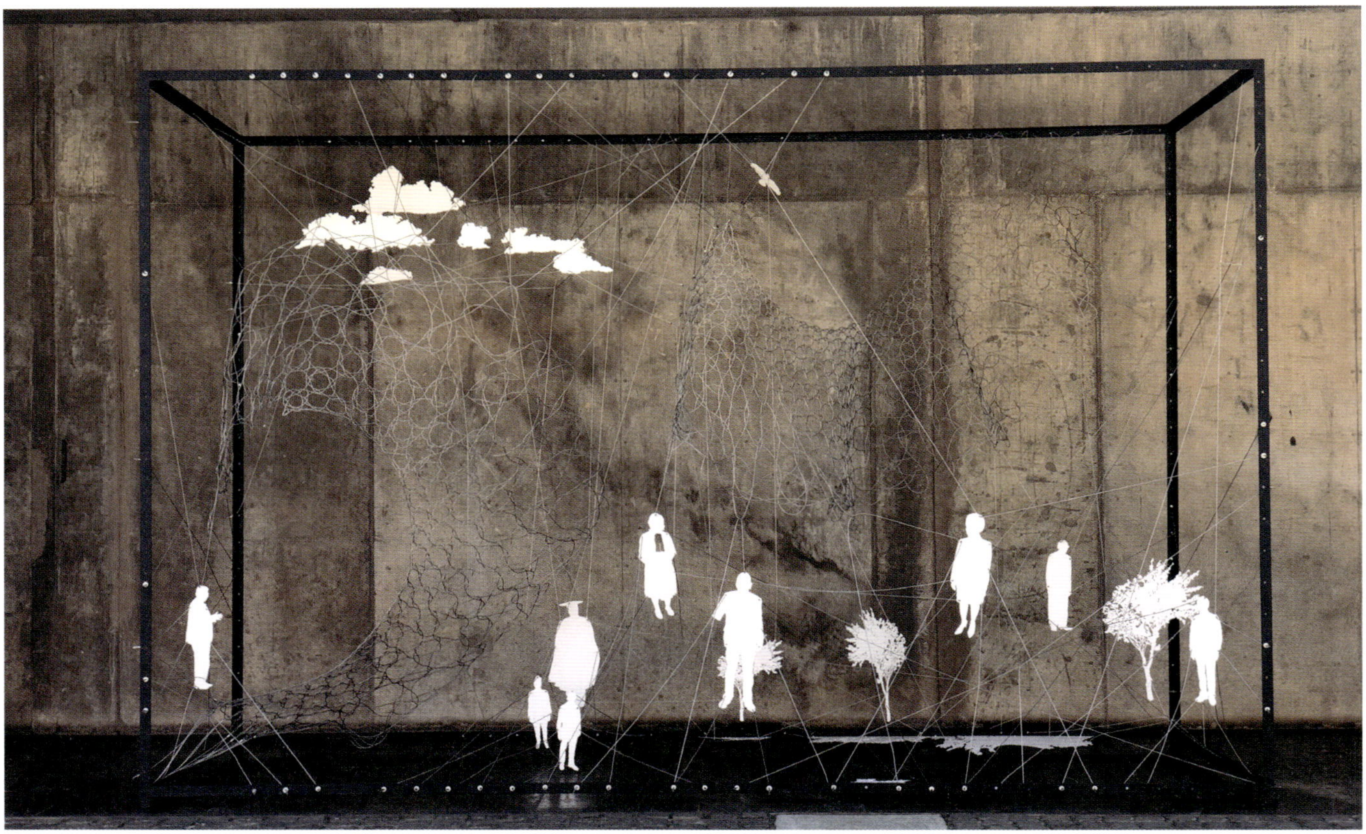

Je travaille avec le fil depuis 1999. En 1996, j'ai trouvé de petites sculptures en bronze, que l'on voit dans *Human Constellations*, dans un chantier de ferraille. Pendant de nombreuses années, j'ai réfléchi à ce que je pourrais en faire pour qu'elles expriment la connectivité entre les humains, l'information invisible qui circule entre nous. J'ai pensé à souffler du verre et à d'autres techniques. Mais ces petits personnages en bronze étaient si beaux, si fins, si intéressants et pleins de vie, que j'avais besoin de quelque chose d'aussi beau et raffiné qu'eux.
En 2006, j'ai fini par repenser à ces sculptures et il m'est venu l'idée d'utiliser du fil. J'ai trouvé le « design » et l'apparence que je voulais donner puis j'ai griffonné ma vision sur du papier pour avoir une idée plus précise de ce que je voulais réaliser. J'imaginais quelque chose de chaotique, en forme de cercle. Ensuite, je suis allée dans une mercerie pour leur montrer mes croquis et ils m'ont expliqué que c'est avec la technique de la dentelle que je pourrai y parvenir.
Après avoir été découragée par le club de dentelle de ma ville, j'ai fini par appeler une professeure indépendante, experte en dentelle aux fuseaux, Janis Savage. Elle m'a enseigné les bases de cette technique tout en m'aidant à réaliser le patron du cercle que je voulais faire. C'était un travail très précis, très mathématique, et cela m'a passionnée.
Récemment, elle a découvert et exploré le fond chaotique (*chaotic ground*) ou sauvage, afin de pouvoir me l'enseigner. Ce fond reflète parfaitement la pensée et l'intelligence sauvages et primitives auxquelles je m'intéresse particulièrement.

La dentelle opère à des niveaux différents dans mon travail, je l'ai intégrée depuis presque quinze ans déjà. Je la considère donc de plusieurs manières. Tout d'abord de façon conceptuelle, elle me permet de porter le concept que je veux développer. Je la vois comme un champ de connexions humaines qui s'établit entre nous. Mais j'ai aussi découvert son histoire sociale, politique et économique. En Belgique par exemple, la dentelle était plus considérée que l'or, c'était l'économie principale du pays.
Mais si vous regardez l'artisanat, la vannerie, le tricot, ou le crochet, ils répondent tous d'une certaine manière au climat.
Si vous allez en Europe, l'artisanat est davantage constitué de tricots pour fabriquer des pulls et des couvertures, alors que si vous allez en Amazonie ou en Afrique du Sud, ils tissent des hamacs ou des paniers, parce que c'est ce dont ils ont besoin.
L'artisanat répond au chaud et au froid, tandis que la dentelle répond à un « climat » social. Dans les années 1600-1700, il était illégal pour les paysans de porter de la dentelle, elle était réservée à la royauté et à l'aristocratie et cela m'a poussée à réfléchir à ce que royauté et aristocratie, signifiaient aujourd'hui. Pour moi, le leadership, ce sont les personnes qui défendent de vraies morales, une vraie éthique, de vraies valeurs et sont intègres. Qu'est-ce qui est « royal » en Afrique du Sud et dans n'importe quel autre pays ? Je me suis alors demandé comment subvertir la dentelle pour définir ce qu'est la royauté et le véritable leadership. Par exemple, pour l'œuvre *Why the collar ?*, j'ai commencé à collecter des cols en dentelle anciens faits main, et j'ai attribué à chacun le profil d'une personne, comme Thuli Mandonsela, Albie Sachs ou Yvonne Mokgoro qui, selon moi, représentent de vraies personnes « royales » en Afrique du Sud.

Si vous étiez…

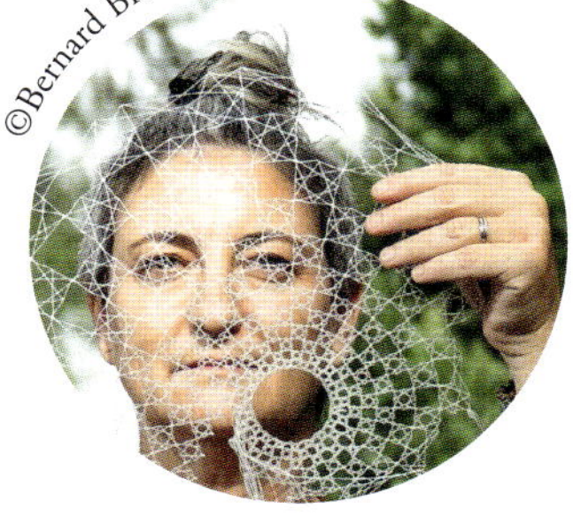

©Bernard Brand

UN FOND OU UN POINT DE DENTELLE
Un fond chaotique ou sauvage.

UNE DENTELLE
Un cercle en dentelle.

UNE MATIÈRE
Une dentelle contemporaine.

UNE ŒUVRE D'ART
Dossier postale d'Alighiero Boetti.

UN MUSÉE
Le Rijksmuseum Amsterdam (Hollande).

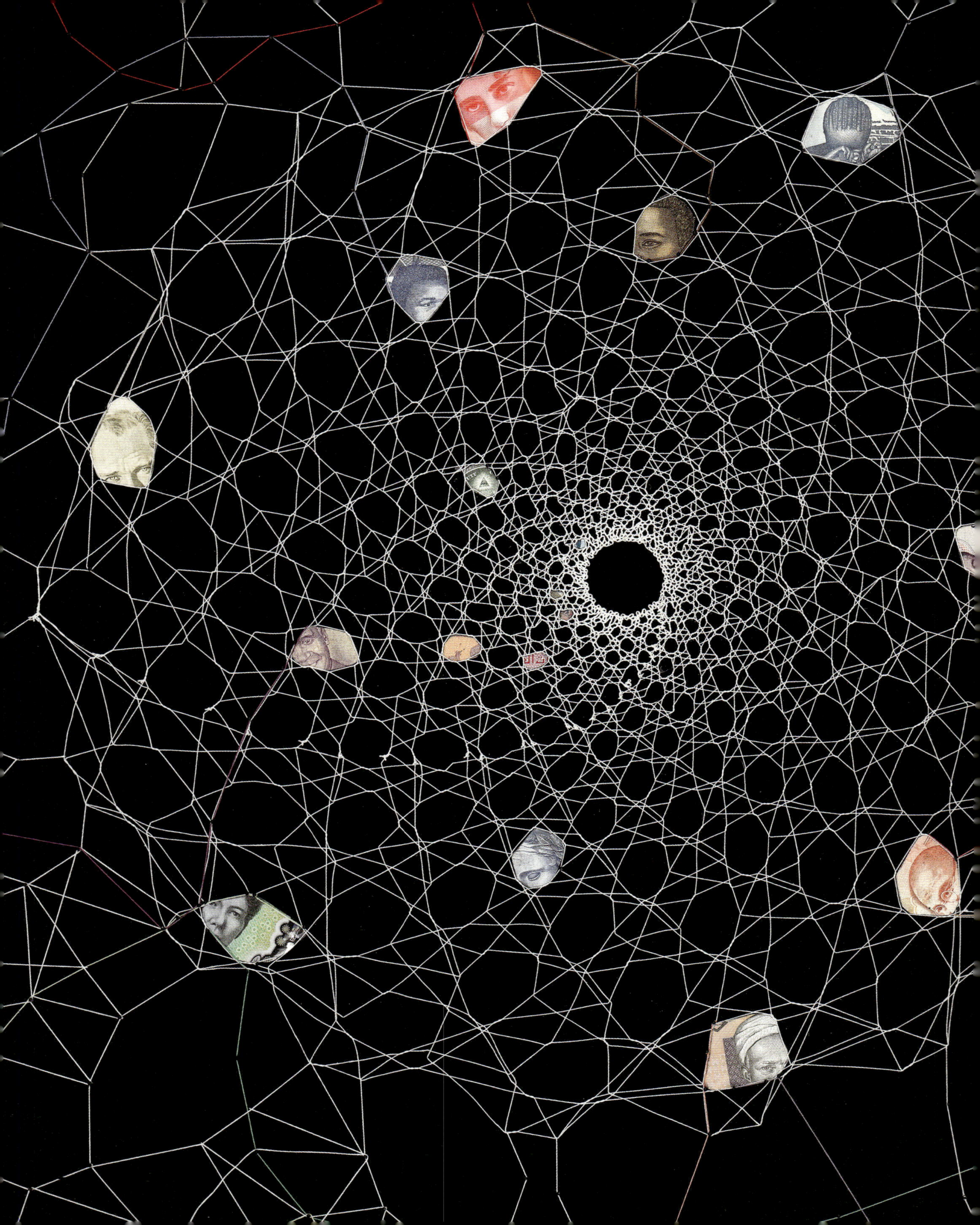

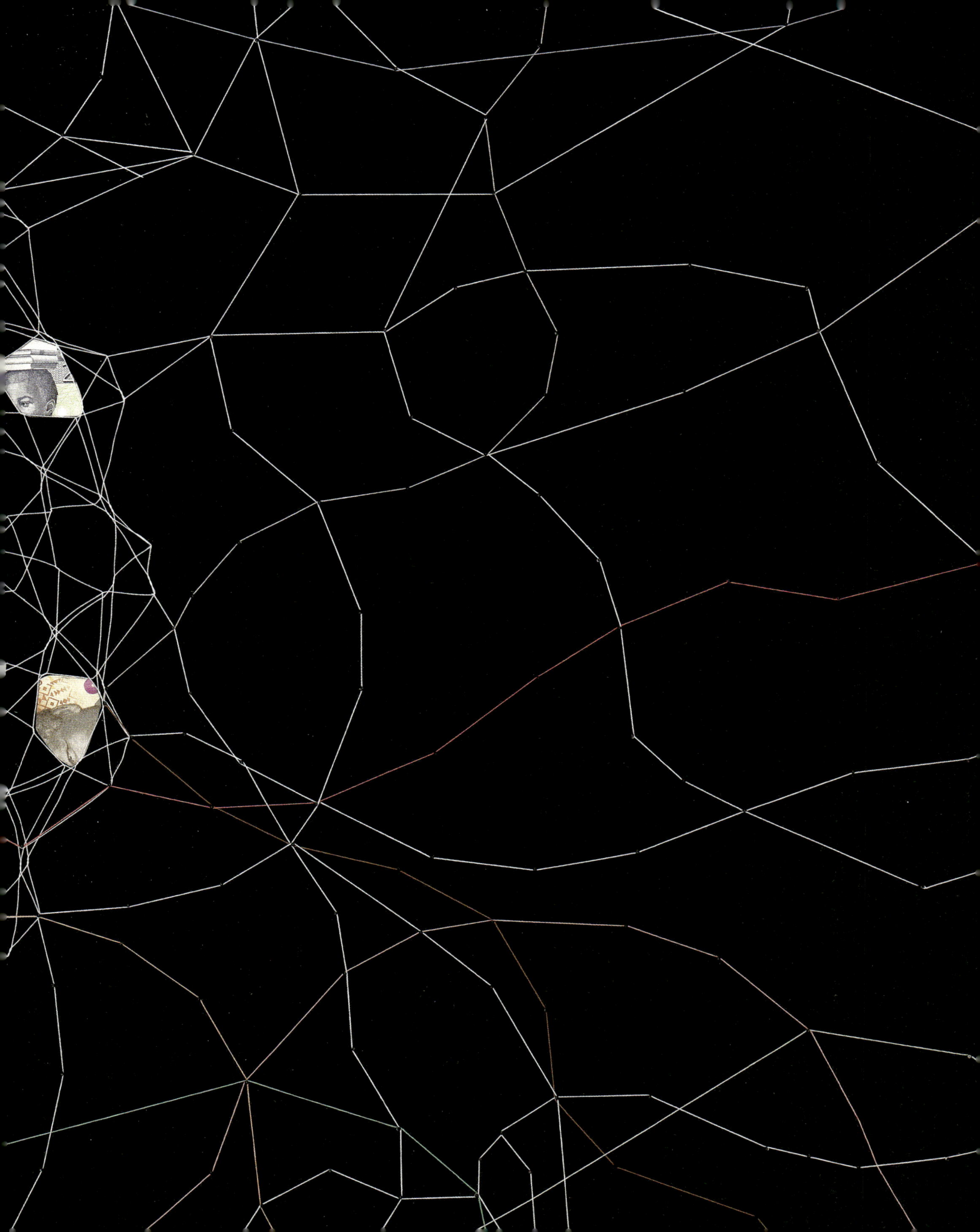

Véronique Loupe

Canada • veroniqueloupe.com

Les œuvres de Véronique Louppe interrogent la technique même de la dentelle traditionnelle.
Chacune d'elles est le fruit d'une recherche technique particulière.
L'artiste s'inspire de la théorie de la dentelle pour élaborer sa propre manière de faire, transformer les points, inventer ses motifs afin de parvenir à représenter l'idée voulue.

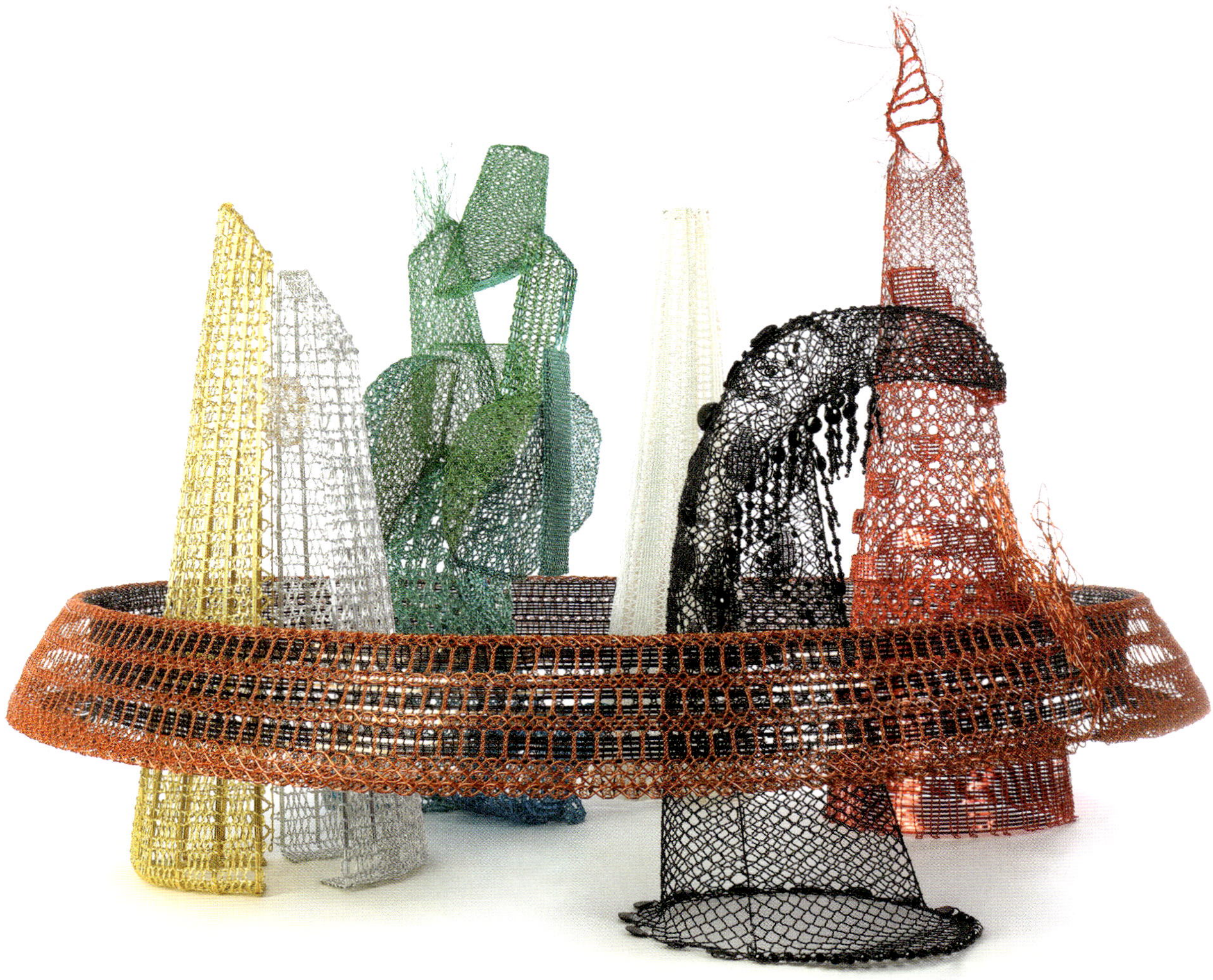

Du Culte au Culturel
140 (diam.) x 117 (haut.) cm – dentelle aux fuseaux – aluminium, cuivre émaillé, fil électrique, perles de verre, de cristal et de bois – collection personnelle de l'artiste – 2021. Photo © Véronique Louppe – Ysabelle Forest.

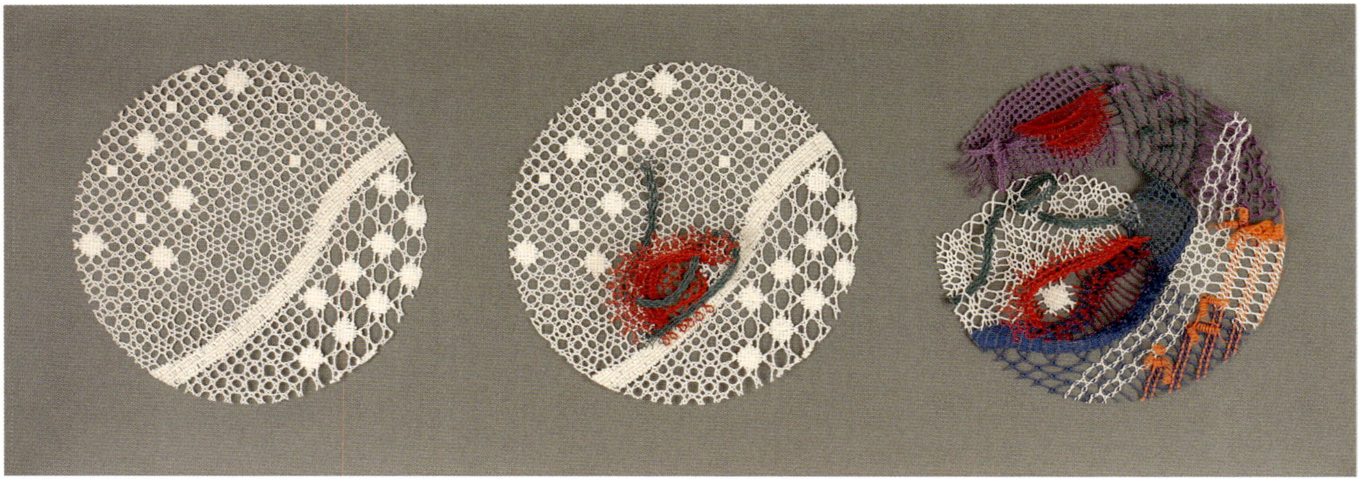

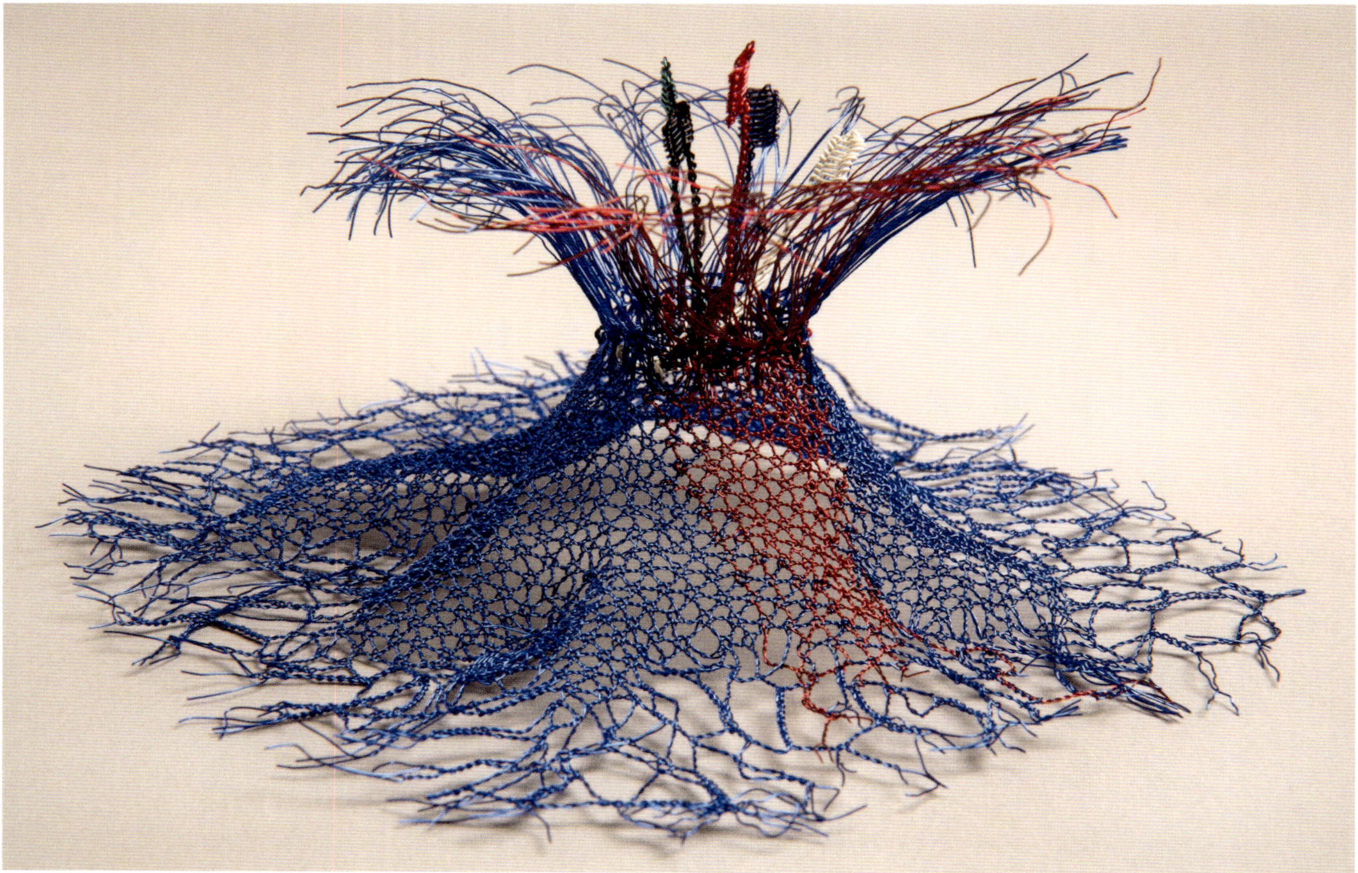

Transgénèse
175 x 66 x 9 cm (chaque cercle : 45 cm de diamètre) – dentelle aux fuseaux – fil électrique – collection personnelle de l'artiste – 2006.
Photo © Véronique Louppe - Baptiste Grison.

Printemps érable
7 x 12 x 12 cm – dentelle aux fuseaux – cuivre émaillé – collection personnelle de l'artiste – 2012. Photo © Véronique Louppe - Michel Dubreuil.

Originaire de Belgique, j'ai immigré au Québec en 1984. J'avais découvert la dentelle en Belgique par hasard, cinq ans plus tôt. À cette époque, je faisais de la musique et de la danse traditionnelles et suivais des stages d'artisanat. C'est en 1979 que j'ai acquis les bases de la dentelle aux fuseaux, lors d'un stage de trois jours. Je m'y suis rendue par curiosité et j'ai vécu trois jours de pur bonheur, ce fut une découverte incroyable.
J'ai poursuivi de manière autodidacte, à l'aide de livres, d'essais, d'expérimentations et en faisant des erreurs. Je pense maintenant que ce type d'apprentissage, seule, à découvrir et à créer de simples dentelles, est une excellente formation pour comprendre la technique.

Je suis issue d'une famille d'artisans, mon père est menuisier. Conscient de la difficulté de vivre d'un métier manuel, il a d'abord refusé que je suive des études de couture. Je cherchais déjà le textile. Insistante, j'ai suivi la formation et découvert que le vêtement ne m'intéressait pas vraiment. Mais ces cours me servent aujourd'hui à réfléchir en trois dimensions et à mouler les formes de papier-piquage ou de patrons.

Plus tard, au Québec, j'ai suivi des cours de dentelle, dont deux auxquels j'accorde plus d'importance.
Les méthodes d'enseignement des dentellières de renom, Madame Nottingham, spécialiste de la dentelle Bedforshire, et Madame Verbeke-Billiet en dentelle de Binche, étaient consacrées à la théorie, soit par des croquis de détails techniques, soit par le dessin technique. À mon avis, ces efforts intellectuels permettent un apprentissage plus rapide.
Lors du cours de Madame Nottingham, j'ai perçu qu'elle me donnait l'autorisation d'oser créer. Cette permission m'a ouvert à un monde d'infinies possibilités dentellières. L'aventure de la création m'a fait décortiquer et assimiler des concepts simples, évidents et pas nécessairement conscients, tels que : les fils sont libres, le matériel indispensable est minimaliste.
La création est l'application de connaissances et la recherche de solutions, et ce, continuellement et dans chaque situation.

Dès 1997, j'ai créé plusieurs œuvres de coton de couleurs vives en mélangeant les techniques. J'ai utilisé les concepts de dentelles à fils coupés et fils continus. J'ai aussi tenté le volume, la troisième dimension. Ce fut une réussite, mais j'étais insatisfaite de la matière trop souple pour maintenir la forme.
La troisième dimension était déjà présente dans mes travaux, complètement inconsciemment.

Ces trois années se sont avérées très importantes.
C'est une reconnaissance donnée en 2001 par le Conseil des Métiers d'art du Québec qui a marqué le commencement de la ma carrière professionnelle.

Lors d'une exposition, un sculpteur me suggèrera de solidifier la matière souple en y intégrant un fil de métal. Le fil de métal intégré à la dentelle donne de la tenue et est la structure des œuvres en fils souples.
Suite à ces expérimentations, en 2004, j'ai ardemment testé les possibilités de faire de la dentelle entièrement métallique. J'ai consacré quatre mois d'expérimentations à apprendre, comprendre et respecter le fil pour ne pas qu'il casse, et à manipuler les fuseaux différemment pour obtenir une dentelle régulière. Travailler le métal augmente le temps de fabrication, mais cette matière répond en tous sens à mes insatisfactions énoncées précédemment. J'étais motivée par ces attentes de résultats donc persévérante. De ces réussites sont nées « Ma » première sculpture, *Envol,* en cuivre naturel verni, et plusieurs collections de bijoux et parures de toutes dimensions, souvent en cuivre émaillé mais également en or et en argent. Au fil des années, je me suis également confrontée et adaptée à entrecroiser des fils de plus gros calibres ainsi que d'autres matières, comme l'aluminium, le rotin, le fil électrique, tous de différentes épaisseurs, et j'ai composé du fil surdimensionné. Le triptyque *Transgénèse*, en fils électriques, questionne la possibilité du retour en arrière de certains choix.

Afin de répondre à mon besoin d'autonomie et d'accentuer ma liberté de création, je me suis formée à différents savoir-faire, tels que la sculpture et le modelage-moulage, qui m'ont permis de créer mes formes en remplacement du coussin. J'ai également touché à la joaillerie dont les rudiments me servent. J'utilise aussi des outils d'autres techniques pour trouer, sabler, découper des matières que j'intègre dans certaines œuvres. J'ai sculpté le polystyrène extrudé pour créer le volume de *Printemps Érable* de cuivré émaillé très fin qui relate le soulèvement des étudiants en 2012. L'œuvre *Posture* est une étude de forme par modelage-moulage, une composition intégrant du gros fil accentuant les arêtes.

Les sujets qui me stimulent sont en lien avec la condition humaine, qu'ils soient issus de l'histoire ou de l'actualité.
Je pense que ces intérêts viennent des réflexions de l'immigrante que je suis, qui a appris les us et coutumes de son pays

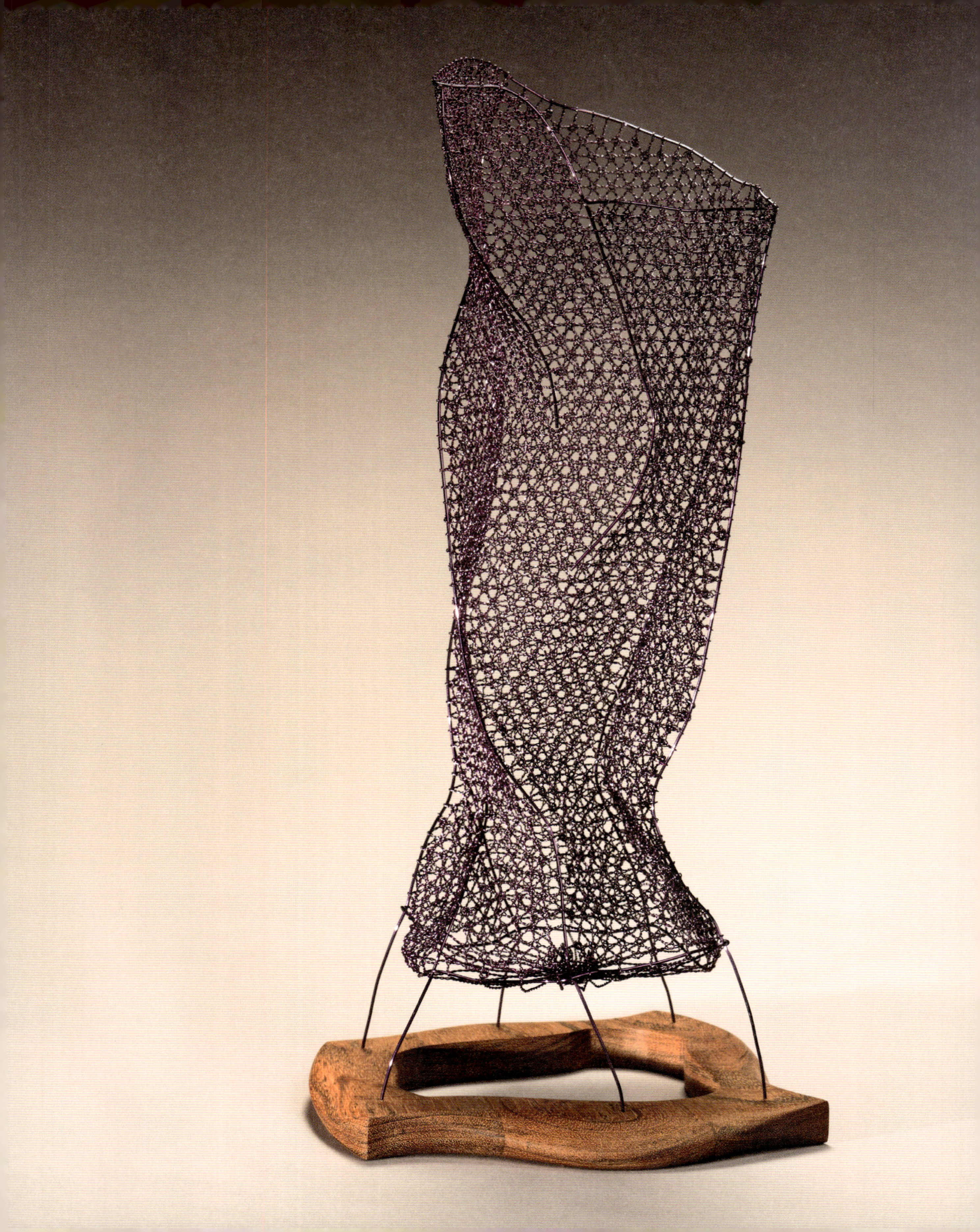

d'adoption et a essayé de comprendre leurs prémisses en les comparant aux traditions de ses origines belges et françaises. Dans cette perspective, *Du Culte au Culturel* est mon œuvre la plus élaborée et la plus récente (2021). Cette grande œuvre illustre la conversion des églises en lieux culturels, inspiré d'une église de 1965. Les églises étaient des lieux de culture, on y retrouvait la peinture, la sculpture, la musique et l'art textile. Cette œuvre, en six parties, relate les liens communs entre les deux institutions, tels la Passion, le Deuil, la Pureté, le Renouveau et la Richesse.

Les chemins que j'ai empruntés m'ont formée, je n'avais aucune idée de ce qui m'attendait. L'introspection m'a accompagnée dans mes choix et mes recherches de solutions.
Je pense que mon travail trouve sa place dans l'évolution de la dentelle aux fuseaux.

Page de gauche :
Posture
42 x 16 x 14 cm – dentelle aux fuseaux – cuivre émaillé, bois – collection personnelle de l'artiste – 2013. Photo © Véronique Louppe – Michel Dubreuil.

Si vous étiez…

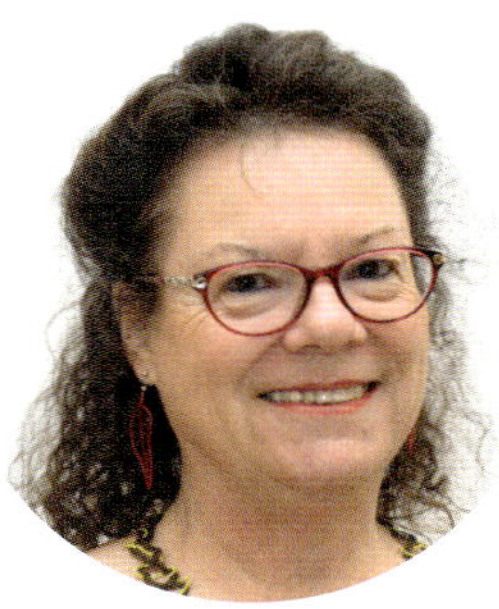

UN POINT DE DENTELLE
Le croisement multiple en étoile.

UNE DENTELLE
Les Nouveaux-Arrivants

UNE MATIÈRE
Le cuivre émaillé rouge.

UNE ŒUVRE
Une broderie religieuse en fil d'or.

UN MUSÉE
Le musée des Traditions de Prague.

Maclejan (Marie Clerc-Janin)

France • @maclejan

Maclejan fait apparaître la dentelle là où on ne l'attend pas :
sur la page d'un roman, un mur ou une photo.
La dentelle se fait collage avec une touche de surréalisme. Nuages, fleurs stylisées, de ses œuvres d'une apparente simplicité se dégage une joyeuse poésie.

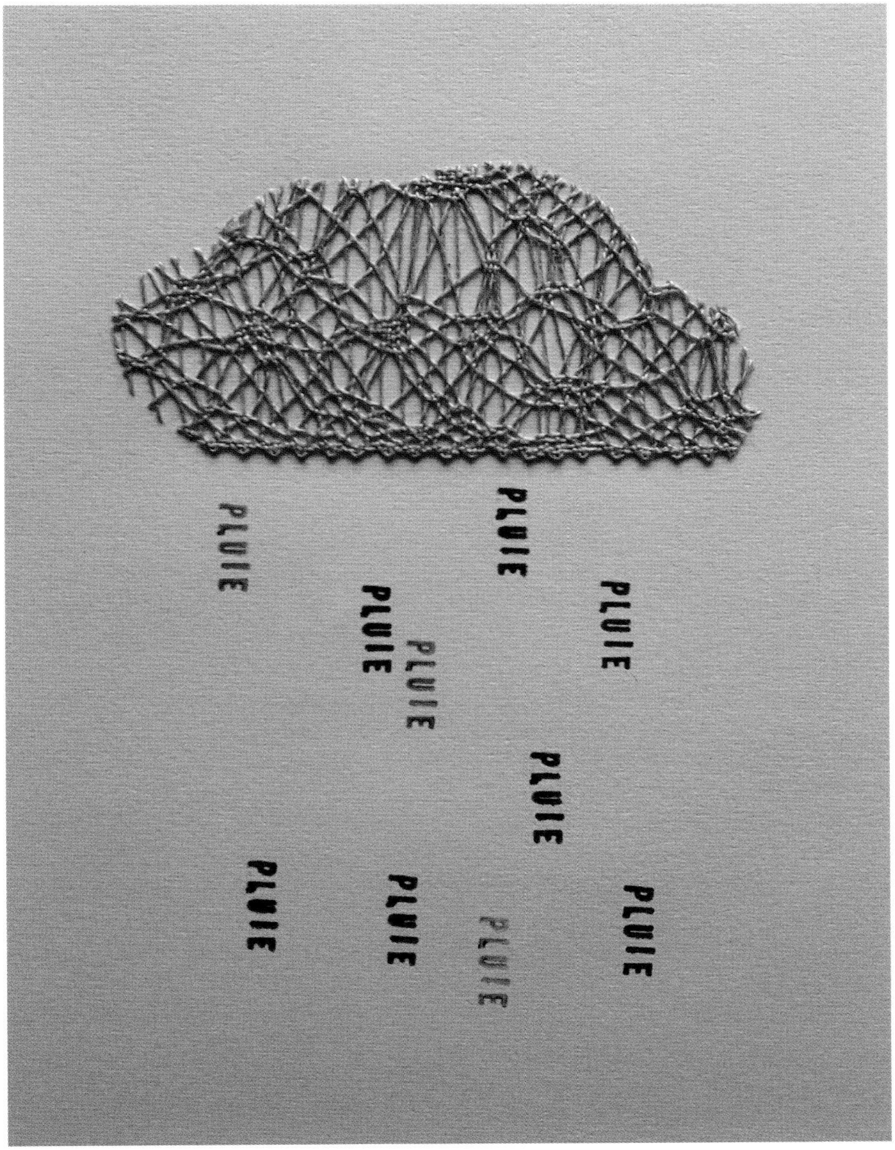

Pluie
18 x 24 cm – dentelle aux fuseaux – fil de coton, tampon sur papier – collection personnelle de l'artiste – 2010.
Photo : Maclejan

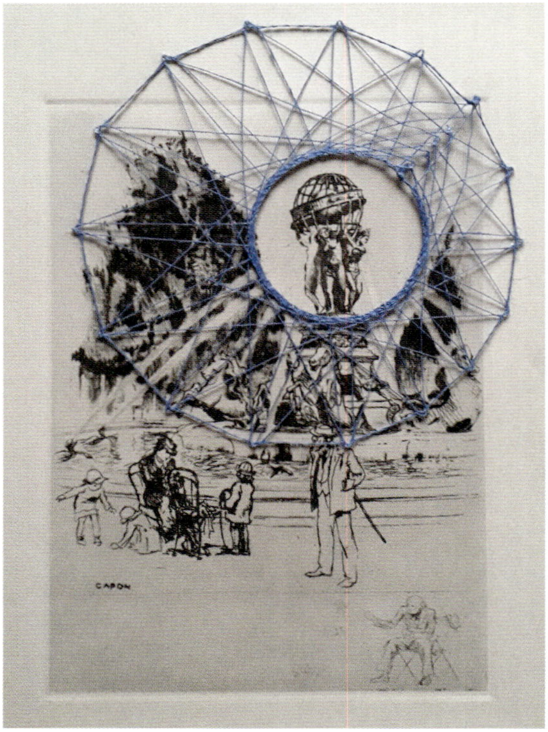

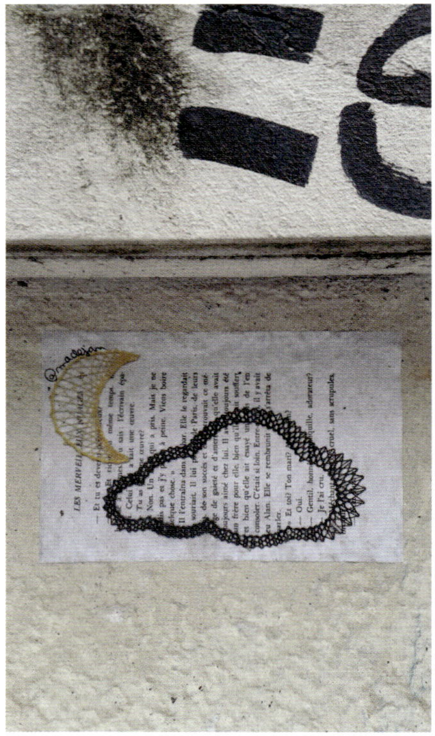

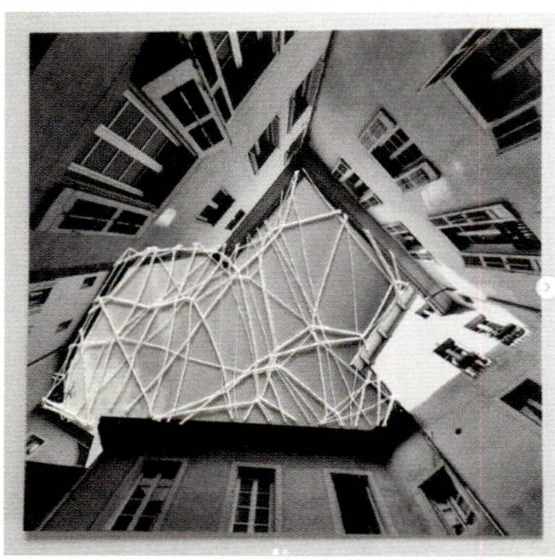

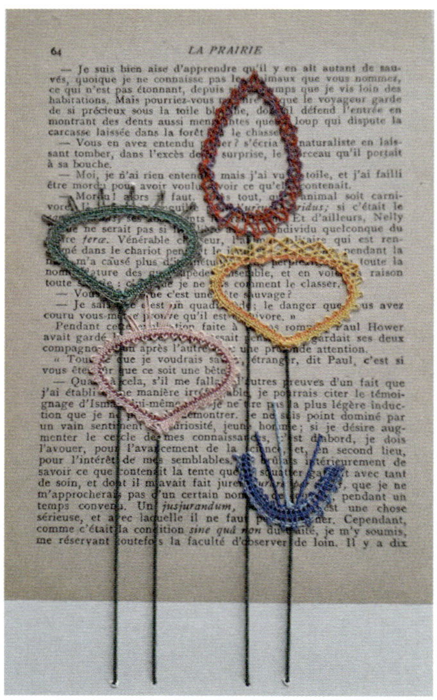

De gauche à droite,
et de haut en bas :

Monde
20 x 24 cm – dentelle aux fuseaux – fil de lin sur gravure ancienne de Georges Carpon, Fontaine des quatre parties du monde à Paris – collection privée de l'artiste – 2020.

Nuit
11 x 16 cm – dentelle aux fuseaux – copie d'une dentelle de fil de coton sur page du roman *Les merveilleux nuages* de François Sagan – mur de la Croix-Rousse à Lyon – 2021.

La prairie fleurie
13 x 18 cm – dentelle aux fuseaux – fil de coton sur page du roman *La prairie* de J. Fenimore Cooper – collaboration avec la street artiste Mylla – 2020.

Dentelle de ciel
14 x 14 cm – dentelle aux fuseaux – fil de lin sur photo (©maloupictures) – collection privée de l'artiste – 2021.

Depuis l'enfance, je suis admirative de la dentelle, de ces petits morceaux de poésie que je trouvais dans les boîtes à couture. J'ai toujours voulu savoir comment elle était réalisée.
Plus tard, adulte, j'ai eu la chance de rencontrer une dentellière, Jeanne, qui faisait une démonstration. C'était magnétisant, cette danse des fuseaux, leur cliquetis. J'ai alors demandé à Jeanne si elle était d'accord pour me transmettre son savoir et, à mon plus grand plaisir, elle a accepté. Elle avait suivi l'enseignement dispensé par le Centre du Puy-en-Velay. Pendant deux ans, je me suis donc lancée dans cet apprentissage pour me sentir légitime et libre d'aller vers ce à quoi j'aspirais.

J'ai remarqué que le champ lexical appliqué au fil était le même que celui appliqué au domaine relationnel. On lie, on casse, on répare... Dans mon travail, le lien est très présent la collaboration artistique et le partage sont récurrents, je dentelle pour créer des liens. Par exemple, je donne une dentelle à un artiste et lui laisse carte blanche. De même je n'hésite pas à faire des démonstrations et ainsi échanger autour de la dentelle.

Descendre la dentelle dans la rue était un de mes souhaits depuis très longtemps. C'est lors du confinement, ce moment où il n'était plus possible d'exposer, que je me suis véritablement lancée. Aujourd'hui, je continue de coller mes dentelles sur les murs, je collabore avec d'autres street artistes. Compte tenu du temps important nécessaire à la réalisation de la dentelle, je ne colle jamais les originaux.
De plus, j'ai à cœur que cette technique ne disparaisse pas, en étant sur les murs, aux yeux de tous, elle reste visible et présente. Dans la rue, à côté d'autres œuvres de street artistes, la dentelle perd son côté désuet. La street artiste NeSpoon aussi a exposé la dentelle dans la rue de façon monumentale, ce sont des pochoirs magnifiques, pas de réelles dentelles, mais cela revient finalement au même, on participe à rendre la dentelle visible.

L'histoire de la dentelle est assez sombre, les femmes ne dentelaient pas par passion mais pour des raisons économiques. Que ce soit dans des ateliers ou à leur domicile, elles travaillaient dur et se faisaient bien trop souvent exploiter. C'est ma manière de rendre hommage à ces femmes.

Je dentelle avec toutes sortes de matières tant qu'elles sont résistantes et non élastiques. J'ai également appris la technique de la gravure pour réaliser des empreintes de ma dentelle. J'encre ma dentelle et la passe ensuite sous presse à taille-douce. Il a fallu trouver des astuces pour la rigidifier, l'encrer finement sans « boucher » les trous, trouver la bonne pression…
Cela choque souvent les personnes qui se rendent compte que je passe des heures à créer des dentelles pour ensuite les imprimer et les jeter.
Je terminerai par une citation de Jean Anglade (*Les Délices d'Alexandrine*, 2009) à propos de la dentelle : « Composer de la dentelle, c'est composer de la poésie en fil de lin. »

Si vous étiez…

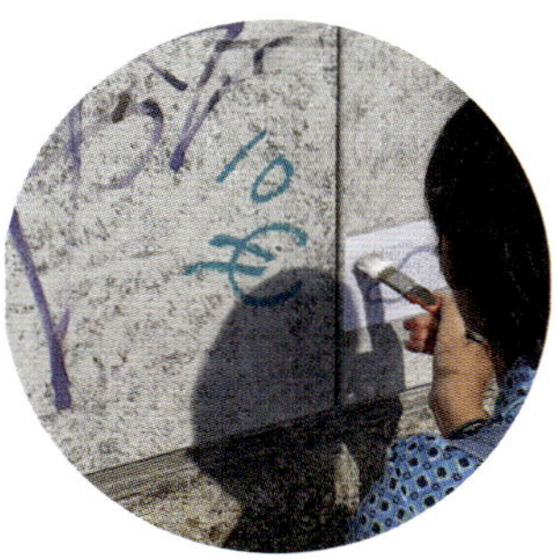

UN FOND OU UN POINT DE DENTELLE
Le fond marguerite et le fond à la rose pour leur poésie.

UNE DENTELLE
Une dentelle contemporaine entre les mains d'un grand couturier pour voir comment il l'utiliserait.

UNE MATIÈRE
Un nuage, une non-matière insaisissable, libre.

UNE ŒUVRE D'ART
La tour Eiffel, car c'est une dentelle de fer et un symbole de résistance.

UN MUSÉE
Le musée d'Art brut de Lausanne en Suisse.

Françoise Micoud

France • francoise-micoud.com

Françoise Micoud est l'une des premières artistes plasticiennes françaises à avoir utilisé la dentelle aux fuseaux comme médium de création. La plupart de ses dentelles sont comme des reliques végétales, pérennisant la mémoire de ses modèles naturels disparus. Des feuilles d'automne, des nids désertés, des écorces calcinées, des chrysalides abandonnées, chaque série explore les possibilités infinies offertes par la dentelle pour rendre le fugace, la décomposition, les traces laissées par la faune et la flore vouées à disparaître.

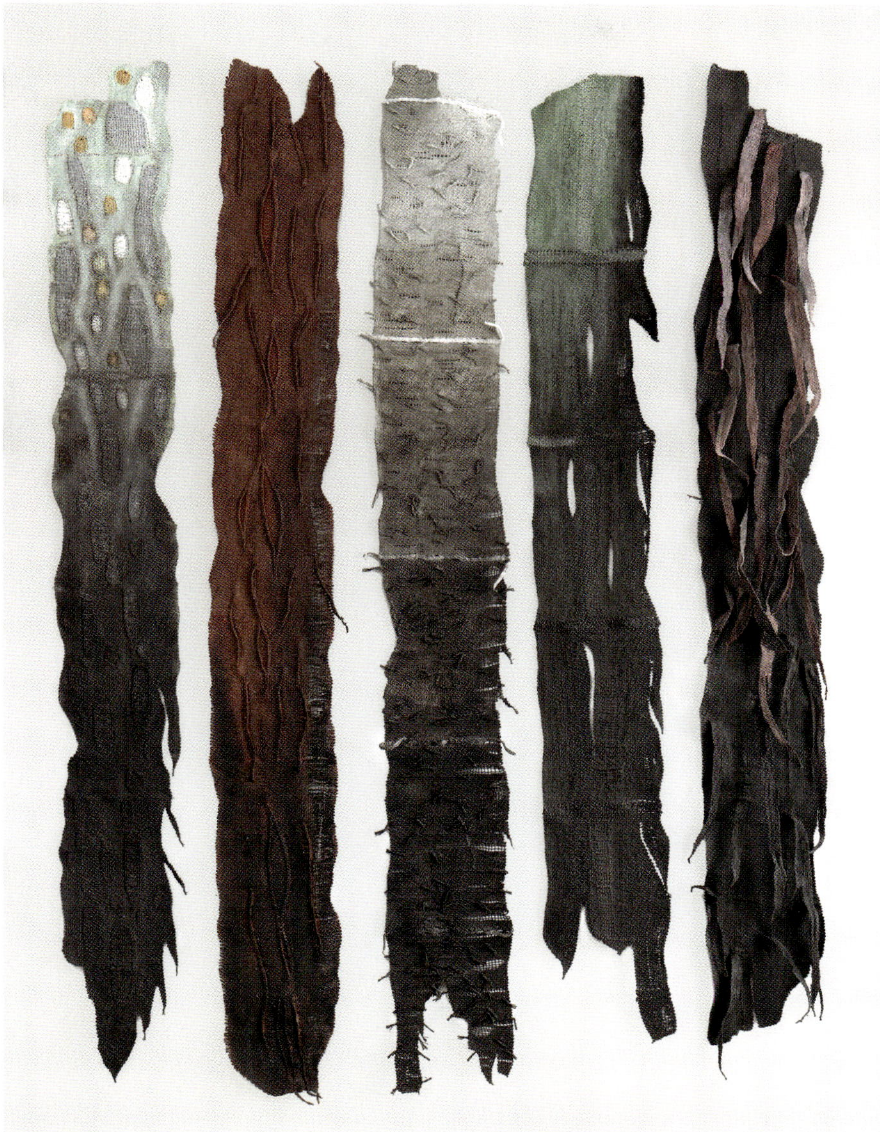

Chromatique d'arbres calcinés
(écorces imaginaires des arbres emblématiques des cinq continents)
Platane – Séquoia – Baobab – Bambou – Eucalyptus
Dentelle aux fuseaux – coton, pigments, résine – 2011.
Photo : © Atelier80.

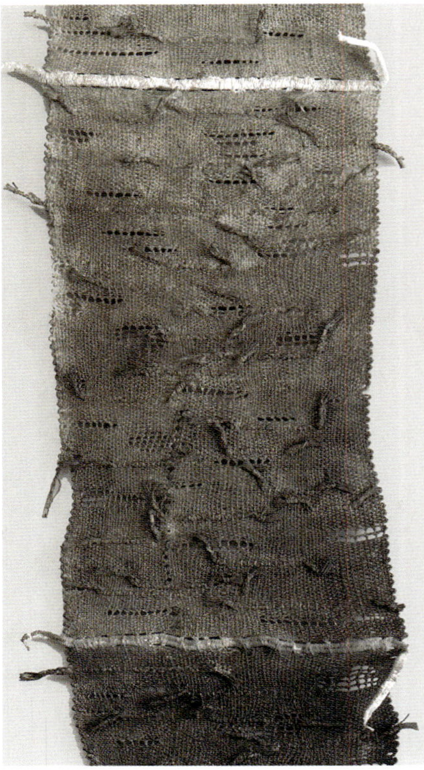

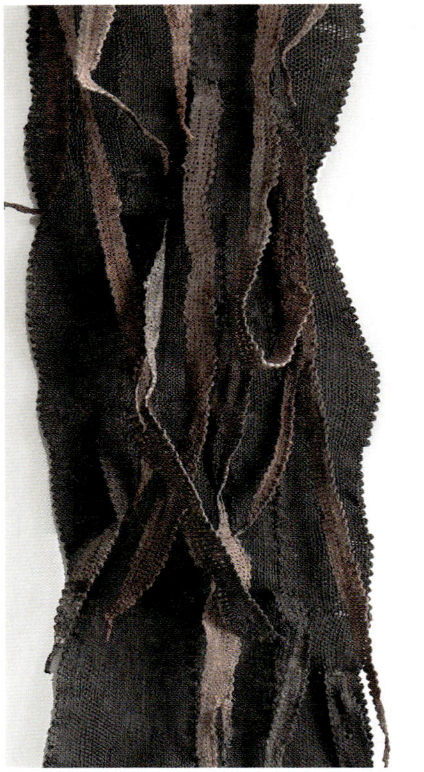

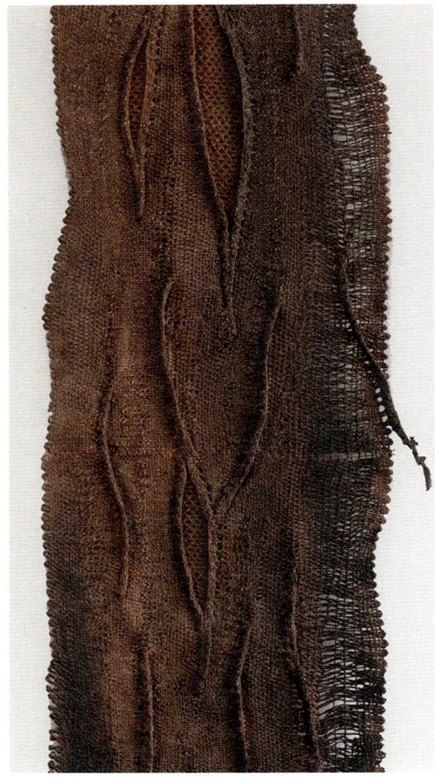

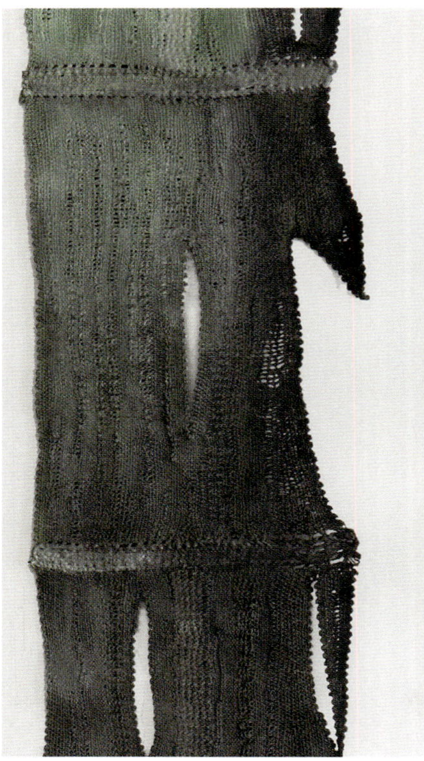

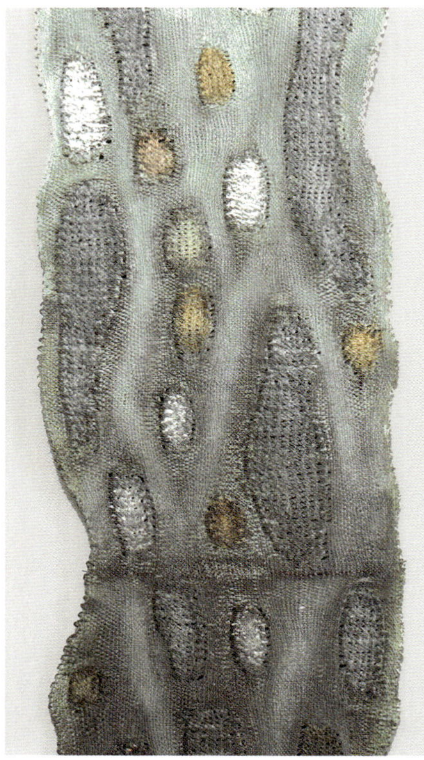

Chromatiques d'arbres calcinés
(détails) :

En haut, de gauche à droite :
Le Baobab : 165 x 22 cm.
L'Eucalyptus : 158 x 20 cm.
Le Séquoia : 170 x 22 cm.

En bas, de gauche à droite :
Le Bambou : 156 x 20 cm.
Le Platane : 160 x 21 cm.

Dentelle aux fuseaux – coton, pigments – résine – 2011.
Photo : © Atelier80.

C'est en janvier 1978 que j'ai commencé à suivre les cours du Centre d'Enseignement de la Dentelle à Paris puis, pendant plusieurs années, je suis allée au Puy-en-Velay pour me perfectionner. J'ai aussi suivi de nombreux stages avec des professeurs anglais et belges.
J'avais toujours créé en textile, mais lorsque pour la première fois j'ai touché des fuseaux, j'ai su que ce serait mon médium de création. En 1980, j'ai été sélectionnée pour présenter trois dentelles dans une très importante exposition au Musée des Arts décoratifs de Paris, *Les Métiers de l'Art*. Une de ces œuvres était géométrique et les deux autres étaient, déjà, des feuilles.
Ce fut le début de nombreuses expositions et acquisitions dans des musées ou des galeries en France et à l'étranger.
En 1995, le Fond National d'Art Contemporain (FNAC) a acquis l'une de mes dentelles. C'était la première dentelle aux fuseaux créée et réalisée par une artiste contemporaine à entrer dans cette institution.

Dès le début, deux orientations complètement opposées se sont imposées à moi : la première est liée à l'architecture, donc à la structure et à la géométrie, mais elle est moins présente dans ma création depuis quelques années.
La seconde est liée à la nature, une nature entièrement revisitée, recréée, impossible dans sa réalité et cependant imaginable pour le regardeur. Depuis quelques années, à partir d'une dentelle spécialement créée pour cela et qui, à la fin, sera ruinée, j'inscris celle-ci dans le papier et, dans les traces laissées par la dentelle, j'incorpore des points de dentelle et de broderie; sortes de palimpsestes dentelliers.

Dès le début, j'ai voulu enseigner la dentelle en parallèle avec mon travail d'artiste. En 1980, je suis partie au Québec où j'avais déjà vécu, pour l'enseigner sous forme de stages ouverts à des artistes en textile au sein d'un institut d'enseignement des arts.
En 1983, j'ai ouvert dans mon atelier un cours privé à Paris.
De 1983 à 2019, j'ai été intervenante à l'Institut National du Patrimoine, section Restaurateurs d'Œuvres d'Art textiles.
En 1986, j'ai pris, à sa demande, la succession de Colette Tiffou (page 10) à Paris-Ateliers et y suis restée jusqu'en 2016.

Si vous étiez...

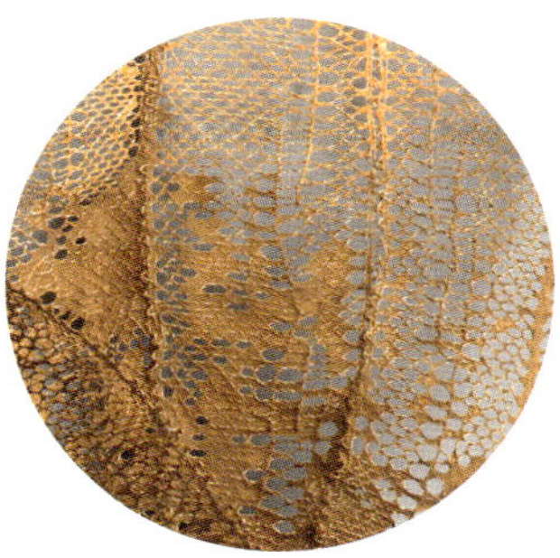

UN FOND OU UN POINT DE DENTELLE
Un très simple mais parfait toilé.

UNE DENTELLE
Une dentelle de Cluny.

UNE MATIÈRE
Une ardoise.

UNE ŒUVRE D'ART
Un dessin d'Agnès Martin.

UN MUSÉE
L'Alte Pinakothek de Munich.

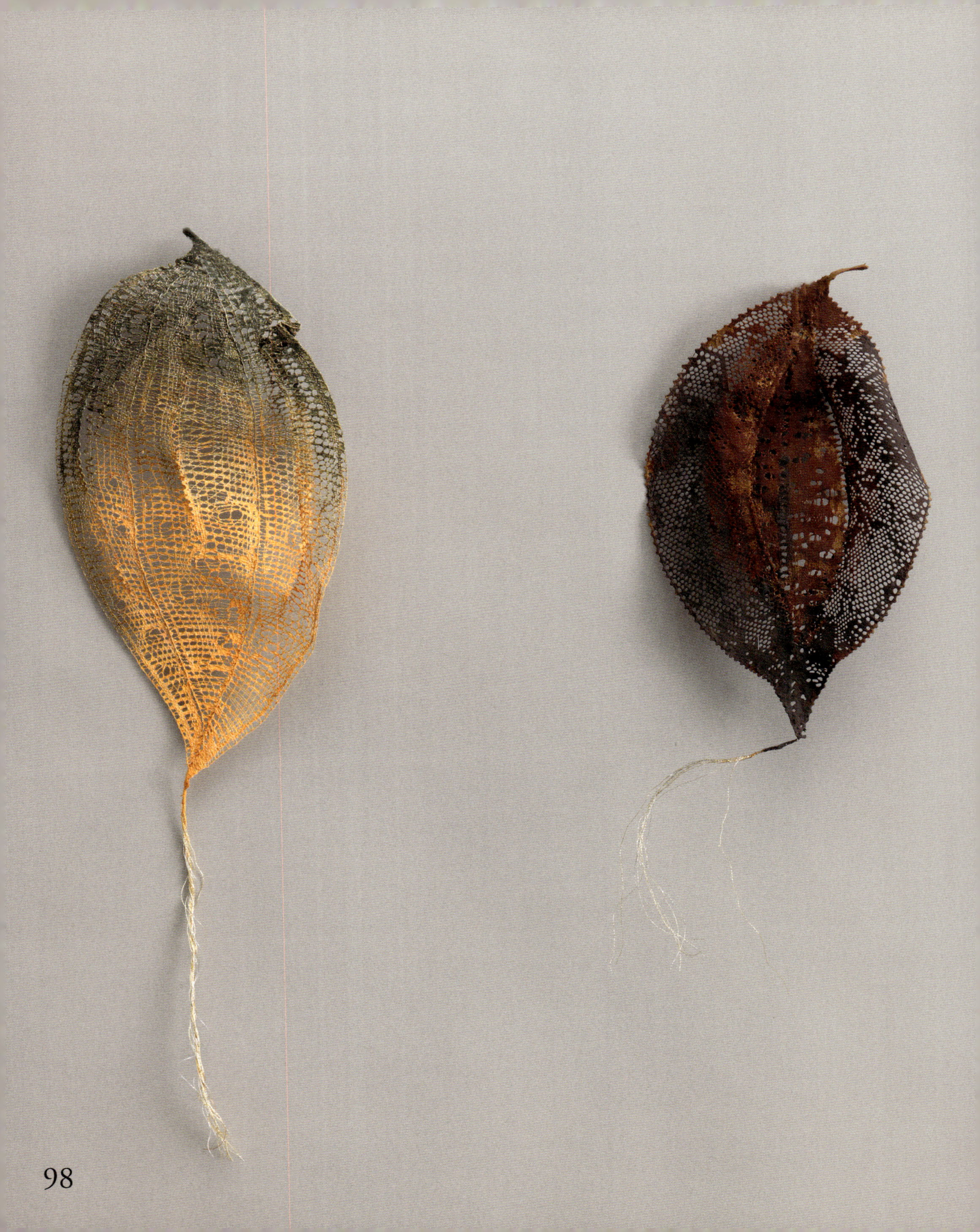

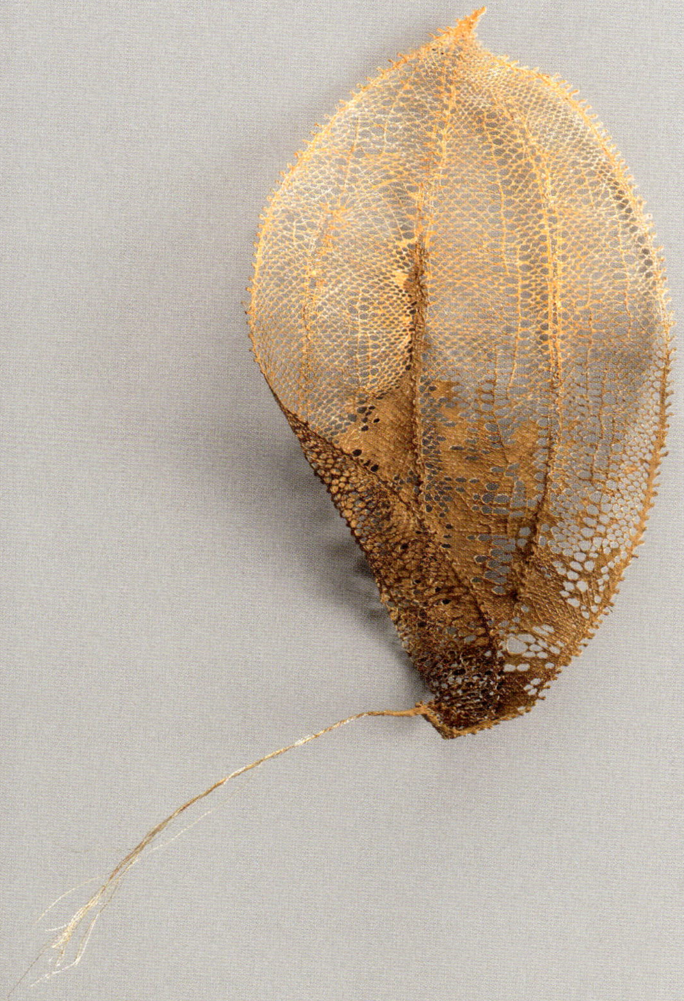

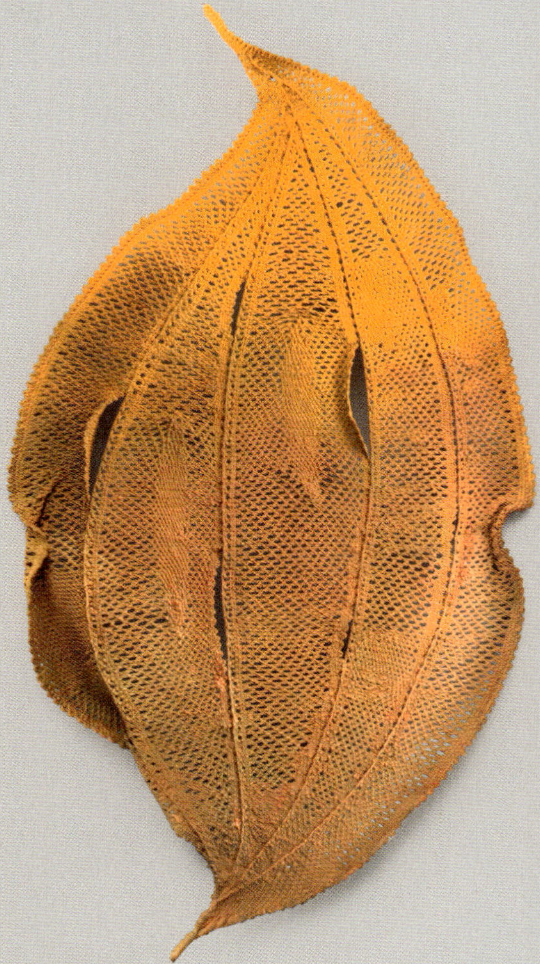

De gauche à droite :

Demain la première froidure
3 feuilles de18 x 15 cm - dentelle aux fuseaux - fils métallisés, pigments, résine - collection particulière - 2018.
Photo : © Atelier80.

Autour du vent, ourlée est la feuille
45 x 25 cm, dentelle aux fuseaux – coton, pigments, résine – collection privée – 2015. Photo : © Atelier80.

Dorie Millerson

Canada • doriemillerson.com

Exposées depuis plus de vingt ans aux niveaux national et international, les œuvres textiles et les installations de Dorie Millerson explorent les thèmes de la mémoire, de la distance et de l'attachement.
Ces miniatures en dentelle à l'aiguille suspendues par quelques fils semblent à la fois familières et étranges.
Un bateau, un pont, un avion long-courrier gravitent devant nos yeux avec une candeur enfantine empreinte de nostalgie.

Cocca Veneta
12,8 x 14 x 6,3 cm – dentelle à l'aiguille – coton, fil de fer – collection personnelle de l'artiste – 2021.

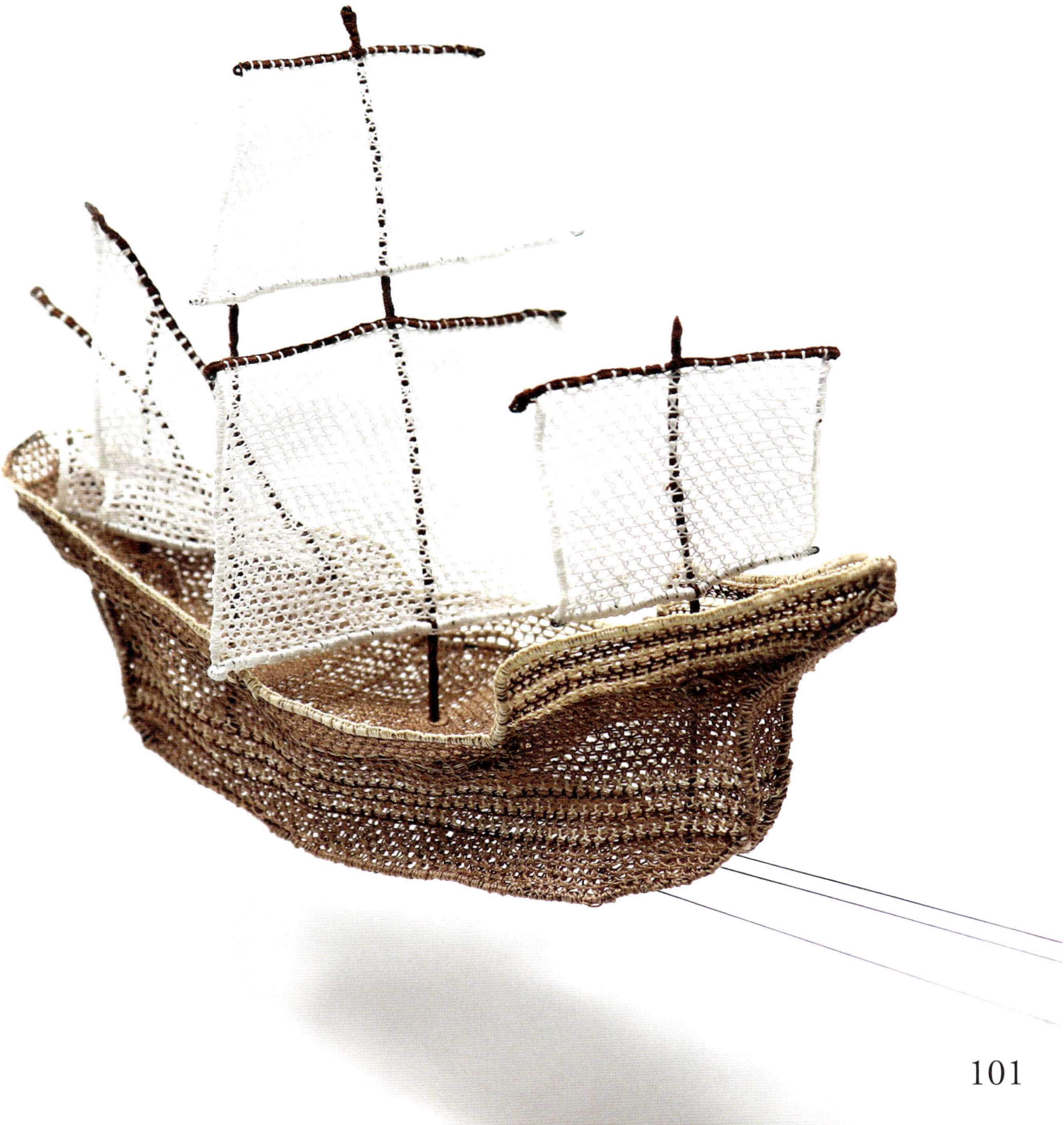

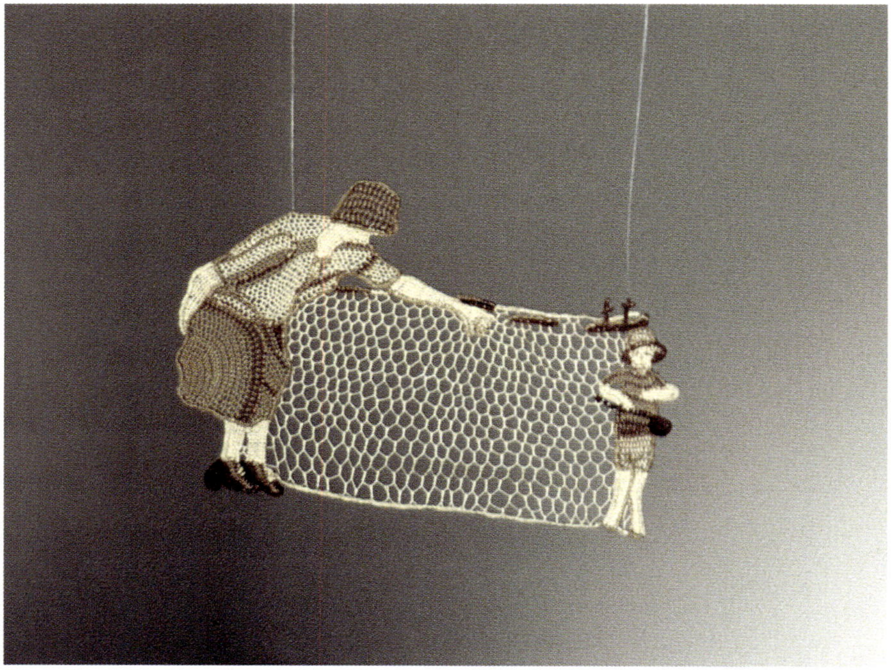

Attachments II
8,90 x 12,7 cm – dentelle à l'aiguille – coton – collection personnelle de l'artiste – 2005.

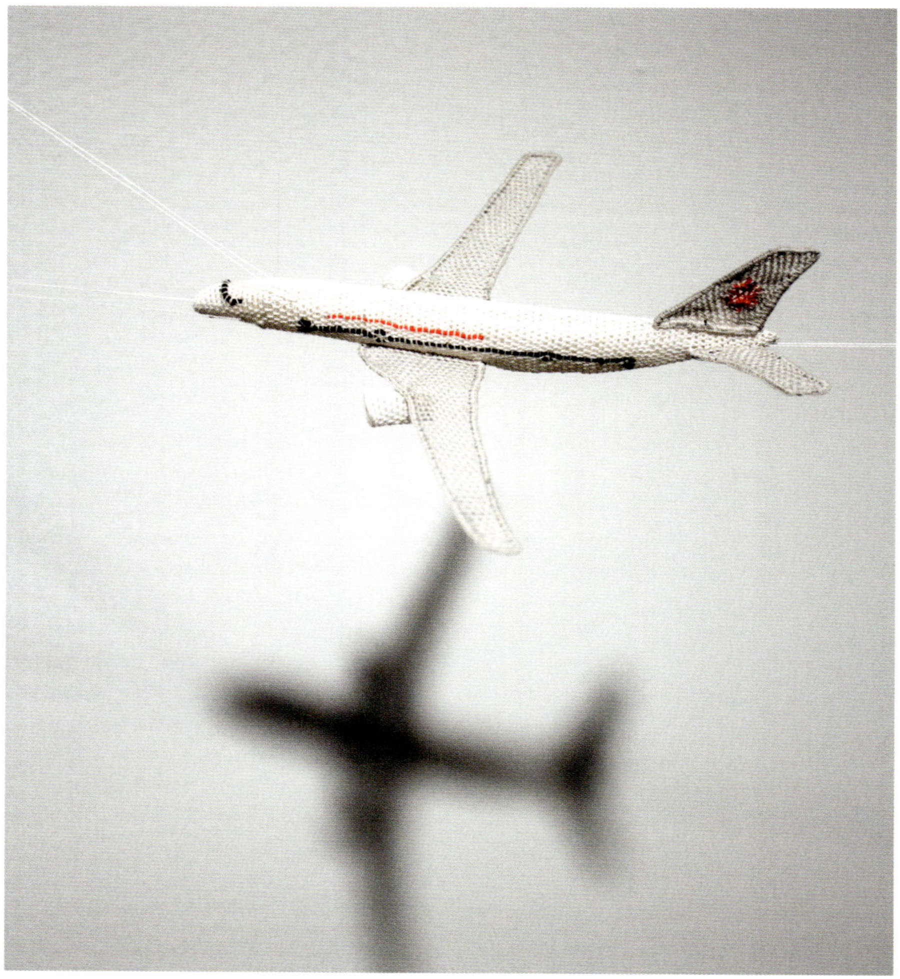

Airplane
3,5 x 13 x 12,4 cm – dentelle à l'aiguille – coton, fil de fer, acétate – collection personnelle de l'artiste – 2011.

J'ai découvert la dentelle à l'aiguille lors de ma première année d'études supérieures, en 2001. Je vivais à Halifax, en Nouvelle-Écosse, au Canada. Après une formation initiale en tissage, je me suis dirigée vers la broderie pour explorer le raccommodage et la création de trous ou d'ouvertures. J'essayais de séparer les parties de la structure tissée pour créer des lignes organiques comme un dessin, puis cette recherche m'a menée à la dentelle.

Je l'ai apprise seule, à partir d'un livre que j'avais emprunté à la bibliothèque. Je trouve fascinantes les structures textiles comme le tissage et le tricot, et la dentelle à l'aiguille m'a ouvert à un autre type d'architecture textile intelligente.
La dentelle à l'aiguille m'a vraiment permis de dessiner en fil et de ne plus avoir à travailler d'abord avec une trame textile.
Tout ce que je pouvais dessiner pouvait être recréé en dentelle.
En apprenant cette technique, j'ai également réalisé que des ombres pouvaient être projetées à travers l'œuvre sur le mur.
Travailler avec ces ombres donnait encore plus de sens à l'œuvre.
J'utilise des variations de points de feston ressemblant au point de Bruxelles simple ou cordé ou à un point de toile, ce qui me permet de donner du relief aux différents motifs de l'œuvre.

Bien que j'aie essayé de nombreux autres points, je préfère cette structure serrée qui donne un tissu assez dense.

Dans mes premiers travaux, j'ai été inspirée par mon expérience de la perte, du deuil. J'ai recréé en dentelle des images de membres de ma famille. Plus tard, j'ai commencé à expérimenter la fabrication de formes de dentelle tridimensionnelles et à réfléchir davantage à la façon dont nous avons besoin de nous sentir connectés à d'autres personnes et à d'autres lieux.
Je recrée un monde en miniature et laisse ces formes inhabituelles raconter des histoires. J'ai recréé ma maison en dentelle, ma voiture, mon pont et mon avion. Tous sont issus de mes réflexions sur la façon de trouver ma place dans ce monde, de voyager, d'émigrer, de grandir, d'acheter une maison, etc.

Faire de la dentelle aujourd'hui est toujours un défi technique et je suis chaque fois impatiente de voir apparaître le résultat lorsque je la détache du support. De plus, la dentelle est un domaine important à plusieurs titres car elle est principalement réalisée par des femmes, et elle permet de documenter l'évolution des goûts, des classes sociales et de l'histoire vestimentaire.

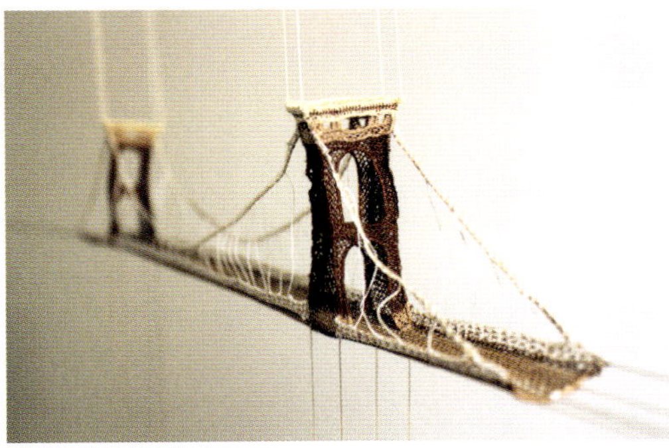

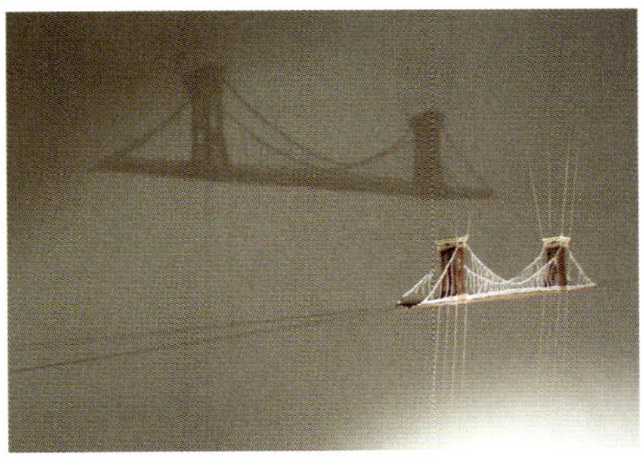

Bridge
5,1 x 39,4 x 2,5 cm – dentelle à l'aiguille – coton – collection personnelle de l'artiste – 2006.

Si vous étiez...

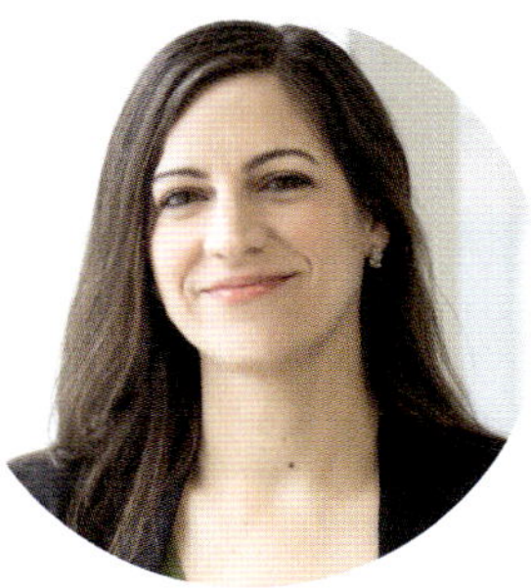

UN POINT DE DENTELLE
Un point de Bruxelles simple en torsion.

UNE DENTELLE
Le punto in aria.

UNE MATIÈRE
Un fil de soie.

UNE ŒUVRE D'ART
Un trompe-l'œil.

UN MUSÉE
Le Victoria and Albert Museum à Londres.

Marian Nuñez

Espagne • marianlilu.portfolio.com
@marianlilu

Marian Nuñez emprunte à différents univers de la culture populaire, comme le street art, le pop art, les mangas ou les jeux vidéo, pour réaliser ses dentelles colorées.
Ces images, connues de tous, prennent des allures d'icônes grâce aux délicats fonds de dentelle qui les composent.

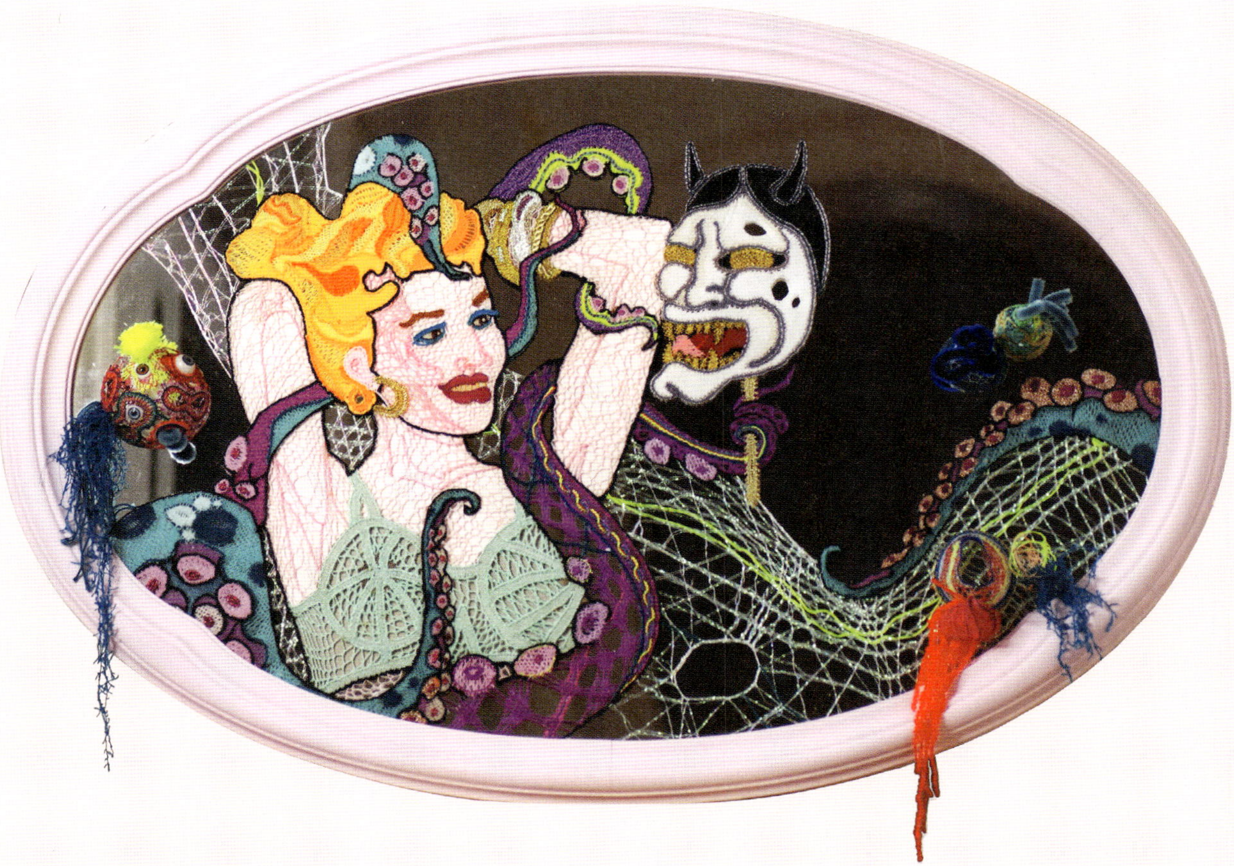

Vanitas Atis
80 x 50 cm – dentelle aux fuseaux – soie, lin, coton et fil métallisé – collection personnelle de l'artiste – 2020.

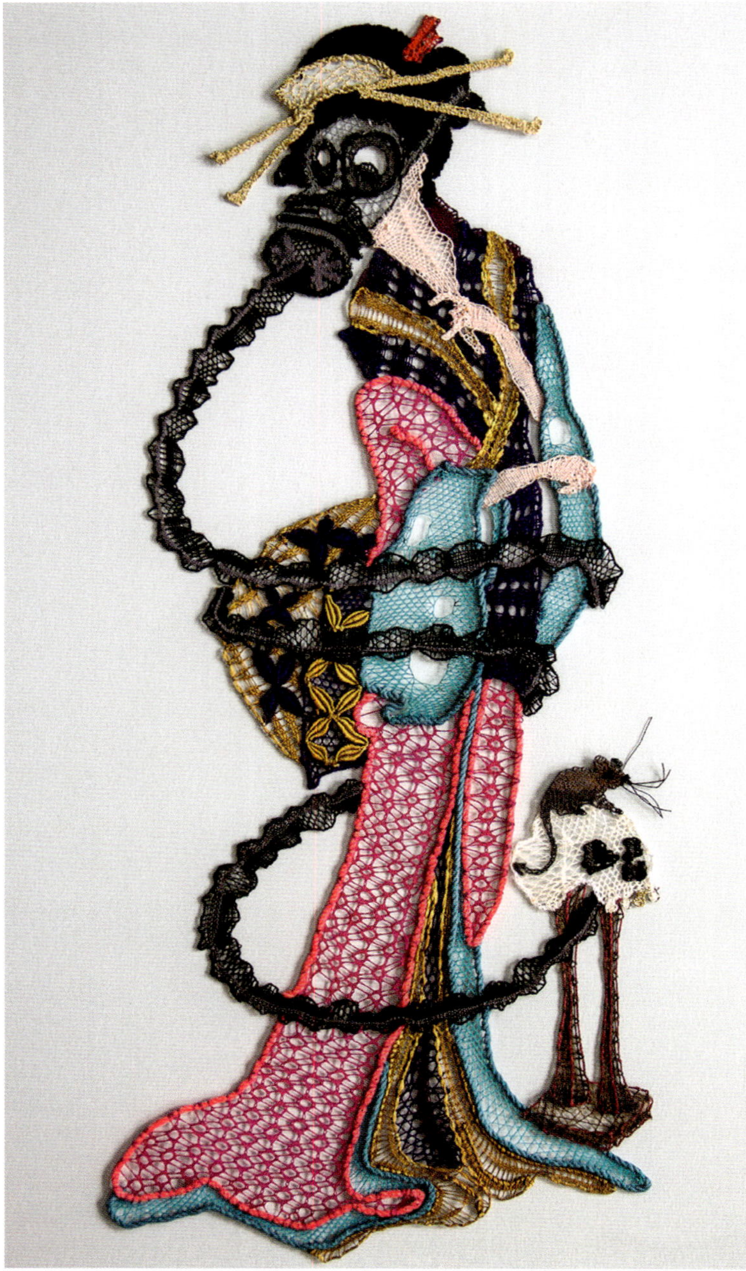

Ci-contre à gauche :
While good men die… rats grow
40 x 20 cm – dentelle aux fuseaux – soie, lin et coton – collection personnelle de l'artiste – 2017.
Photo : Juanma Figueiro

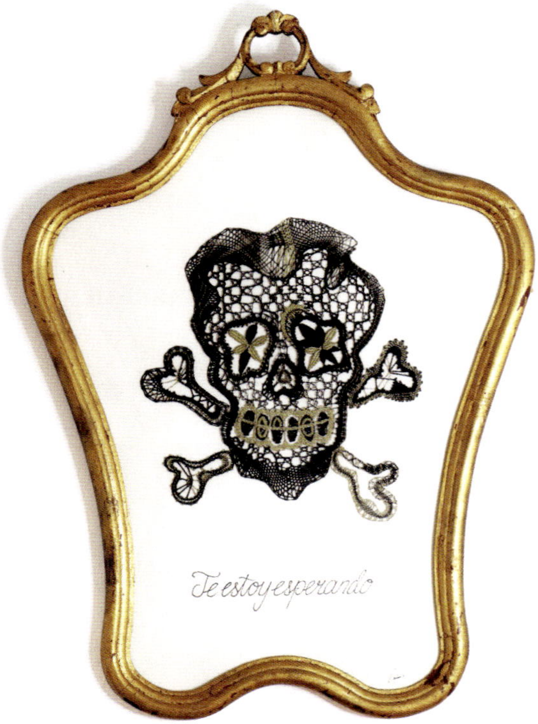

Ci-contre, à droite :
I'm waiting for you
80 x 50 cm – dentelle aux fuseaux – coton, fil métallisé – collection personnelle de l'artiste – 2011.

Page de droite :
Coraza
80 x 60 cm – dentelle aux fuseaux – coton, lin, laine – collection personnelle de l'artiste – 2012.

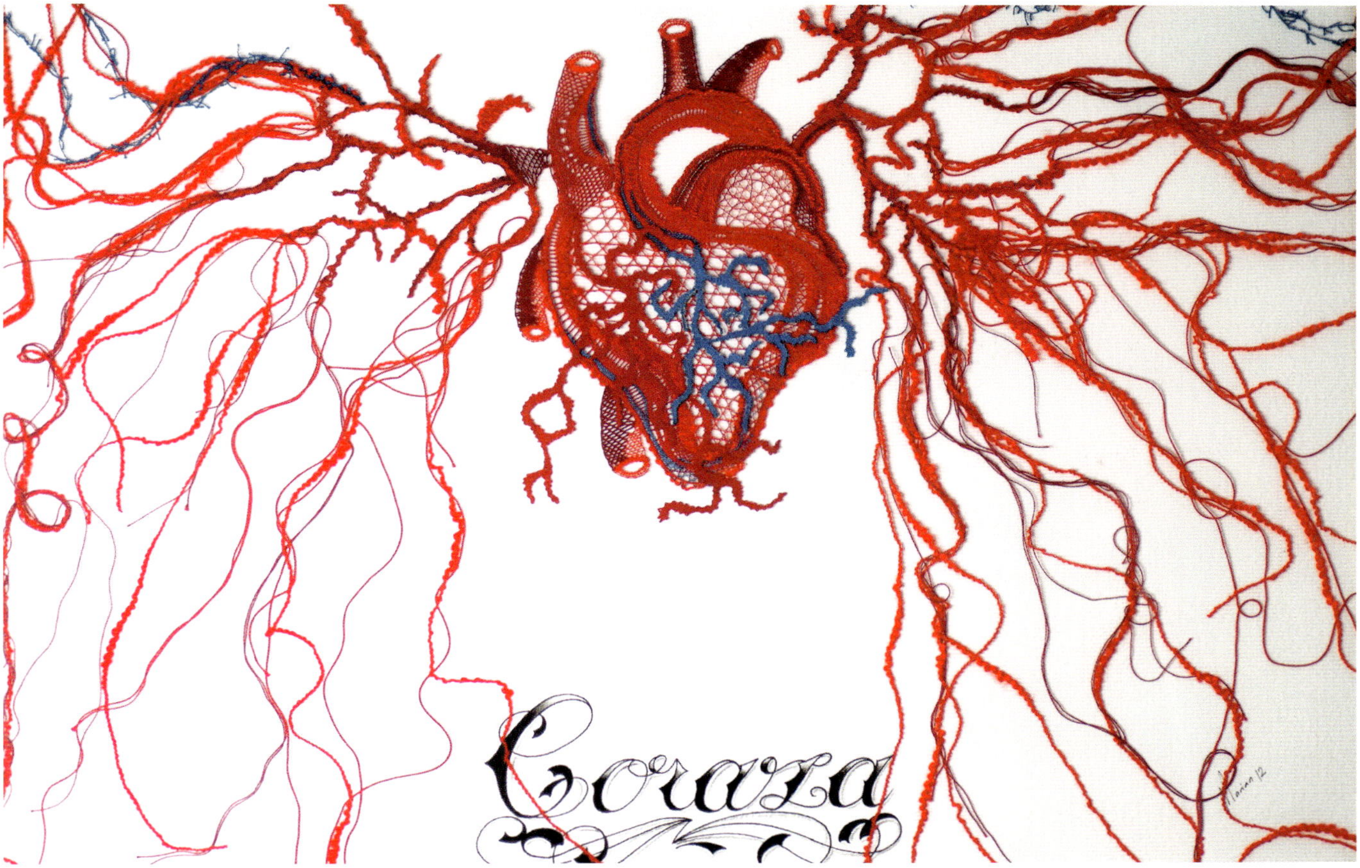

J'ai découvert et appris la dentelle aux fuseaux avec ma mère qui travaillait à Paris pour André Courrèges. Plus tard, j'ai suivi des cours au Centre d'Enseignement de la Dentelle du Puy-en-Velay puis dans le monde entier. J'ai ainsi pu partager des expériences avec différents artistes dentelliers. J'essaie toujours d'apprendre ; apprendre, c'est comme manger une bonne baguette : on s'arrête et on profite du moment.
La dentelle aux fuseaux représente la fragilité et c'est ce qui m'émeut. Dans mes œuvres, je parle de la vulnérabilité de l'être humain et comment, parfois, il se croit invincible.
La technique de la dentelle aux fuseaux me permet d'exprimer cette fragilité. Je cherche aussi à créer un contrepoint entre cette technique ancestrale et des thèmes ou des motifs issus de l'imagerie populaire et dans une démarche surréaliste. Dans mon travail, je m'inspire des Yokai (les mangas japonais) et du Pop Art. Je pense que l'ironie et l'humour sont une partie de la communication qui est en train de se perdre.
Pour revenir à la dentelle à proprement parler, cela me fascine de voir comment un fil peut voler entre les fuseaux et créer à partir de rien, par exemple une fleur, et comment on peut construire un tissu presque depuis l'air. J'adore les techniques des dentelles figurative et contemporaines car elles laissent libre cours à l'imagination et aux histoires. Je suis designer graphique alors j'adore raconter de petites histoires, et la dentelle contemporaine me permet de jouer et de m'amuser avec différents matériaux.

Si vous étiez…

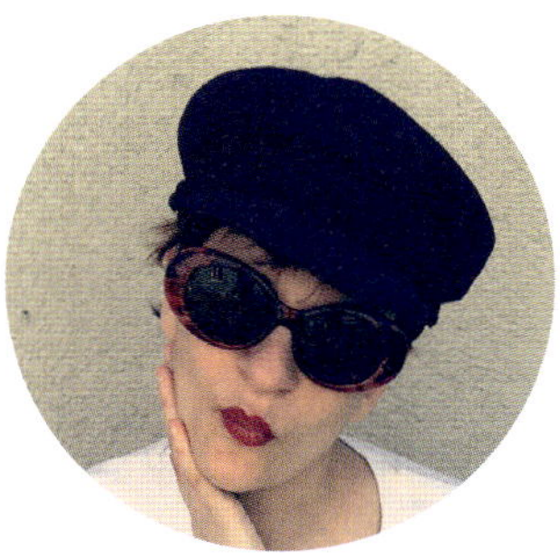

UN POINT DE DENTELLE
La dentelle traditionnelle de Cluny, car ce point est arrivé par le Chemin de Saint-Jacques de Compostelle jusqu'à ma région, la Galice.

UNE DENTELLE
La dentelle de Chantilly. Pour sa couleur noire, mais aussi pour son élégance et sa finesse. Elle ressemble à une libellule en vol au-dessus d'une rivière. À n'importe quel moment la dentelle pourrait rompre mais non, elle est forte, résistante. J'aime cette sensation de fragilité visuelle et de force intérieure qu'elle dégage.

UNE MATIÈRE
La soie et la laine, pour l'antithèse et l'apparence si variée qui s'en dégagent.

UNE ŒUVRE D'ART
Le jardin des délices de Jérôme Bosch (entre 1494 et 1505).

UN MUSÉE
Le musée Ota, À Tokyo, au Japon.

Bistra Pisancheva

Bulgarie • bistrapisancheva.com

Pour Bistra Pisancheva, la dentelle aux fuseaux est à la fois l'unique médium artistique et l'objet de recherches anthropologiques puisqu'elle en a fait le sujet de sa thèse : « La dentelle, technologies culturelles et pratiques sociales ». Elle y rassemble et analyse des conversations avec des dentelliers de différents pays, leurs façons de faire, leurs gestes et leurs outils. Dans ses œuvres, les fils s'effilochent et se superposent pour créer des paysages mouvants et colorés dans lesquels la dentelle rencontre parfois d'autres techniques textiles comme le tissage.

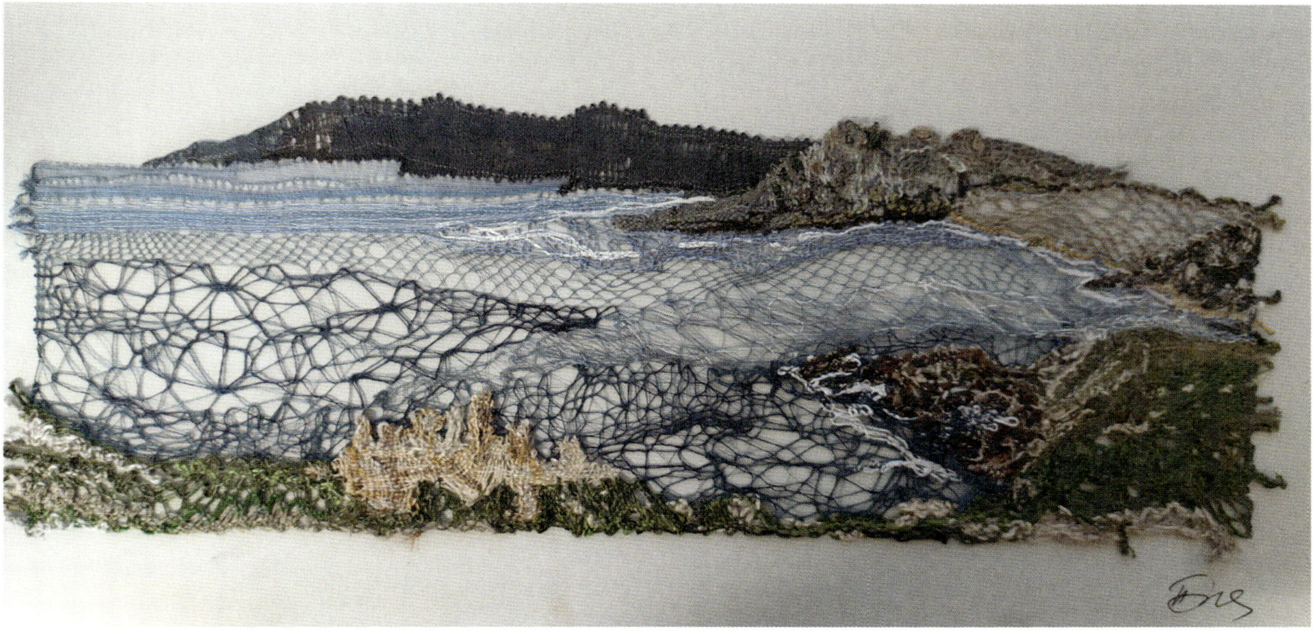

Mer
15 x 39 cm – dentelle aux fuseaux – soie naturelle, coton, branches, racines – musée de la Dentelle à Camarignas (Espagne) – 2017. Photo : Dolores Lema

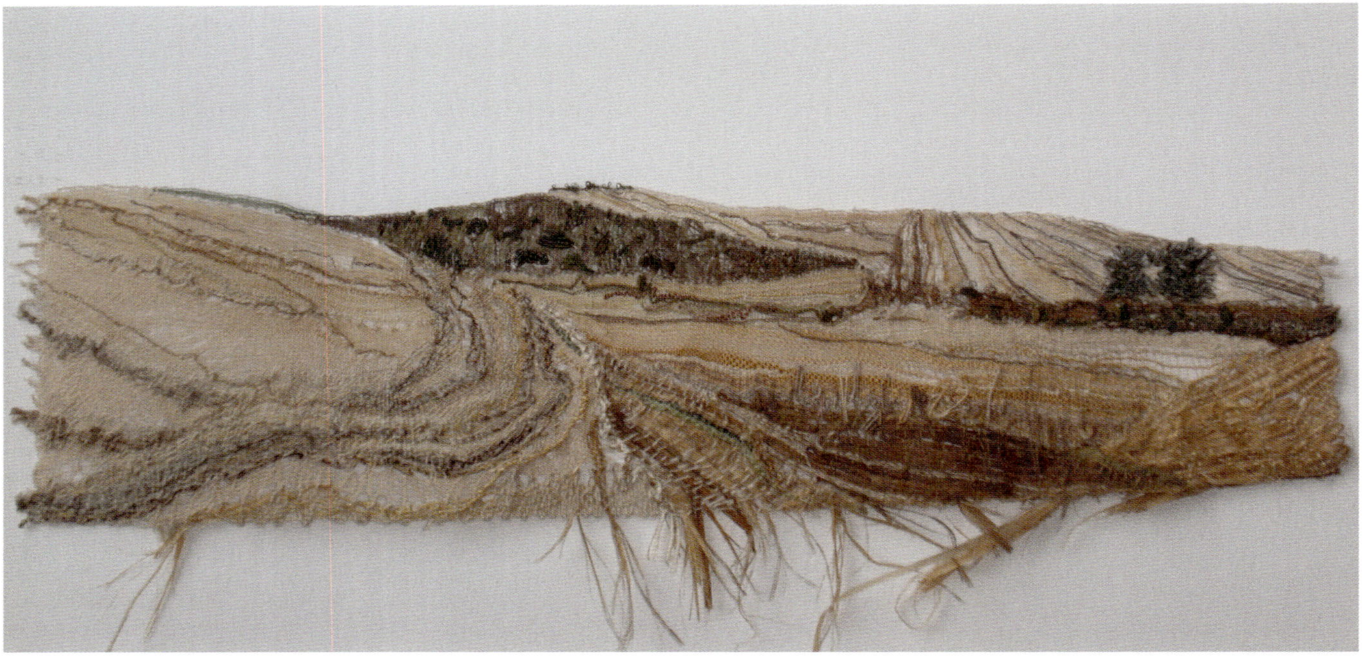

Paysage de Castille
12 x 43 cm – dentelle aux fuseaux – soie naturelle, coton, lin, herbe séchée, écorce – collection privée (France) – 2016.

Dès mon plus jeune âge, j'ai pratiqué le tissage et le tricot.
En 1998, j'ai découvert qu'il existait une formation de dentelle aux fuseaux, connue dans mon pays sous le nom de « dentelle de Kalofer ». Cette dentelle n'est pas très répandue en Bulgarie, ce savoir-faire n'est connu que depuis le début du XXe siècle et de façon très limitée. J'ai donc suivi ce cours de dix jours à Sofia mais il n'a malheureusement pas été poursuivi. Il a fallu que je continue seule, avec les quelques techniques d'entrelacement de fils apprises à ce cours. Pour me perfectionner, j'ai dû fabriquer mes propres modèles et chercher comment adapter ce que j'avais appris pour parvenir à mes objectifs. À l'époque, je n'avais ni livre ni magazine qui puissent m'aider. Je ne connaissais aucune dentellière, Internet n'existait pas encore pour communiquer avec d'autres pays.

Techniquement dans mon travail, je cherche à intervertir l'emplacement des fils, à varier les textures, à changer la direction des fils tout en évitant la séquence uniforme et géométrique de la disposition des figures. J'y parviens en changeant les emplacements avec les épingles posées, après le tissage, ou bien en tirant certains fils. Voilà comment se produit l'entrelacement dans un endroit différent de celui où il a été formé au début.
J'expérimente la combinaison de couleurs pour obtenir de nouvelles variantes. La proximité des fils (serrés) ou leur distance influe sur leur intensité.
Je joue aussi sur les épaisseurs de fils car elles modifient encore la perception finale, même si la différence entre ce que j'avais imaginé au départ et le résultat de ces fils réunis et rassemblés crée toujours un effet de surprise.

Lors de mes recherches sur les paysages de Paul Cézanne, il a été difficile de soumettre ma liberté de travail à l'adaptation en dentelle de la technique impressionniste, ce style si étranger à la technique de la dentelle aux fuseaux. Ce genre de défi mène parfois à la découverte de nouvelles voies.
Transformer les méthodes traditionnelles m'aide à trouver des solutions inattendues avec un résultat intéressant, et même à obtenir quelque chose d'innovant.
Pour commencer, je ne dessine que les contours des sections, sans savoir à l'avance comment je vais les remplir. Il m'arrive souvent de changer ou de continuer de peindre sur le métier, car en travaillant me viennent de nouvelles idées ou des solutions différentes. Je laisse les fils et les fuseaux m'inspirer. Je donne beaucoup d'importance à la matière naissante et non pas à mon approximation préliminaire. C'est amusant de retravailler la technique avec de l'improvisation.
Ceci est associé à un changement dans l'utilisation des éléments classiques par la transformation et le déplacement de la forme géométrique ou symétrique habituelle.

Avec le temps, j'ai commencé à voir de la dentelle partout dans les paysages autour de moi. Les branches des arbres, les courbes des chaînes de montagnes, les contrastes des ombres et des reflets dans l'eau, les formes des nuages, les fleurs… tout devenait dentelle.
C'est pour cela que la nature est dominante dans mon travail.
Ces dernières années, j'ai développé un projet avec le public « Les plantes qui nous nourrissent sont belles aussi ». Mon but est de jouer avec l'imagination du spectateur en lui présentant des solutions tridimensionnelles lors de la création de légumes en dentelle.
La dentelle est pour moi un défi, elle me pousse vers des quêtes et des découvertes. Elle m'offre une autre vie, des rencontres, des partages avec des consœurs et des confrères. Elle me fait voyager.
Grâce à elle, je m'aventure. C'est une ouverture vers de nouvelles directions, des possibilités infinies, des réponses significatives aux questions et émotions qui m'animent.
Elle m'attire, comme quelque chose de mystérieux. J'aime aussi toucher les fuseaux et entrelacer les fils. Je suis fascinée par le processus de remplissage de l'espace vide avec de la matière.

À l'Académie nationale des arts de Sofia, j'enseigne les différentes techniques de la dentelle aux étudiants en master Mode. Les échanges avec ces jeunes étudiants, éloignés des traditions, contribuent à notre développement mutuel. Il s'agit d'un processus d'échange.
C'est un peu déstabilisant parfois de voir dans mes cours des dentelliers(ères) qui en savent bien plus que moi, mais c'est un réel plaisir de voir qu'ils cherchent à créer des paysages de dentelle libres, en dehors des règles.
Dans mes échanges avec les passionnés de dentelle, nous partageons nos inquiétudes quant à la place de notre compétence artisanale dans le futur. Nous travaillons à l'unanimité pour diffuser l'information sur les pratiques dentellières, pour que l'on sache, qu'elles sont bien vivantes et qu'il existe de nouvelles applications et approches. C'est ainsi que nous entendons transmettre le savoir-faire aux nouveaux adeptes et aux générations futures. Je pense que c'est à notre tour d'explorer et d'innover. Et cela demande du courage.
Un grand bonheur pour moi, en plus d'animer des stages, a été d'exposer mes œuvres en France, à l'Hôtel de la dentelle de Brioude (juin à octobre 2021).

C'est en ce lieu symbolique pour moi que j'ai fait une rencontre déterminante, celle d'Odette Arpin, grande dame fondatrice

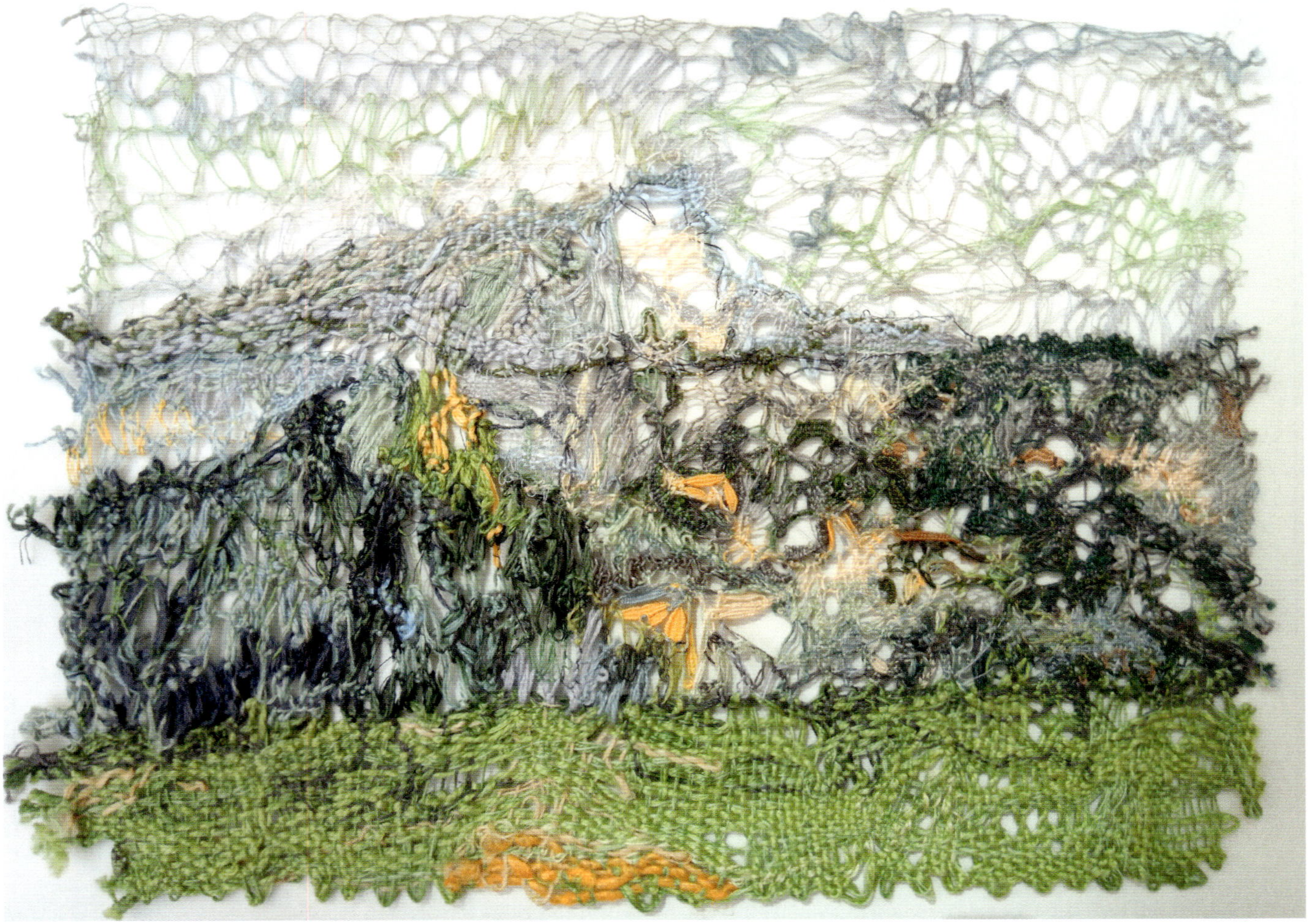

Cézanne
18 x 23 cm – dentelle aux fuseaux – soie naturelle – collection personnelle de l'artiste – 2018.

et animatrice de ce temple de la dentelle pendant plus de 45 ans. L'attraction, le respect, l'exaltation, l'émerveillement et l'enthousiasme suscités par cette rencontre, m'ont donné une envie irrésistible de me mettre au travail, là, maintenant, tout de suite, et que mon travail ait du sens, qu'il prenne de l'importance, comme le sien.

Pendant notre échange, elle m'avait dit : « Il suffit qu'une opportunité inattendue se fasse jour pour que mon esprit créatif s'emballe, et j'y vais à plein régime ! »

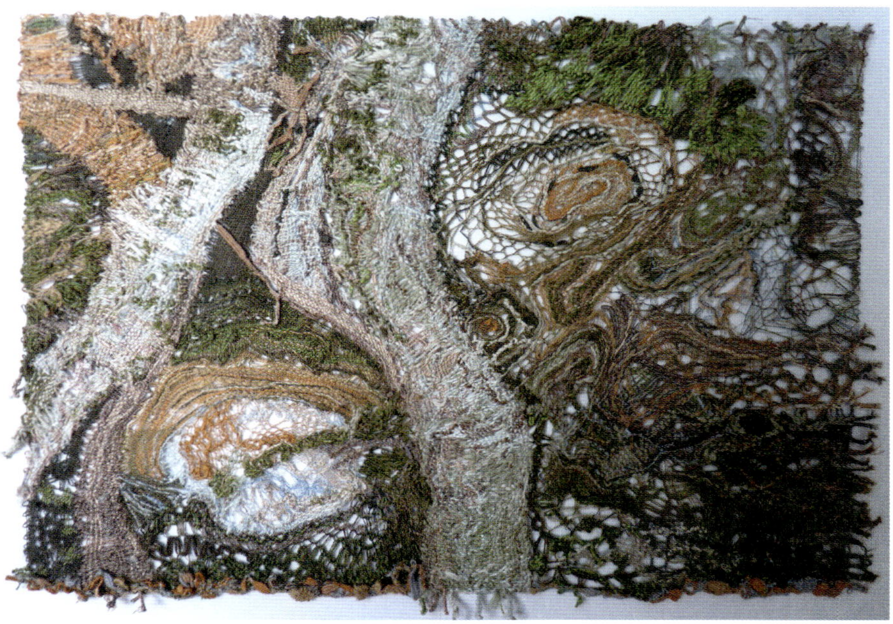

Bois et pierre
21 x 30 cm – dentelle aux fuseaux – soie naturelle, lin, coton – collection privée – 2017.

Si vous étiez…

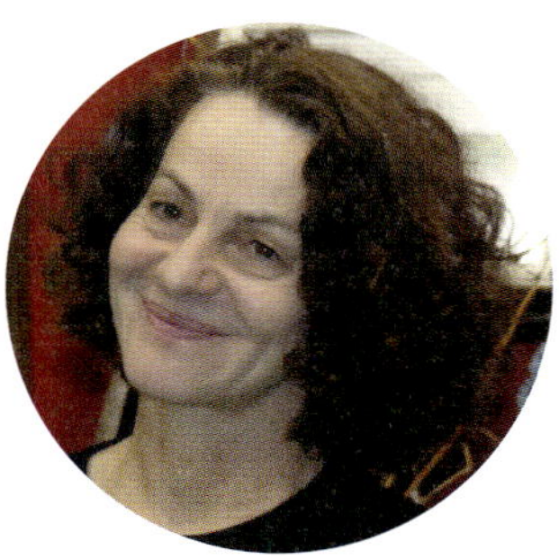

UN POINT OU UN FOND DE DENTELLE
Le point de Tulle.

UNE DENTELLE
Une dentelle libre.

UNE MATIÈRE
La soie.

UNE ŒUVRE D'ART
Une œuvre créée par la nature.

UN MUSÉE
Un musée futuriste d'idées, si cela pouvait exister.

Véronique Porot

France • veroniqueporot.com • veronique.porot.dentelle
veroniqueporot

Que ce soit la flore, la faune ou l'architecture, Véronique Porot s'inspire de ce qui l'accompagne au fil de ses promenades sur les côtes bretonnes, mais c'est le monde marin qui reste son thème de prédilection.
En souvenir de son premier métier d'océanographe, elle réunit une multitude de méduses et de poissons en dentelle pour leur redonner leurs lettres de noblesse et sensibiliser à la beauté fragile des fonds marins.

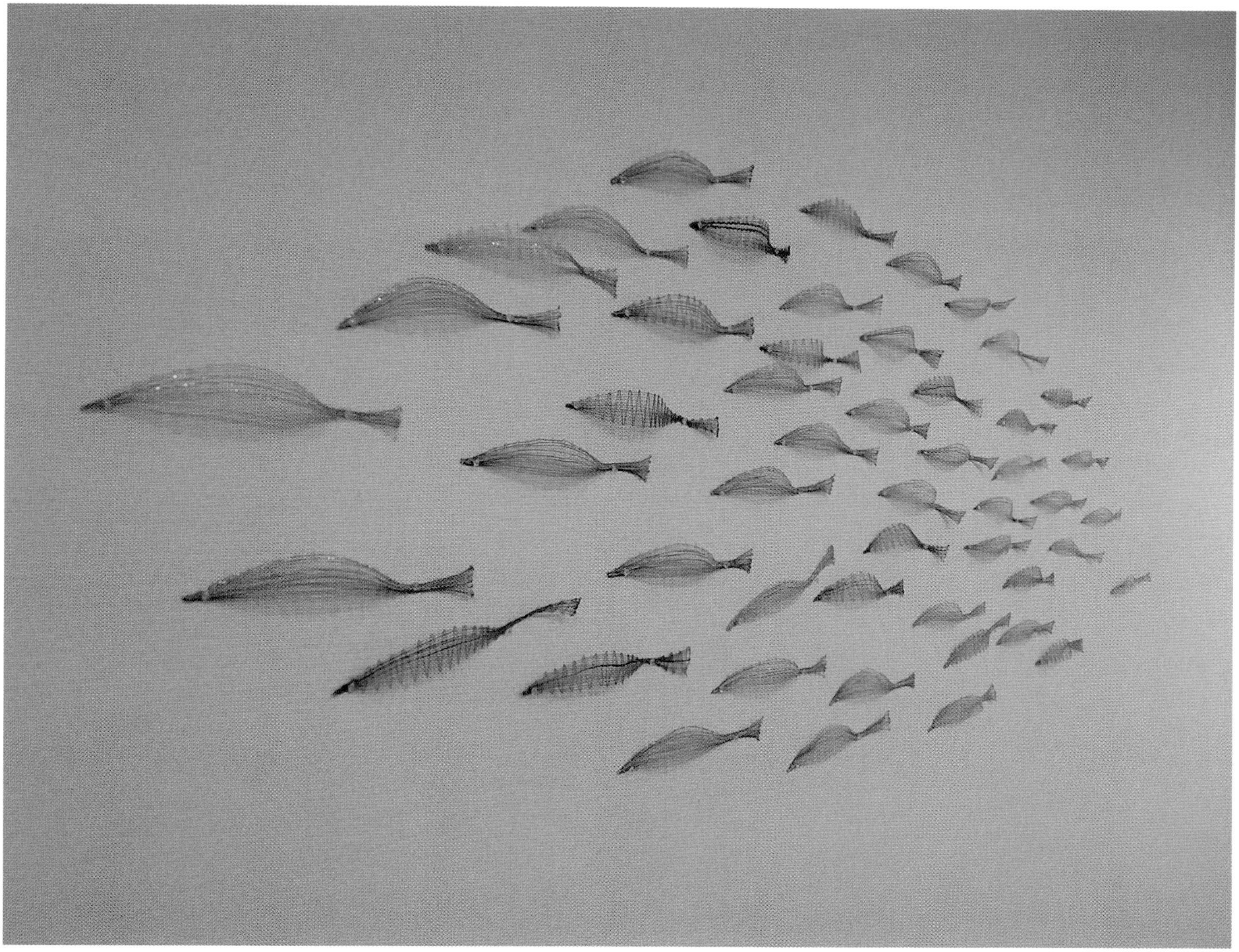

Sardines
130 x 40 cm – dentelle aux fuseaux – fil de coton, lin, métal, synthétique – 2020.

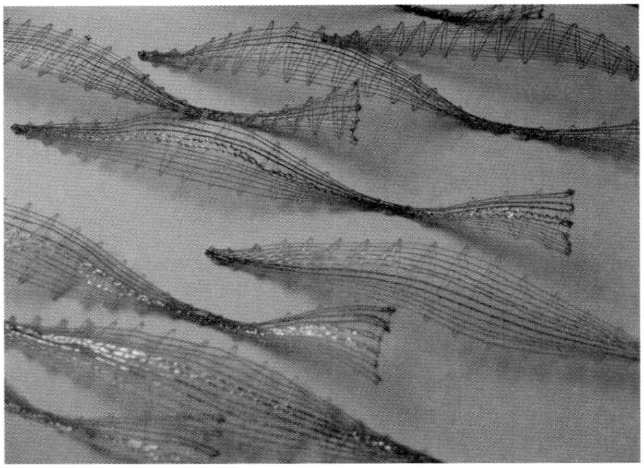

Ci-contre :
Sardines (détail)

Ci-dessous :
Méduses
20 x 7 cm – dentelle aux fuseaux – fil de coton, lin, métal, synthétique – 2018.

J'ai découvert la dentelle aux fuseaux en 2006 dans une académie des Arts à Bruxelles, en Belgique, où j'ai vécu pendant trente ans. J'y ai suivi un enseignement en dentelle contemporaine et création textile pendant dix ans, en même temps que des cours d'histoire de l'art. En parallèle, j'ai suivi d'autres enseignements de dentelle en Belgique et en France. Aujourd'hui, je m'intéresse à d'autres matières que le fil, comme le papier que je fabrique moi-même et que j'associe avec la dentelle.

J'aime la subtilité et la délicatesse que je peux exprimer en croisant les fils. Le jeu de la transparence et de la lumière qui passe au travers de la dentelle et la combinaison des pleins et des vides me fascinent. La dentelle aux fuseaux offre une infinie possibilité de points que je suis bien loin de maîtriser tous. Mais j'aime aussi travailler la dentelle très librement, en croisements aléatoires, pour traduire un imaginaire plus que pour reproduire un motif ou une réalité. La matière « fil » est pour moi un élément essentiel dans l'attrait de la dentelle. Il symbolise tant de force et de fragilité : l'entrelacement, l'enchevêtrement, la tension, le croisement, le lien social, le fil de la vie, le fil du temps, le lien qui nous relie entre êtres humains ou le lien qui nous entrave. Il constitue l'élément de base de nos vêtements, des plus simples aux parures les plus prestigieuses. Fil de lin, de coton, de soie, fil synthétique, de nylon, de papier ou de fibre naturelle, tous ces matériaux m'intéressent par leur texture, leur densité, leur résistance, leur couleur, leur transparence. Je ne m'impose aucune limite dans l'association et le choix des matières.

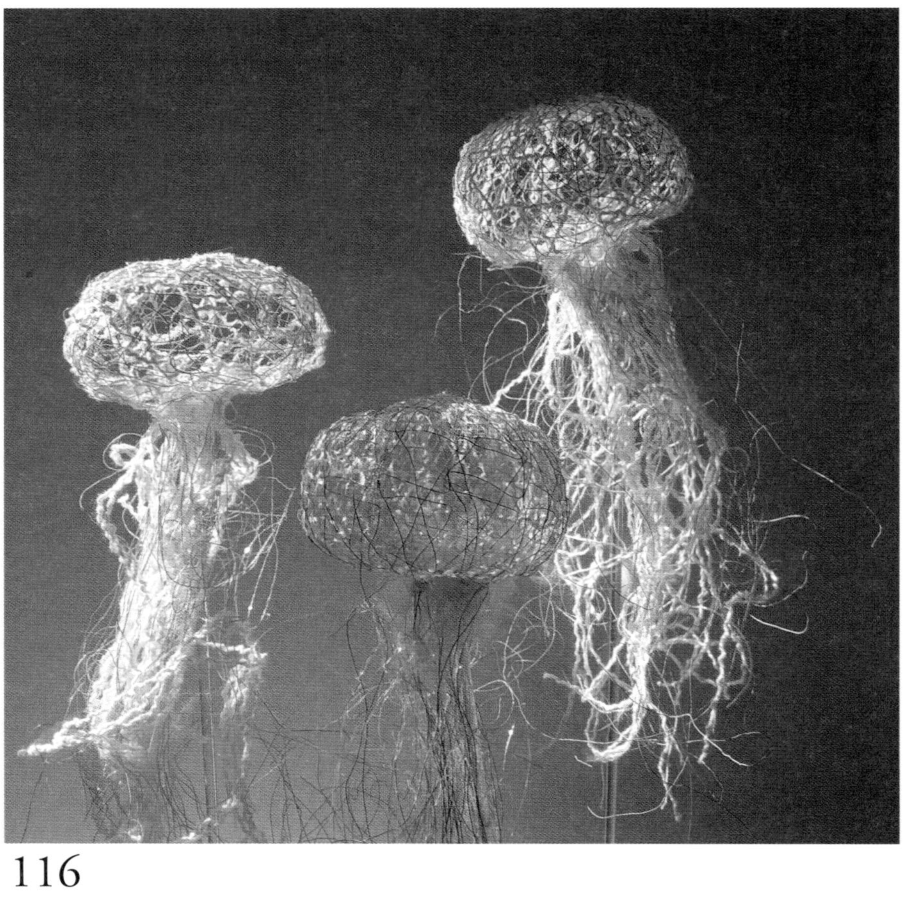

Le fil peut être souple, rigide, solide, fragile, brillant, rebelle, simple ou complexe, ce sont toutes ces caractéristiques qui m'attirent.
Je trouve dans la pratique de la dentelle aux fuseaux un grand calme. J'aime cette pratique lente, patiente, où l'accélération n'a pas de mise.

La technique de la dentelle aux fuseaux demande de la patience, de la persévérance et du temps. Vous ne pouvez pas envisager de terminer une réalisation en dentelle en peu de temps.
Elle est exécutée de manière posée, lente et patiente. Le choix des fils et la préparation des fuseaux requièrent toute votre attention.
Le travail en volume, qui m'attire beaucoup, est un réel défi en dentelle aux fuseaux.

Je trouve mon inspiration dans la nature, le monde végétal et le monde marin, mais aussi dans l'architecture. Les arbres, mes compagnons de promenades, m'inspirent beaucoup, ainsi que leurs écorces. Ils sont un lien fort qui me relie tant au ciel et au cosmos qu'aux profondeurs de la terre.
J'ai gardé de mon premier métier d'océanographe une curiosité pour le monde marin et un émerveillement pour cet univers qui nourrit mon imagination, en particulier les méduses, ces êtres étranges venus du fond des âges et qui peut-être nous survivront.
J'ai réalisé une installation de plus d'une trentaine de méduses en dentelle, de tailles différentes, permettant au public d'appréhender de manière poétique un univers complexe et fascinant.
Enfin, la géométrie et les effets d'optique sont également une bonne source d'inspiration pour moi.

L'art de la dentelle, aux traditions bien ancrées en Europe et spécifiques à chaque région, a dépassé les frontières et continue d'évoluer. Il fait partie à mes yeux d'une expression artistique au même titre que la peinture ou la sculpture.
La dentelle, autrefois réalisée par les femmes mais portée comme vêtements ou accessoires aussi bien par les hommes que par les femmes, n'est plus un art du « temps passé » et du « passe-temps » ni un artisanat principalement dévolu à l'utilitaire – vêtements, accessoires de mode, rideaux, nappes, napperons, décors d'église et vêtements religieux –, mais bien un art à part entière.
Des artistes de grande qualité, femmes ou hommes, explorent le monde de la dentelle à leur façon, avec des techniques qui n'utilisent pas le fil comme seule matière première mais sont tout à fait dans l'esprit « dentelle ». Je connais et j'ai vu des réalisations absolument remarquables en métal, en bois sculpté ou en peinture. Les dimensions de certaines réalisations qui dépassent l'unité du centimètre ou du mètre constituent aussi des approches nouvelles qui bousculent nos repères en dentelle.
En revisitant la dentelle avec mes créations, j'aime aussi l'idée que des gestes et techniques connus et longtemps utilisés par l'homme puissent perdurer, se transmettre.

Si vous étiez…

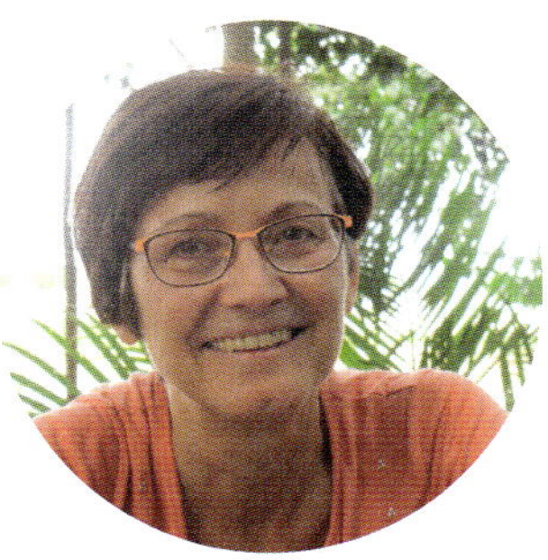

UN POINT DE DENTELLE
Le point sauvage.

UNE DENTELLE
Une dentelle de Malines.

UNE MATIÈRE
La soie.

UNE ŒUVRE D'ART
Un mobile de Calder.

UN MUSÉE
Le musée Guggenheim à Bilbao.

Geneviève Quiévreux

France • creation-dentelles.com

Paysages ou animaux imaginaires, les œuvres en dentelle de Geneviève Quiévreux créent un univers coloré venu tout droit de ses yeux de photographe - c'était en effet son médium de prédilection avant de découvrir la dentelle aux fuseaux.

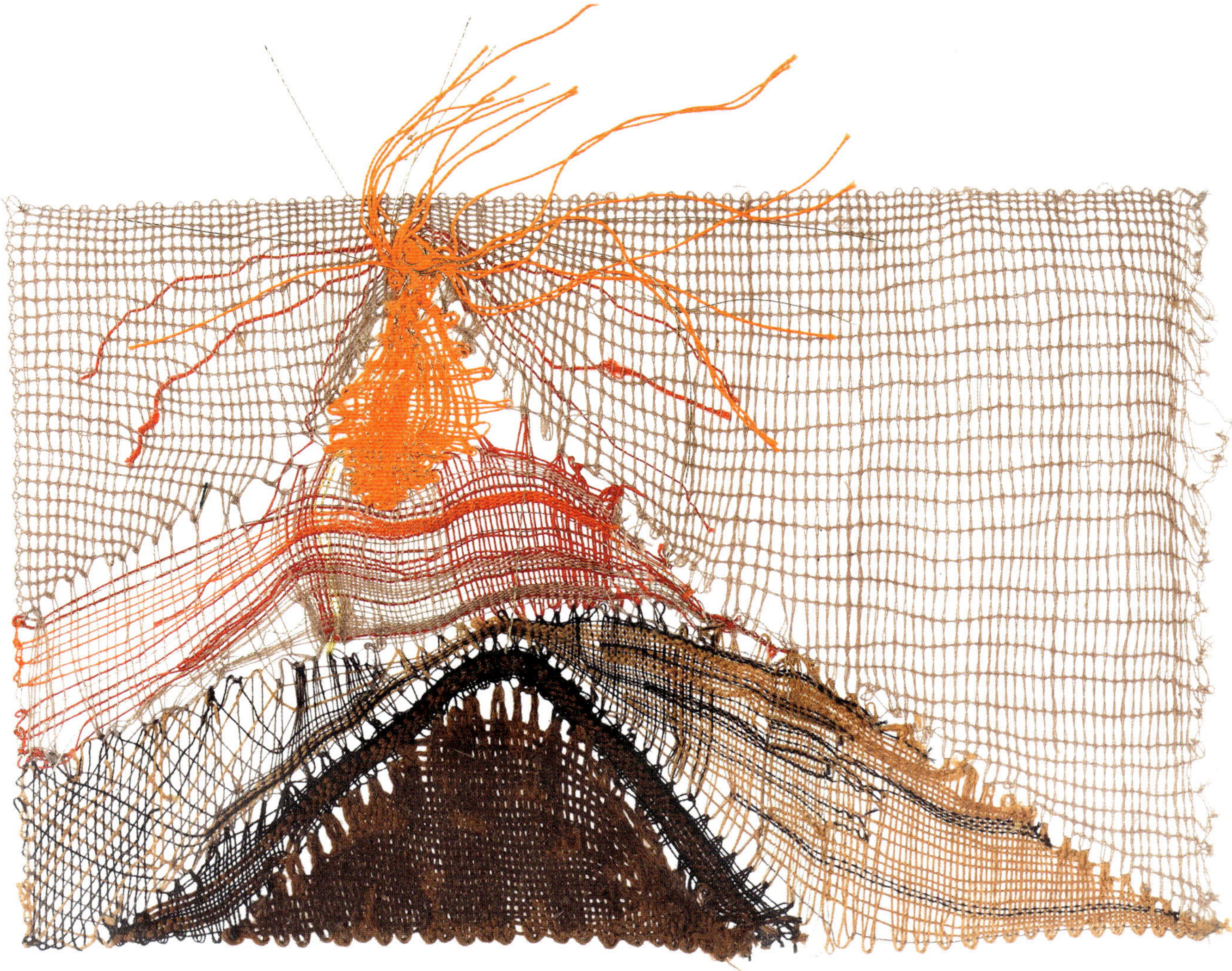

Jaujac
12,70 x 17,80 cm – dentelle aux fuseaux – soie, fils synthétiques – atelier de dentelle des Divols, Beaulieu – 2013.

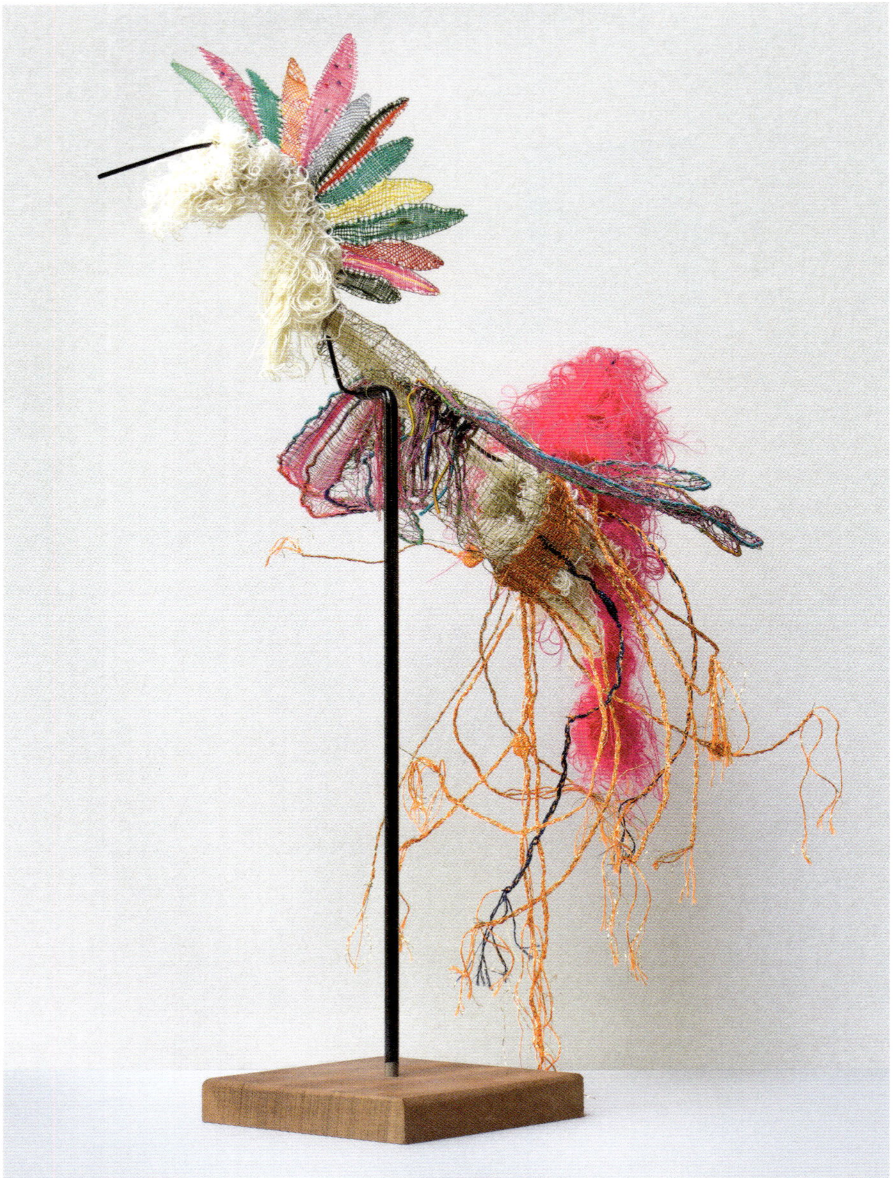

Oiseau
48 x 40 cm – dentelle aux fuseaux – soie, fils synthétiques, laiton, perles – atelier de dentelle des Divols, Beaulieu – 2016.

J'ai découvert la dentelle aux fuseaux à Paris, lorsque j'ai acheté un carreau de dentellière simplement parce que je trouvais l'objet beau. Par curiosité, j'ai voulu en savoir plus sur cette pratique, j'ai donc acheté des fuseaux, du fil et une méthode pour débutant, ce qui m'a permis d'acquérir un tout début de pratique.
Puis c'est en Ardèche, lors d'une exposition, que j'ai rencontré une dentellière, Marie-Thérèse Bonniol (page 36), qui dispensait des cours de dentelle contemporaine à Alès. Alors j'ai décidé de m'inscrire à ses cours.
À l'époque, j'étais photographe, mais peu à peu la dentelle, dont la pratique nécessite beaucoup de logique, a pris de plus en plus de place. J'ai eu envie d'utiliser cette technique ancestrale à des fins d'ouverture contemporaines.

Au début, j'utilisais les techniques de la dentelle du Puy-en-Velay, puis je me suis intéressée à d'autres. Les possibilités techniques qu'offre la dentelle aux fuseaux sont infinies, une peinture, une sculpture, des pleins, des déliés, des cordes, des volumes ou des vides peuvent ainsi traduire toutes formes imaginaires. Parfois avec de simples fonds comme le Mat ou la Grille, on peut aussi exprimer beaucoup de choses.
De plus, il y a tant de dentelles différentes, que ce soit par leur origine, leur utilisation, qu'elles soient de Calais, d'Angleterre, du Puy-en-Velay ou d'Italie, certaines sont plus complexes que d'autres.

Je crée mes dentelles en m'inspirant de ce qui m'entoure, de paysages, de matières, de supports ou même de partitions de musique, comme l'œuvre intitulée *Pages d'écriture* inspirée d'une pièce musicale écrite par mon mari.

J'ai énormément de plaisir à transmettre la dentelle aux fuseaux. Ce qui m'intéresse particulièrement est cet échange entre l'apprentie et son enseignante. Il faut répondre aux besoins spécifiques de chacun. Pour une même demande, il faudra une explication différente, chacun ayant une compréhension et un rapport différents à la résolution d'un problème.

Si vous étiez…

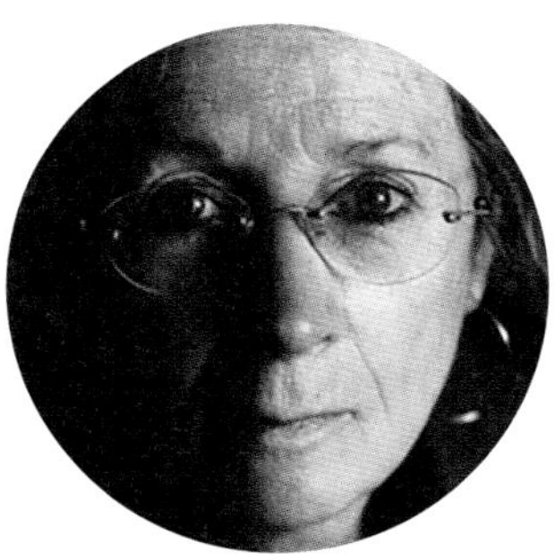

UN FOND OU UN POINT DE DENTELLE
Un fond malin.

UNE DENTELLE TRADITIONNELLE
Une dentelle de Retournac.

UNE MATIÈRE
Un fil métallique.

UNE ŒUVRE D'ART
Une œuvre de Sonia Delaunay.

UN MUSÉE
La Fondation Maeght à Saint-Paul de Vence.

Lou Roy

France • base.ddab.org/lou-roy

Les réflexions de Lou Roy s'ancrent dans une pratique du dessin qui s'étend aux techniques textiles et en particulier à la dentelle. La ligne, le trait et le fil se tissent, se croisent et s'entremêlent pour dessiner et structurer des enveloppes fragiles.
Ces teintes rouges évoquent les fibres, les muscles et la chair de tout être. Principalement animales, ces enveloppes mêlant interne et externe, expriment par un temps de réalisation long, la fugacité d'un passage.

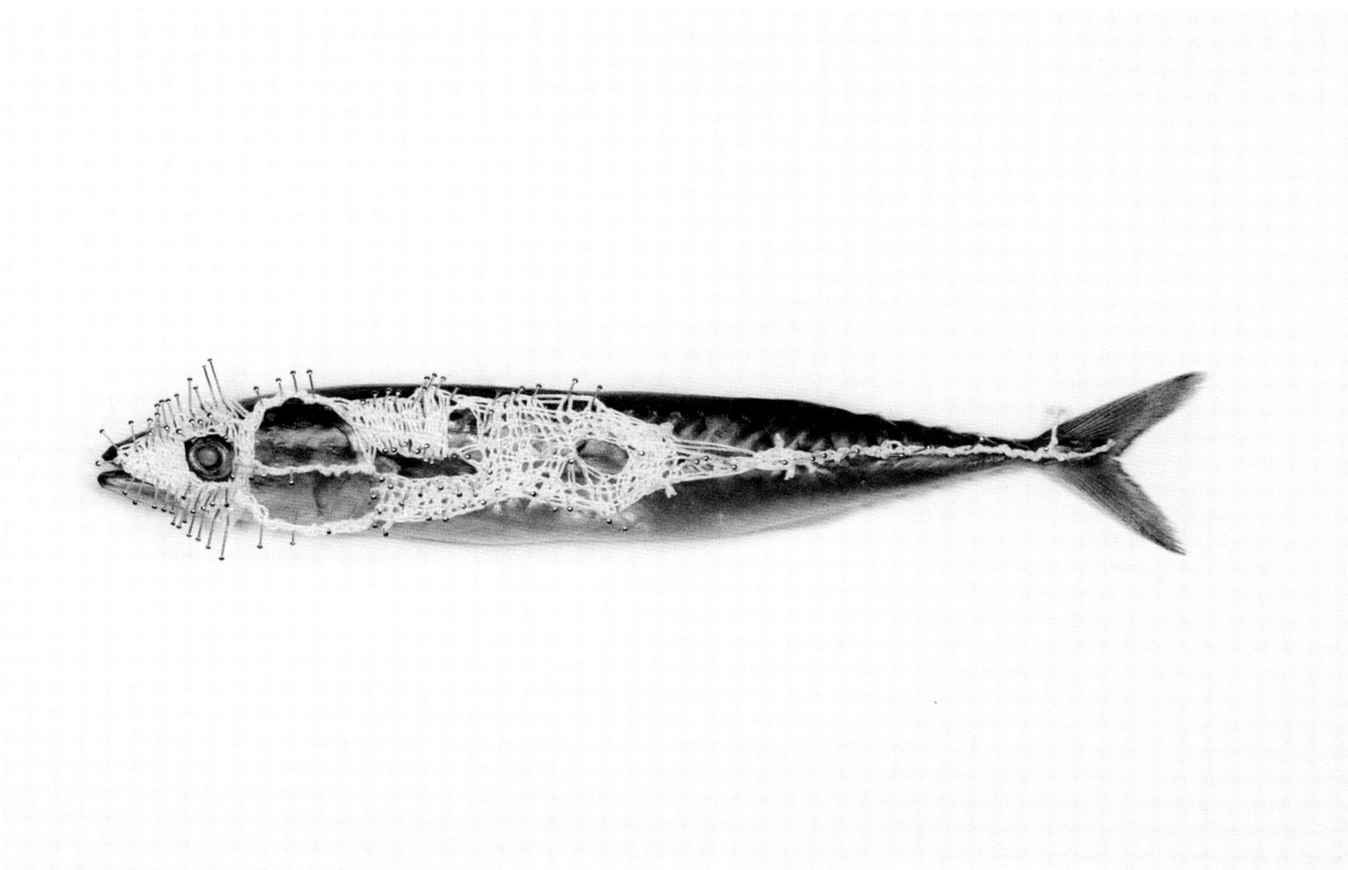

Le maquereau
30 x 20 cm – photographie numérique (dentelle aux fuseaux [coton] sur maquereau) – 2017.

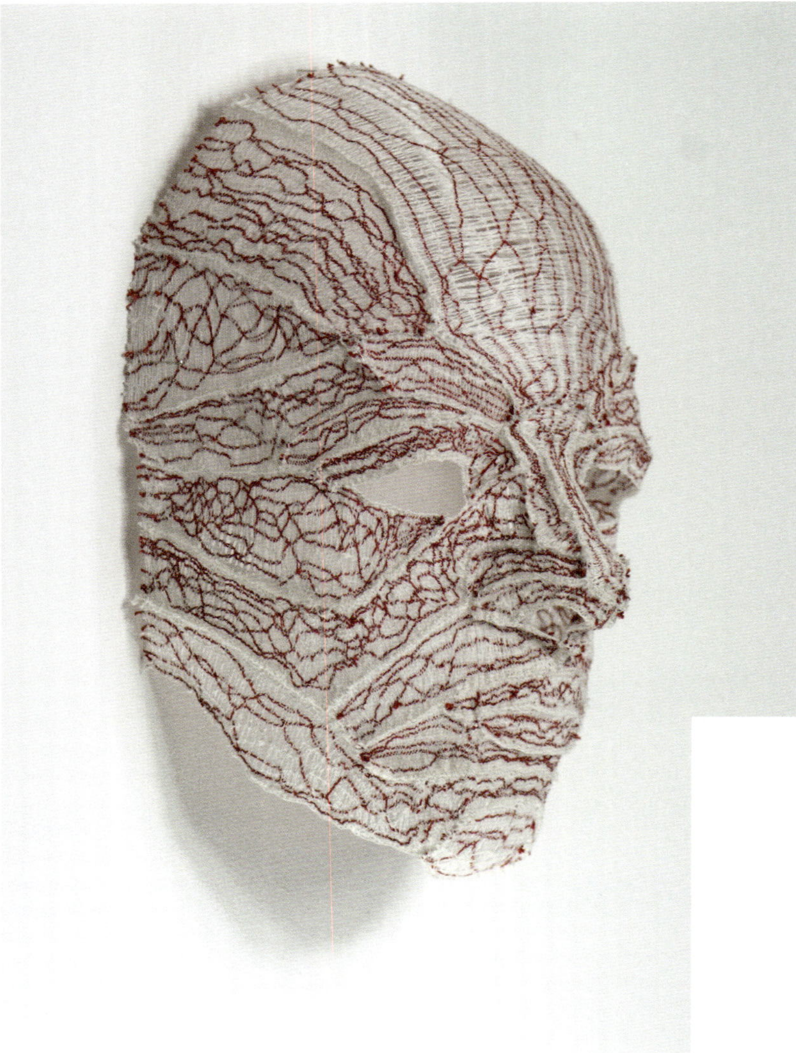

Masque
20 x 10 x 13 cm – dentelle aux fuseaux – coton – 2017.

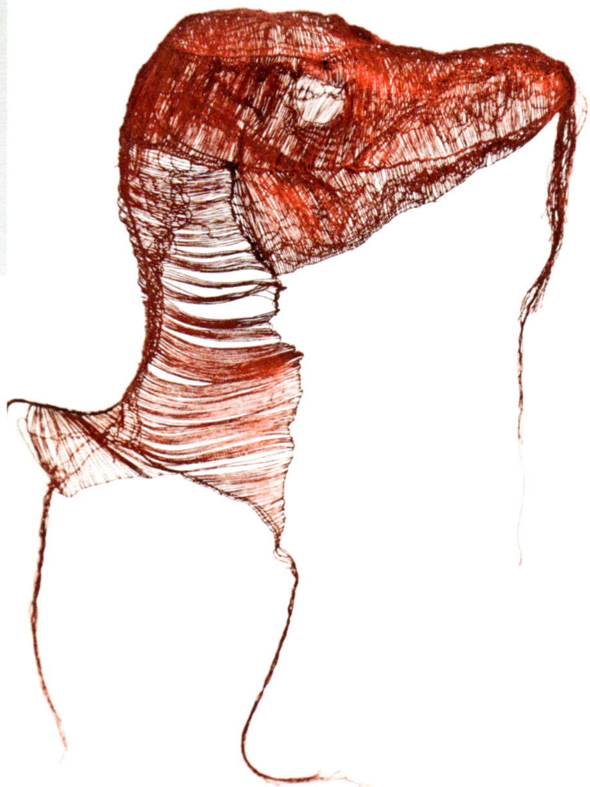

Chevreuil II (membrane)
40 x 20 x 10 cm – dentelle aux fuseaux – coton – 2013.

J'ai commencé à travailler le fil comme moyen d'expression lorsque j'étais étudiante à l'École européenne supérieur d'Art de Bretagne à Quimper. Je m'intéressais aux rapports entre le fil et le dessin, notamment en réalisant des installations à base de textile. Je suis ensuite allée étudier à l'Académie royale des Beaux-Arts de Bruxelles, dans le cadre du programme Erasmus, où j'ai pu travailler à la fois dans l'atelier de dessin et dans celui des arts textiles. C'est par le biais de rencontres et d'expérimentations que j'ai découvert la dentelle dont j'ignorais tout. J'ai profité de la fin de mon séjour pour apprendre quelques bases de cette technique.
Voir des étudiantes travailler cette technique me semblait être comme un jeu dont je ne saisissais pas les règles. J'ai appris les règles de base de la dentelle aux fuseaux, mais très vite j'ai eu l'envie de m'en détacher pour tenter de m'approprier cette technique. Je ne me considère pas dentellière, je connais juste quelques points, ce qui m'importe c'est plutôt l'émotion et le ressenti. Je souhaite travailler la dentelle comme un moyen d'expression et l'inscrire dans mes préoccupations artistiques contemporaines.

Ma manière d'appréhender la dentelle passe par la conception d'une idée. J'utilise ce savoir-faire comme un moyen d'expression à part entière. Au même titre que le dessin, la dentelle aux fuseaux est une technique pour donner forme, créer et concrétiser des idées, des ressentis. Le fil est un trait et me permet de dessiner dans l'espace. Je travaille en parallèle ces différentes techniques, elles se répondent et se complètent. Pensées comme un ensemble dans mes différents projets, les pièces en dentelle côtoient les réalisations graphiques.

La dentelle aux fuseaux nécessite de s'immerger complètement dans la pratique par sa temporalité et la minutie qu'elle requiert. Je retrouve cette manière d'appréhender le temps dans ma pratique du dessin. Ces moments sont propices à se perdre dans ses pensées, voire à faire corps avec le projet en lui-même.

Le fil de la dentelle, comme un trait entremêlé, témoigne d'un passage, du temps qui s'est écoulé. Dans *Le maquereau*, le fil sacralise le poisson avec la dentelle en devenant ornement. Dans ce projet, la dentelle se construit au même rythme que le poisson dépérit. Ainsi, à son tour, de par cette décomposition, il désacralise la dentelle. Faisant également référence aux filets de pêche, c'est la friction entre la dentelle et la matière animale qui fait naître les dualités de notre rapport au monde animal.
C'est également le cas dans la série des *Chevreuils*, réalisée à partir de moules de taxidermie, où le fil se fait organique et dessine les traits d'un animal énigmatique. Cet écho aux trophées de chasse questionne également notre rapport au monde et à la nature. Le fil rouge qui constitue ces pièces se présente comme un élan vital avec une double lecture, à la fois violente et vivante. Associer cette couleur à ma manière de faire de la dentelle me permet de travailler l'expressivité de cette technique et de la mener dans d'autres lieux.

Mes sources d'inspiration proviennent principalement de l'histoire de l'art et de documents scienti fi ques, zoologiques et archéologiques. Il est important dans ma pratique de faire dialoguer différents domaines, ressources et techniques.
La dentelle est un savoir-faire qui offre une multitude de possibilités. Une fois les codes assimilés, elle permet de s'affranchir des règles pour pouvoir pleinement exprimer toute sa sensibilité.
Cette technique me semble être en plein essor et tend à s'affirmer comme un médium à part entière.

Si vous étiez…

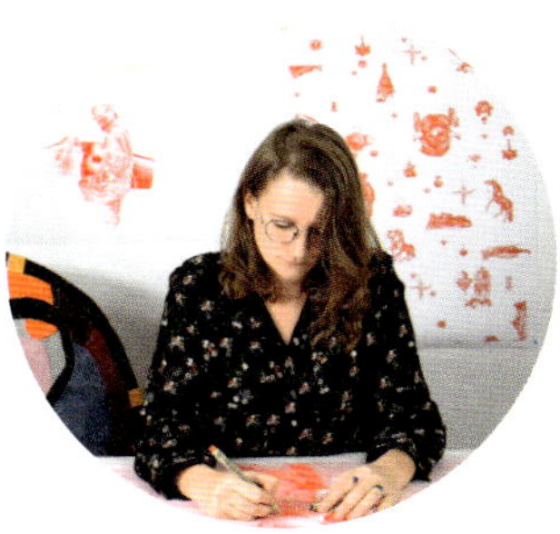

UN FOND OU UN POINT DE DENTELLE
Un fond libre.

UNE DENTELLE
Les dentelles faites par le monde de la nature (feuilles mortes nervurées, toiles d'araignée…).

UNE MATIÈRE
La soie.

UNE ŒUVRE D'ART
Les drapés de Léonard de Vinci, un lien parfait entre le dessin et le textile.

UN MUSÉE
Le musée d'Histoire naturelle de Paris.

Marjolaine Salvador-Morel

France • marjolainesalvadormorel.fr

Lorsque l'on regarde les sculptures de Marjolaine Salvador-Morel, on a la sensation étrange d'assister à une naissance, une éclosion de chrysalide à maturité. Parfois immenses, fluettes ou presque fantomatiques, elles paraissent suspendues naturellement, accrochées, voire tiraillées par leurs fils racinaires, comme tout juste sorties de terre. Réalisées dans une grande chorégraphie « en feston majeur », ces œuvres expriment la quête incessante de l'artiste pour reconnecter l'homme avec le vivant et sa passion pour la biologie et l'infiniment petit.

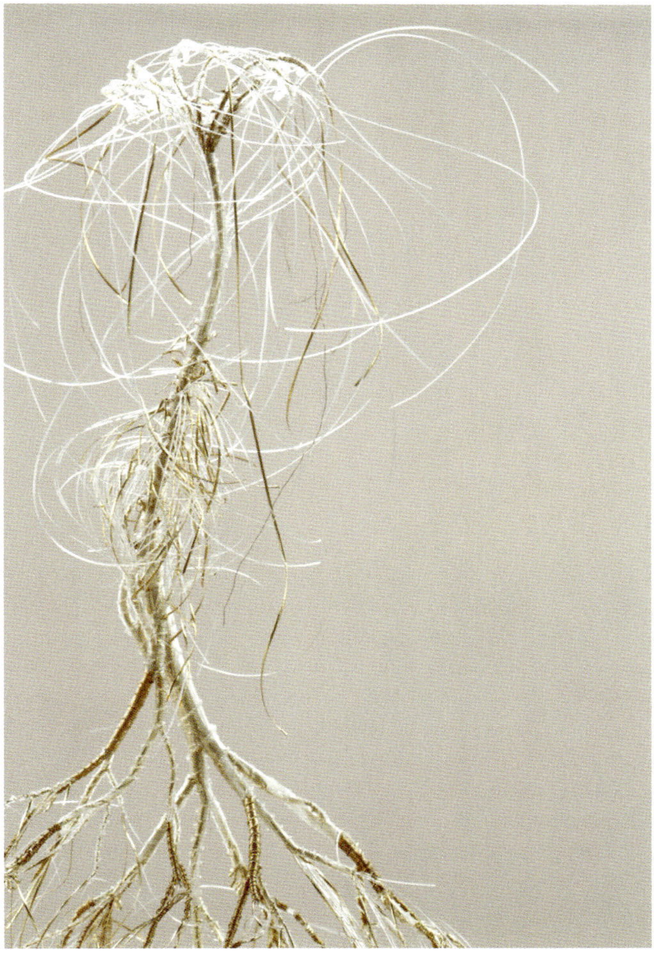

Jardin suspendu (détail)
(installation composée de quatre sculptures, musée de Tatihou, 2021)
165 x 101 x 101 cm – dentelle à l'aiguille et ses improvisations – fil de nylon, fil d'or ancien, perles de verre églomisées, billes en pâte de verre, globes de verre ancien, chêne brûlé, laiton forgé et piliers en acier réalisés par Thomas Morel – atelier de l'artiste – 2021.
Photo © Marjolaine Salvador-Morel

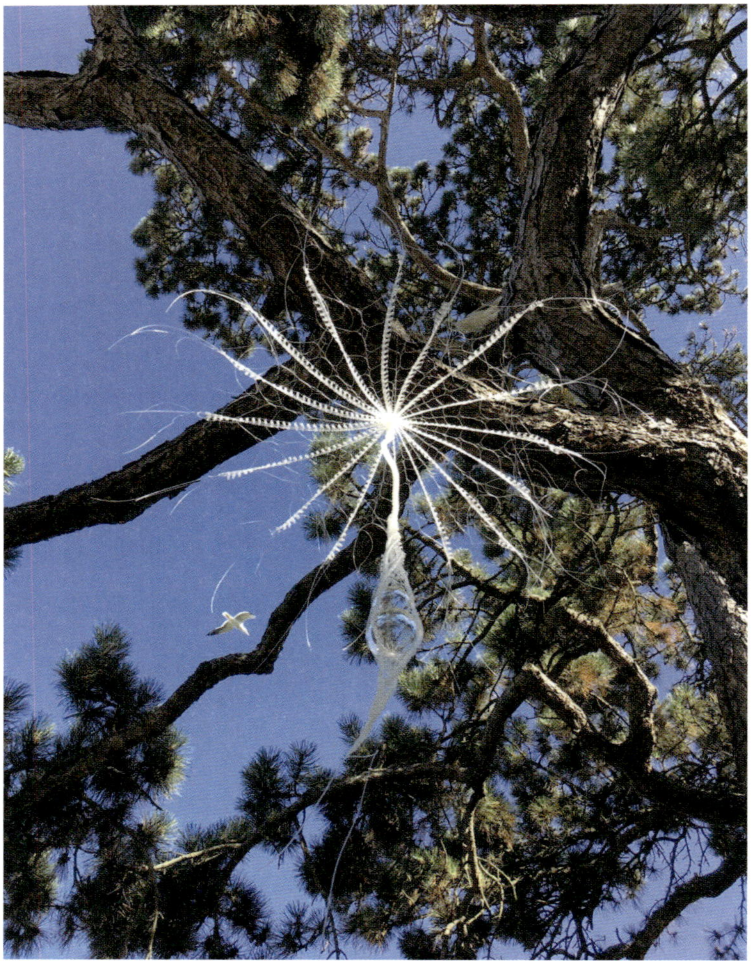

Anémochorie ou akène aigrette soyeuse
160 x 100 x 100 cm – dentelle à l'aiguille et ses improvisations – nylon, boules de verre soufflées, perles de verre églomisées – installation dans les jardins de l'Île de Tatihou en 2020-2021 – 2014-2015. Photo © Marjolaine Salvador-Morel

La dentelle aux fuseaux est le langage de ma mère. Je l'ai donc apprise dès mon plus jeune âge, bercée par le cliquetis des fuseaux. J'ai eu la chance qu'elle me transmette la philosophie du fil.
C'est vers l'âge de 14 ans que j'ai découvert la dentelle à l'aiguille, et plus précisément les dessins préparatoires, lorsque j'ai accompagné ma mère à deux rendez-vous dans la même journée, avec une sœur d'Alençon et la mère supérieure des Bénédictines d'Argentan. J'ai ensuite pris des cours en Belgique puis suivi un cours de cinq jours à l'Atelier national du Point d'Alençon. Adolescente, je souhaitais devenir dessinatrice pour bijoux, or je me suis aperçue que les dessins préparatoires pour dentelle à l'aiguille en sont très proches. Cette technique s'est alors imposée à moi comme une évidence, proche de ma sensibilité, un prolongement de ma pensée et de mes réflexions.
Le monde du vivant, qu'il soit végétal, minéral ou animal, est constitué de fils, d'architectures et de liens, similaires aux méandres de la dentelle. La dentelle est mon écriture et mes sculptures sont des odes qui tendent à traduire et à comprendre la beauté du monde, les mystères de la vie…

Après avoir appris les points d'Argentan et d'Alençon, j'ai tout de suite voulu agrandir mes dentelles, leur faire face, passer de l'aplat au relief. J'ai donc recherché un moyen pour y parvenir, et la solution a été le fil de nylon pour sa tenue, sa transparence, sa résistance. J'ai pu travailler debout, partir du sol. Le fil de nylon devient précieux, vivant, organique, alors que, dans un autre contexte, il pourrait provoquer la mort, polluer.
Mes sculptures sont comme des passeuses pour reconnecter l'homme avec le monde du vivant, parfois cela met mal à l'aise certains visiteurs, parfois cela les bouleverse.
Ce matériau m'a permis aussi de lâcher les fils, de ne plus les couper comme cela se fait traditionnellement quand on termine une dentelle. Je les ai laissés libres.
D'ailleurs, lorsque j'expose, certaines de mes sculptures chatouillent les visiteurs, les fils bougent au gré des passages, comme pour entrer en connexion avec les humains.
Techniquement, mes sculptures sont composées d'une multitude de points de feston. C'est une symphonie en feston majeur !

La beauté sans sens n'est que motif. Aujourd'hui, la dentelle n'est plus un accessoire du vêtement, elle se fait messagère d'un regard connecté au monde du vivant. Elle relie…

J'enseigne ponctuellement la dentelle à l'aiguille lors d'ateliers proposés au public et organisés en parallèle de mes expositions. Cela me permet de partager et de transmettre mon savoir et mes questionnements. J'interviens également en milieu scolaire, dans le cadre de jumelages ou de manière ponctuelle.
À chaque fois, c'est pour moi une vraie quête, car lorsque je transmets mon savoir aux élèves, je suis aussi ma propre élève.
Le savoir est nécessaire pour créer, à soi ensuite de se trouver avec ce que l'on a appris, avec nos racines, pour réussir à s'élever.

« *Frasquita observait la dentellière – ainsi nommait-elle l'araignée qui avait élu domicile dans sa chambre – en se demandant si elle-même serait un jour capable de sécréter sa propre toile. (…) La beauté vient de ces espaces vides délimités par les fils ! Révéler, cacher. Désépaissir le monde. Ce qui est somptueux, c'est de voir au travers ! La transparence… La finesse de la toile voile et encadre un morceau d'univers et se faisant le révèle… (…) Elle sentit tout ce qu'il lui faudrait encore comprendre et maîtriser : la couleur, le blanc, les tissus, la transparence…* »
Carole Martinez, *Le cœur cousu*, 2007.

Si vous étiez…

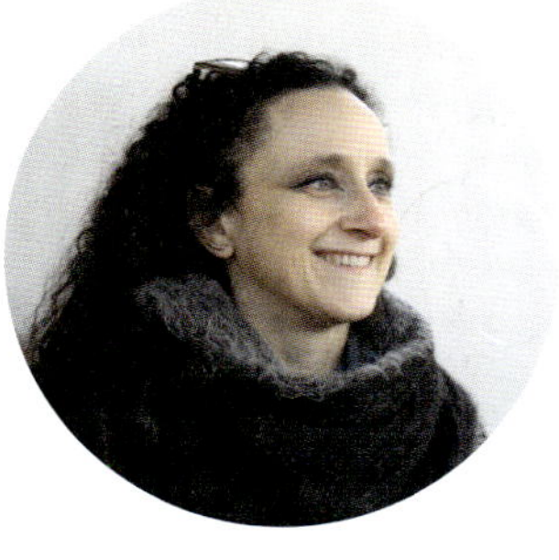

UN POINT DE DENTELLE
Les modes dans le point d'Alençon.

UNE DENTELLE
La dentelle avec laquelle j'ai grandi est la dentelle de Bayeux, ensuite j'ai rencontré le point d'Alençon.

UNE MATIÈRE
Le fil de nylon pour sa transparence et son côté indomptable, il a des choses à dire.

UNE ŒUVRE D'ART
Les *Arbres sur fond jaune* d'Odilon Redon, panneaux décoratifs pour la salle à manger du château de Domecy-sur-le-Vault, 1900-1901, Musée d'Orsay, Paris.

UN MUSÉE
Le musée Gustave Moreau à Paris.

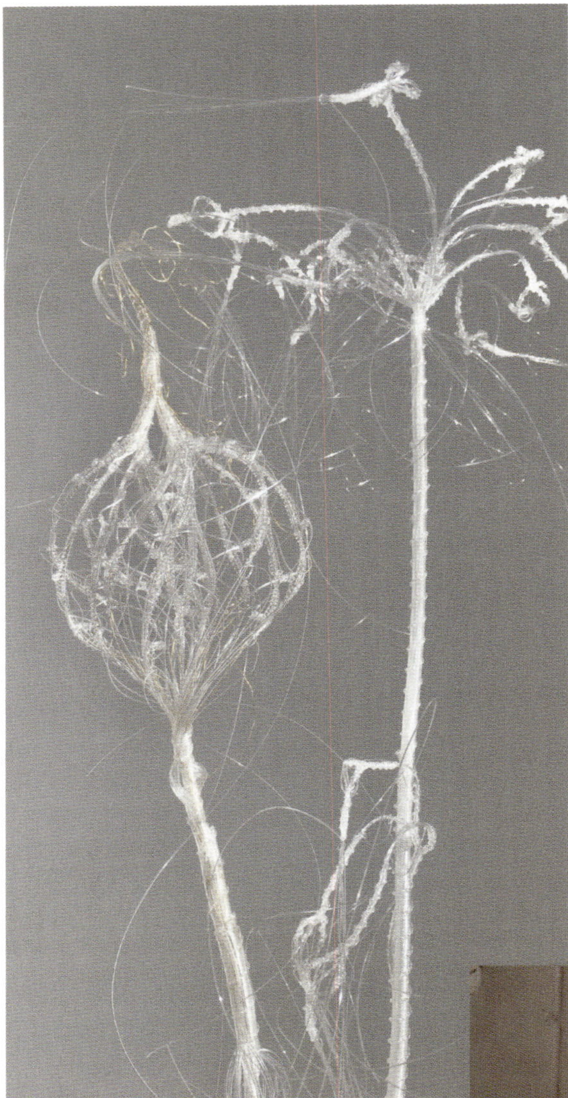

Ci-contre à gauche :
Jardin mystérieux (détail)
Photo © Marjolaine Salvador-Morel

Jardin mystérieux
(installation de neuf modules)
216 x 216 cm, hauteur variable (23 à 130 cm) – dentelle à l'aiguille et ses improvisations – nylon, fil d'or ancien, acier patiné par Thomas Morel – atelier de l'artiste – 2020.
Photo © Thomas Morel

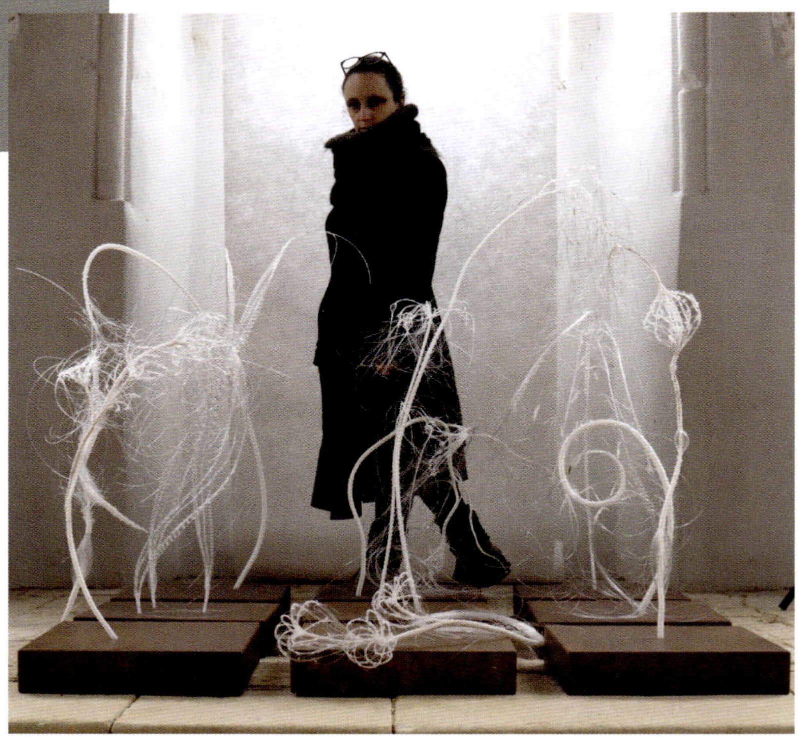

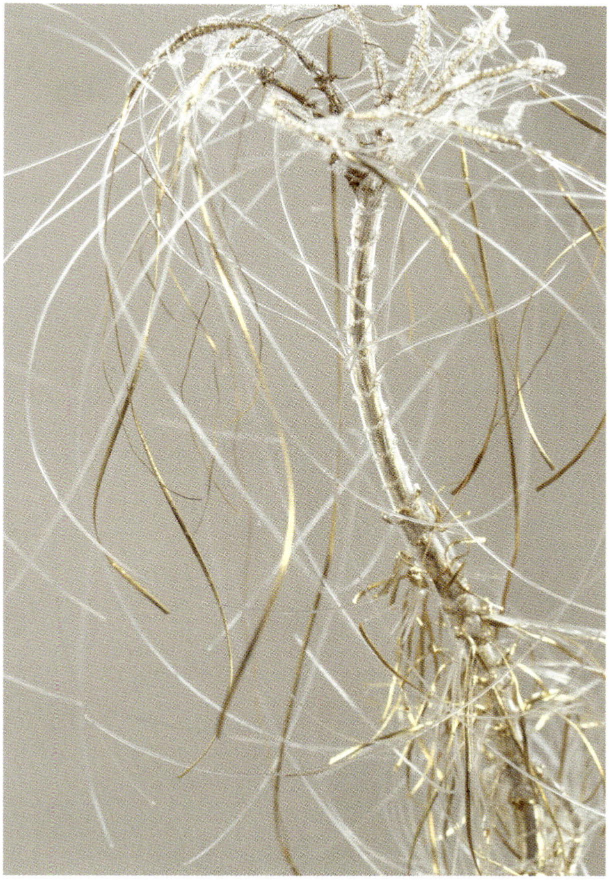

Jardin suspendu (détail)
(installation composée de quatre sculptures, musée de Tatihou, 2021)
165 x 101 x 101 cm – dentelle à l'aiguille et ses improvisations – fil de nylon, fil d'or ancien, perles de verre églomisées, billes en pâte de verre, globes de verre ancien, chêne brûlé, laiton forgé et piliers en acier réalisés par Thomas Morel – atelier de l'artiste – 2021.
Photo © Marjolaine Salvador-Morel

Jardin suspendu (détail)
Photo © Marjolaine Salvador-Morel

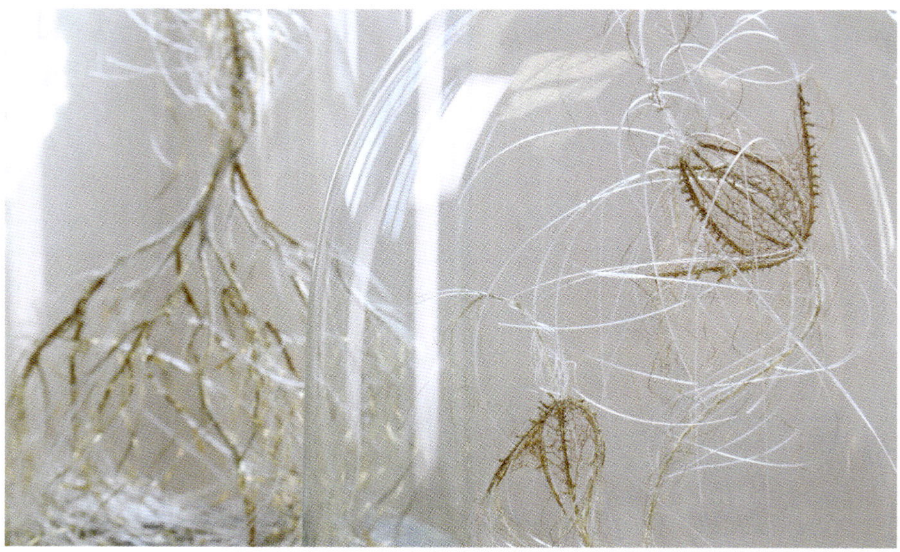

Lieve Smets

Belgique • lievesmets.be

Les dentelles de Lieve Smets sont comme les traces laissées par les souvenirs, à la fois nettement structurées et effilochées, ajourées comme les trous que le temps inflige à la mémoire. En apparence simples, presque enfantines, ses œuvres révèlent une profonde réflexion sur la construction de l'identité, représentée par la complexité des fonds de dentelle qui apparaissent dès que l'on s'en approche.

By the way (Terzijde)
Plus tard, je serai grand et fort comme cet arbre,
mais ce n'est pas la question…
50 x 90 cm – dentelle aux fuseaux – coton, laine – collection personnelle de l'artiste – 2019.
Photo : Mark Brennan

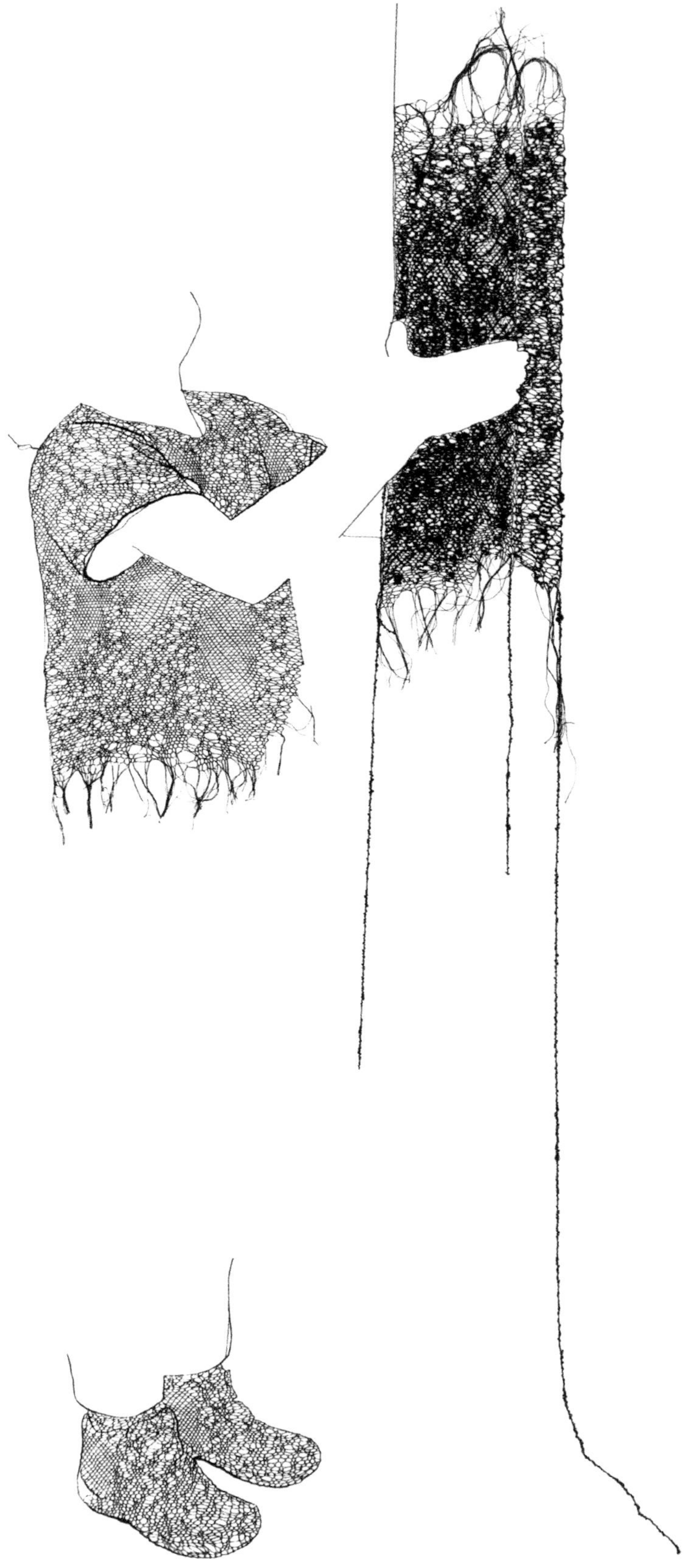

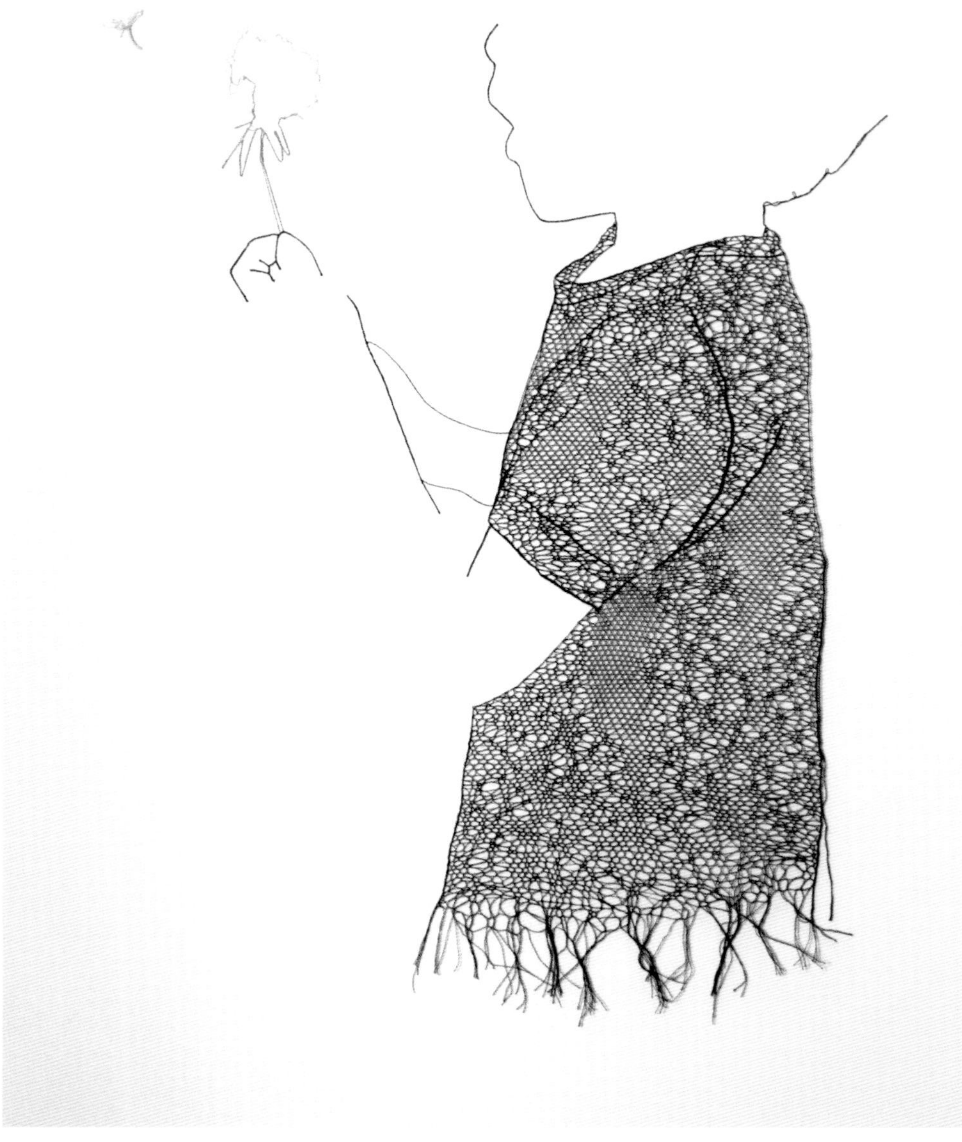

By the way (Terzijde)
L'année prochaine, 200 nouvelles fleurs pousseront,
mais ce n'est pas la question…
70 x 115 cm – dentelle aux fuseaux – soie, coton – collection privée – 2019.
Photo : Mark Brennan

J'ai étudié à l'Académie royale des Beaux-Arts d'Anvers (Belgique) et les arts textiles ou plus largement l'art avec des « matériaux flexibles », faisaient partie du programme.
Au cours de cette formation, j'ai été fascinée par le caractère éphémère de ces matériaux qui peuvent changer d'aspect au fil du temps et prendre une connotation différente. Un morceau de métal corrodé est différent de l'objet robuste qu'il était autrefois. Un tissu peut être luxueux et en même temps usé. C'est ce qui lui donne du sens, une histoire. Ce vécu lui ajoute aussi une certaine fragilité.
Après mes études, en 1998, j'ai rencontré Estelle Verhaegen, une professeure de dentelle contemporaine aux fuseaux qui m'a convaincue d'apprendre à en faire. Le jeu des fils et le chaos à travers lequel la structure émerge m'ont particulièrement intriguée, ainsi que cette méditation dans l'action et l'océan de possibilités offertes par cette technique. En outre, j'ai vu dans la dentelle la métaphore parfaite de l'éphémère.
Pensez au squelette d'une feuille, il ressemble à un délicat morceau de dentelle.

Ce que j'aime dans la dentelle c'est l'interaction entre des pièces plus ou moins transparentes et le vide qui en fait partie.
La plupart de mes pièces sont d'une manière ou d'une autre liées au caractère éphémère ou à son processus de transformation et à la nouveauté qui en résulte. La dentelle me permet de représenter la fragilité. L'utilisation de fils fins donne l'apparence de quelque chose qui doit être manipulé très soigneusement. On a peur de l'abîmer. Alors qu'en réalité, elle est assez solide.

Je considère la dentelle comme un dessin sans support. Pas de papier comme base, seulement des lignes et des surfaces. De la même manière que le terme *punto in aria* se réfère à des points sans support en dentelle à l'aiguille, je vois la dentelle comme des « lignes dessinées dans l'air ». De plus, la dentelle permet de jouer avec l'ombre en laissant de l'espace entre les différentes couches. L'ombre insaisissable devient une partie de l'œuvre.

J'utilise principalement la dentelle aux fuseaux. Les techniques traditionnelles sont une source d'inspiration, toutefois je n'utilise que les points de base avec lesquels je compose de manière très organique et libre.

Il y a un poème de M. Vasalis, une poétesse néerlandaise, intitulé *Sotto voce* qui m'a beaucoup inspirée et m'inspire encore. II est question du vide et de la tentative désespérée d'attraper quelque chose qui a disparu. De voir la beauté dans quelque chose qui n'existe plus, mais que l'on peut chérir comme un souvenir. En effet, les souvenirs sont si fragiles, la façon dont nous nous souvenons est tellement subjective et le souvenir n'est toujours qu'un fragment de ce qui s'est réellement passé. Il y a aussi des choses que nous voulons oublier, mais qui continuent à réclamer notre attention.
L'œuvre *When I was seven* traite justement de ce sujet et des limites floues des souvenirs. Leur caractère stratifié entraîne l'absence de contours nets. Il y a une sorte de brume et de la place pour le doute.

Je joue aussi avec les contrastes induits par certaines techniques de dentelle, comme le gros point de Venise que je mêle à des fonds plus légers et transparents. Je travaille aussi sur le thème du vêtement et de sa signification. En effet, on porte nos vêtements à même la peau, on vit avec eux et ils expriment notre identité. Il y a un souvenir de soi dans chaque vêtement que l'on a porté. *Letting go* est une série d'œuvres qui traitent du temps qui passe et de la façon dont les vêtements en sont un témoin silencieux. Quand je vois une robe de mon enfance, elle m'évoque des souvenirs. Je me rends compte du temps qui a passé et de la façon dont mon « moi » a changé jusqu'à l'instant où je la regarde. Notre ancien moi a disparu et seul le vêtement qu'on aimait porter demeure.
La série *Terzijde* a été inspirée par des moments de ma jeunesse et touche à l'émerveillement que l'on ressent en tant qu'enfant, en voyant des choses du quotidien. Des choses qui, pour la plupart des gens, ne sont pas importantes.

Pour moi, la dentelle est synonyme d'histoire et d'ingéniosité. Plus je la travaille et plus j'en apprends et vois avec un profond respect les dentellières traditionnelles. Il est admirable de voir comment, sans aucun dessin technique, elles étaient capables de rendre des dessins sophistiqués et complexes dans leur dentelle.

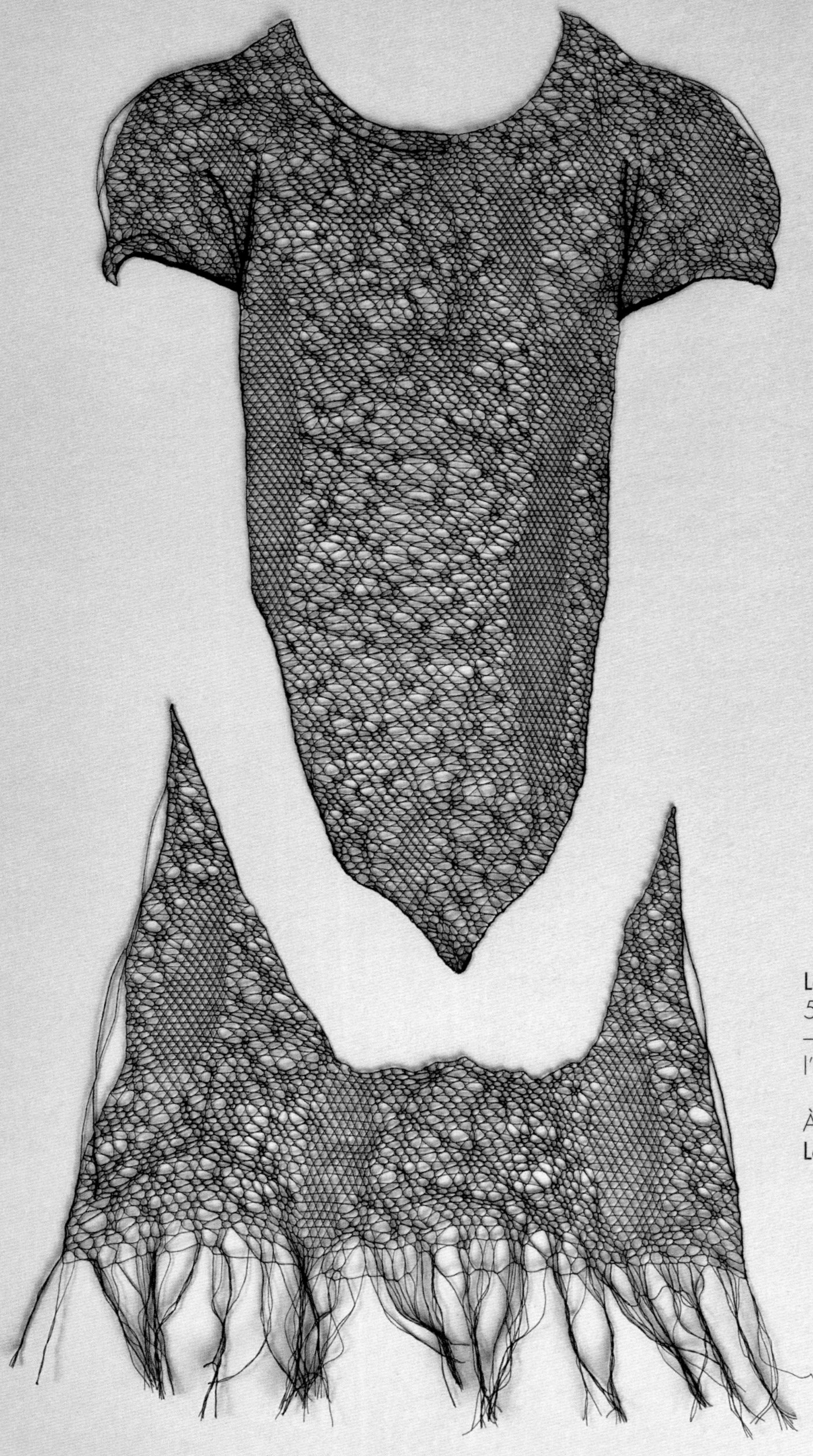

Letting go 5
50 x 65 cm – dentelle aux fuseaux – coton – collection personnelle de l'artiste – 2021.

À droite :
Letting go 1 (détail)

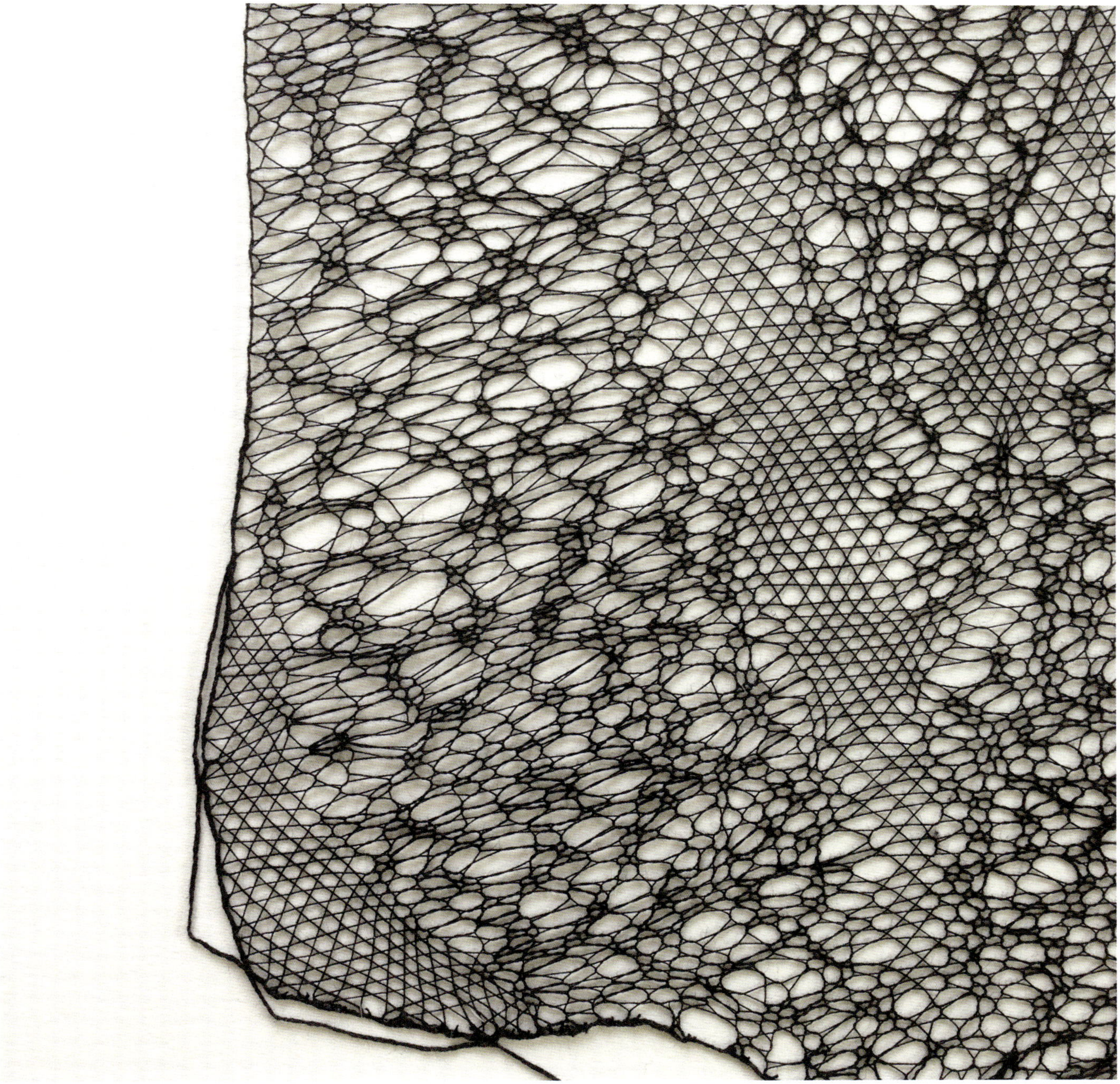

Si vous étiez…

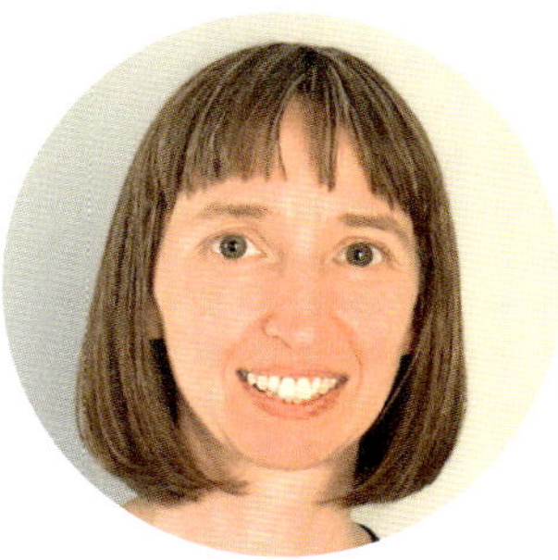

UN POINT OU
UN FOND DE DENTELLE
Le point de Tulle.

UNE DENTELLE
Une pièce de dentelle de Chantilly ancienne, usée par le temps.

UNE MATIÈRE
La soie.

UNE ŒUVRE D'ART
Jean Tinguely, *Élément détaché I*, 1954.

UN MUSÉE
Le musée Voorlinden, à La Haye, Wassenaar (Pays-Bas).

Lauran Sundin

États-Unis • lauransundin.com

C’est en commençant à utiliser le fil de fer que Lauran Sundin a réalisé que la dentelle aux fuseaux résultait de réflexions mathématiques conscientes ou inconscientes.
Elle observe le comportement du fil métallique qu'elle utilise, afin de déterminer comment réaliser des angles précis pour refléter la lumière, former des courbes ou des fonds parfaitement réguliers.
Cette observation préparatoire très précise fait entièrement partie de son processus créatif.
Ses sculptures deviennent des architectures miniatures dont la beauté est inhérente à la structure même.

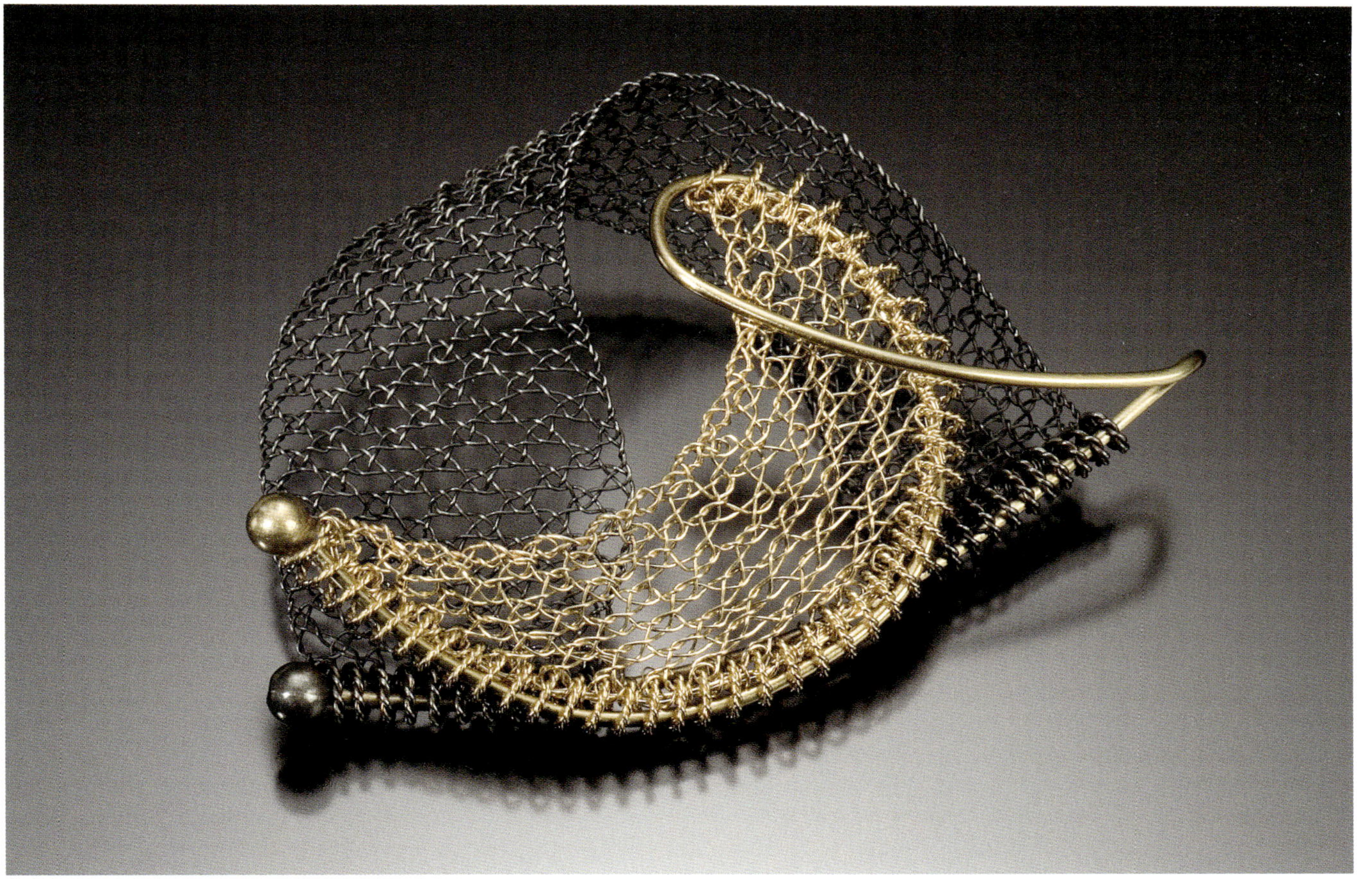

Captured Crescent
5 x 6,5 x 3 cm – dentelle aux fuseaux – or 14 carats, argent sterling oxydé – collection personnelle de l'artiste – 2002.
Photo : Robert Diamante

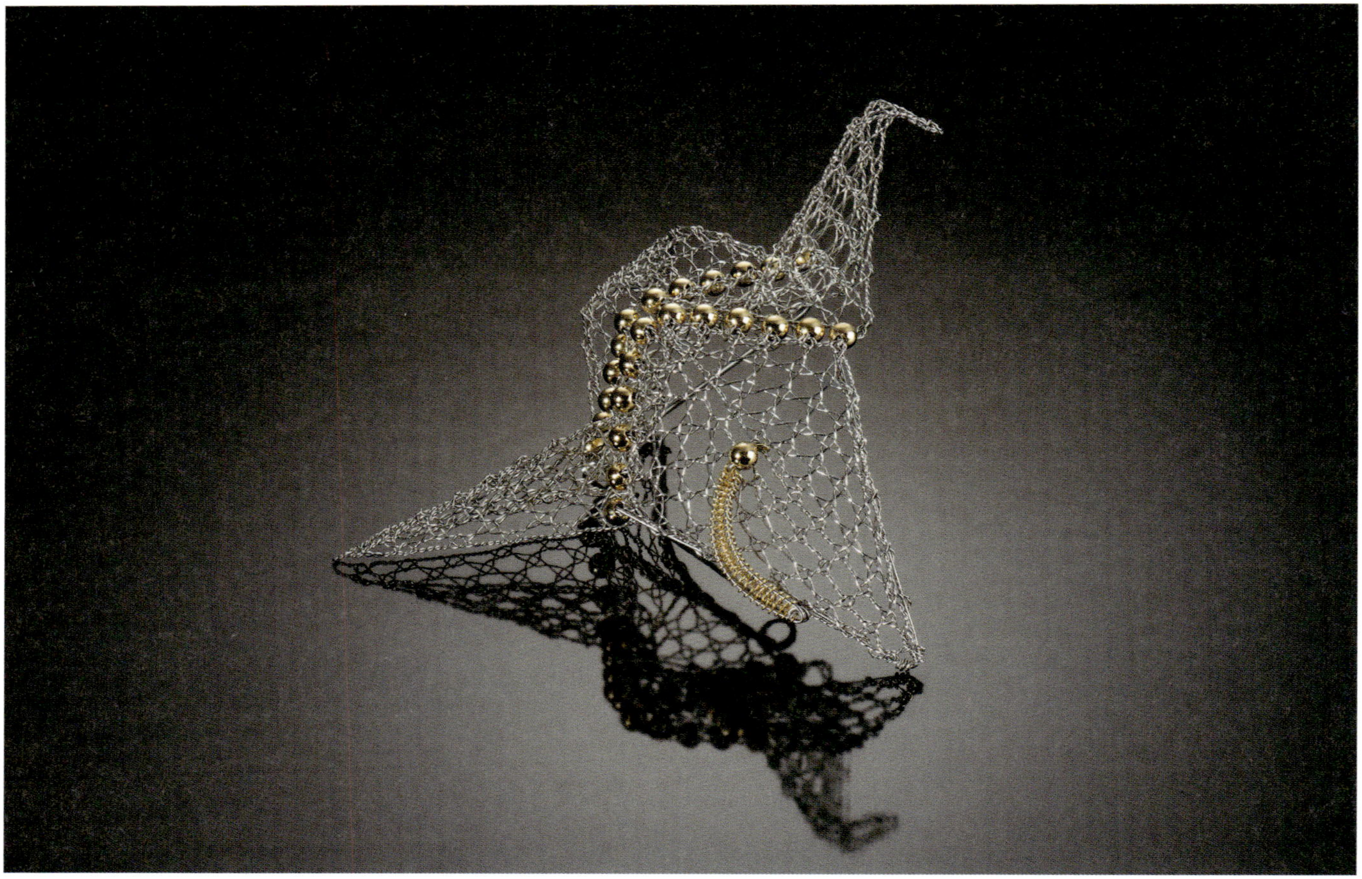

Origami Crane
7,5 x 7,5 x 5 cm – dentelle aux fuseaux – or 18 carats, acier inoxydable – collection personnelle de l'artiste – 2010.
Photo : Robert Diamante

J'utilise du fil métallique pour créer des sculptures de dentelle aux fuseaux en trois dimensions. La beauté de la dentelle aux fuseaux provient de la qualité réfléchissante du fil, si ces reflets sont fragmentés, ils se brisent dans les points lumineux et sont perçus comme un défaut. Une attention extrême doit être apportée à la création non seulement de patrons mathématiques précis, mais aussi à la précision de la manipulation des fuseaux pour obtenir des croisements et des torsions exacts avec des angles spécifiques pour réaliser des fonds précis. Ainsi, déterminer les angles corrects dont je vais avoir besoin est fondamental. Pour le point de toile, par exemple, j'ai trouvé que le meilleur angle est de soixante-dix degrés.

Mes grands-parents venaient d'Écosse et d'Angleterre où ils travaillaient dans l'industrie du tissage et ont continué ce travail une fois arrivés aux États-Unis. La combinaison de ces compétences en tissage avec d'autres travaux d'aiguille traditionnels apportés d'Angleterre et d'Écosse a fait partie de ma petite enfance. Le tricotage dimensionnel me fascinait.

C'est grâce au livre de Doris Southard, *Lessons in Bobbin Lace Making*, que j'ai pu apprendre les techniques de base. Rosemary Shepherd m'a montré l'importance de revenir à la tradition et d'étudier les dentelles anciennes. Jane Atkinson (page 18) m'a partagé ses connaissances sur la façon de mieux utiliser les fonds et Pierre Fouché (page 46) sur la façon de mieux les combiner.

Une autre de mes grandes influences a été la découverte, à la bibliothèque, d'un livre sur l'architecture de Frank Lloyd Wright lorsque j'avais neuf ou dix ans. Les maisons de Wright étaient si différentes de la maison victorienne dans laquelle je vivais. Elles étaient ouvertes, avec d'immenses baies vitrées et des supports structurels visibles. Cette capacité à laisser la structure faire partie du design est devenue mon mantra. J'ai appris par la suite que Wright avait fondé sa vision de l'architecture sur l'esthétique japonaise. Cela m'a amenée à étudier l'architecture et les textiles en me concentrant sur l'art oriental. Finalement, ce sont les textiles qui ont pris le dessus,
mais mon travail reflète ce concept architectural de support visible. Chaque œuvre est une architecture miniature dont la beauté est inhérente à la structure elle-même.

L'utilisation du fil métallique, avec sa stabilité naturelle, m'a permis de donner vie aux images tridimensionnelles que j'avais en tête. Pour élargir mes connaissances en matière de création de textiles dimensionnels, j'ai étudié d'autres techniques traditionnelles : le tissage d'appliques en couches au Guatemala qui m'a amenée à explorer des méthodes permettant d'ajouter des éléments de surface supplémentaires à mon travail ; le tissage Kumihimo au Japon, qui m'a fait découvrir les possibilités du tubage.
J'ai également étudié les méthodes de façonnage anticlastiques utilisées dans la joaillerie, qui permettent de créer des formes en trois dimensions en martelant des feuilles de métal. J'ai également suivi de nombreux cours de joaillerie et cela fait désormais partie de ma pratique.
Les couches sont très rarement utilisées en dentelle. J'ai emprunté cette technique au tissage sur métier à tisser et ai perfectionné trois méthodes de double tissage : 1) En reliant deux couches sur les bords, on crée un tube ; 2) En interchangeant les couches, on crée des rayures en relief et en ajoutant une rangée supplémentaire à la couche supérieure, on obtient un arc debout ; 3) Deux couches de couleurs contrastantes, reliées à chaque point, qui, lorsqu'elles sont manipulées en formes tridimensionnelles, créent un contraste de couleur entre le dessus et le dessous et ajoutent un autre niveau d'intérêt visuel.
Les possibilités de la dentelle au fil métallique sont infinies, j'ai encore beaucoup à expérimenter.

Si vous étiez…

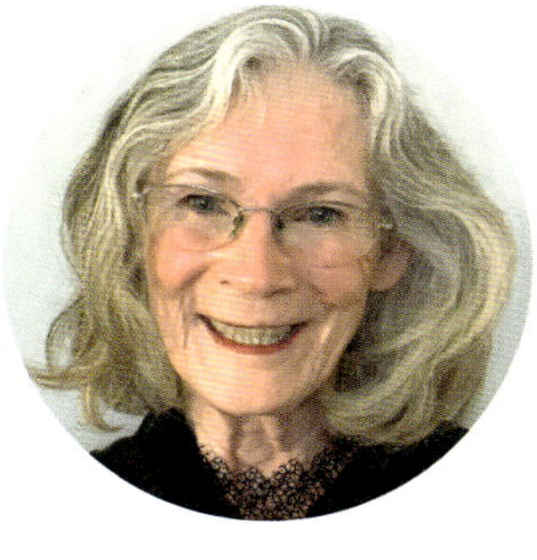

UN FOND OU UN POINT DE DENTELLE
Le fond chaotique.

UNE DENTELLE
Une dentelle de Chantilly.

UNE MATIÈRE
Du fil de fer.

UNE ŒUVRE D'ART
Le portrait d'Adele Bloch-Bauer I de Gustav Klimt.

UN MUSÉE
Victoria and Albert Museum à Londres (Angleterre).

Tarmo Thorström

Finlande • tarmot

Pour Tarmo Thorström La dentelle aux fuseaux est presque une forme de militantisme et un moyen de bousculer les apparences. Ses œuvres imposantes en corde ornent le mobilier urbain et créent des espaces sous lesquels on peut aller et venir, ou que l'on peut choisir d'admirer de l'extérieur. Comme autrefois, la dentelle reprend alors sa place parmi les femmes et les hommes, mais cette fois elle se déleste un peu de la pénibilité et du dur labeur qu'elle représentait pour laisser fascination et émerveillement l'emporter.

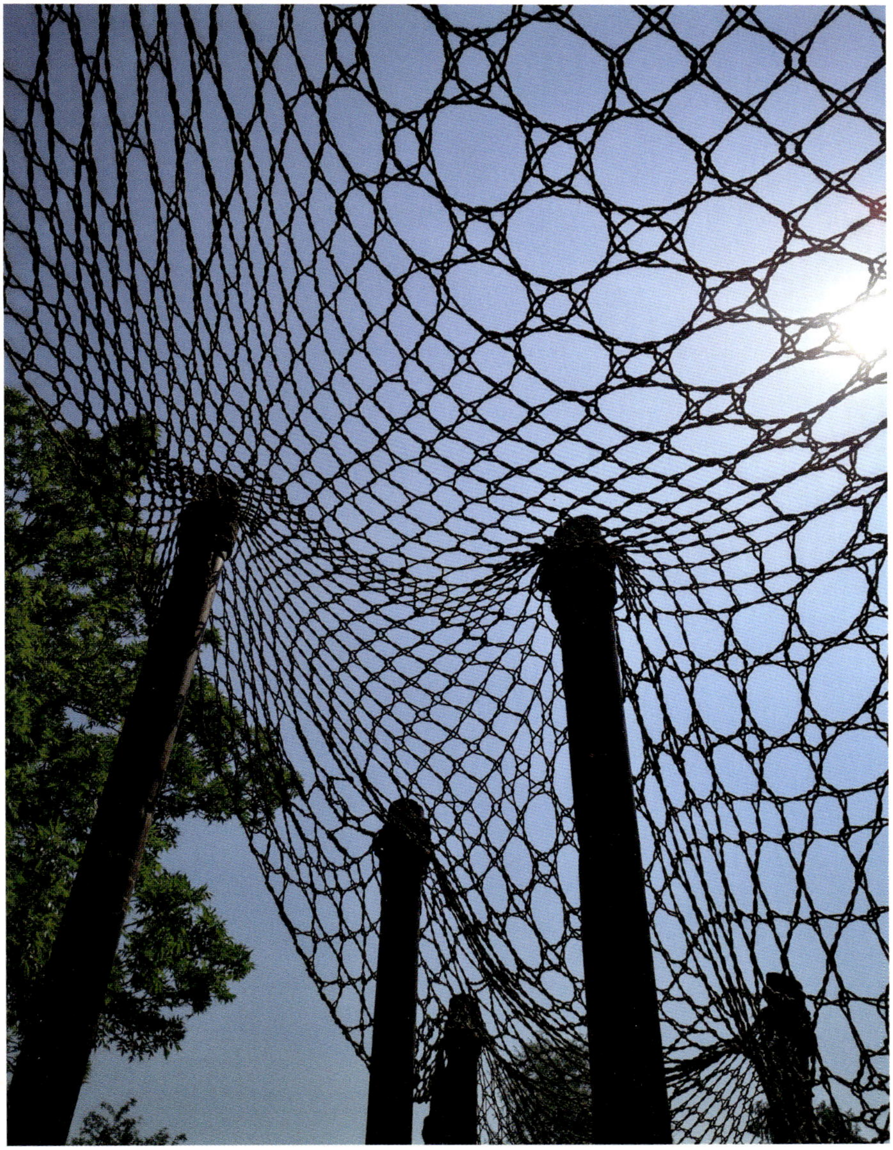

Flight of Fancy (détail)
Photo © Tarmo Thorström

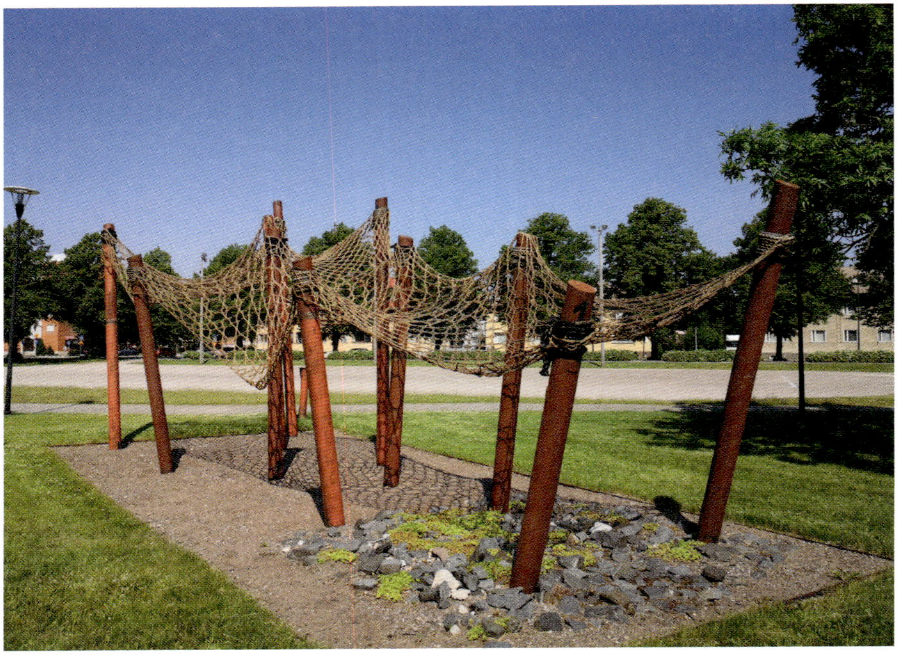

Flight of Fancy
4 x 10 x 4,5 m – dentelle aux fuseaux – corde en jute, tar – Parpansali park, collection d'art urbain du Rauma Art Museum – 2015-2020.
Photo © Tarmo Thorström

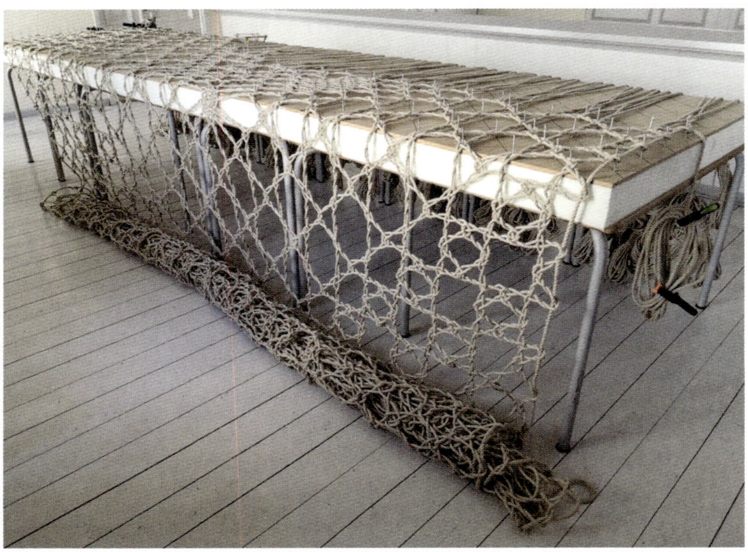

C'est durant l'été 2005, alors que je vivais depuis peu à Rauma, en Finlande, pour suivre mes études de professeur des écoles, que j'ai décidé d'en apprendre davantage sur cette ville, ses habitants, ses curiosités, ses événements culturels, etc. Or, il se trouve que chaque année, à la fin du mois de juillet, un festival de dentelle aux fuseaux y est organisé pendant neuf jours. Cela ne m'intéressait pas particulièrement, mais comme c'était un événement important pour la ville, j'y suis allé. J'y ai appris par exemple que la dentelle aux fuseaux était traditionnellement réalisée aussi bien par des femmes que par des hommes, particulièrement en hiver quand il n'était pas possible de sortir en mer.
Cet été 2005, dans le cadre de ce festival, il y avait une rétrospective d'une maître dentellière finlandaise, Impi Alanko, qui avait eu 80 ans cette année-là.
Il se trouve qu'elle était présente le jour où j'ai visité son exposition et qu'elle y faisait une démonstration de dentelle. Malgré ma curiosité, je ne comprenais pas grand-chose à ce qu'elle faisait.
C'est alors qu'un journaliste est venu l'interviewer en lui posant des questions plutôt hors de propos et sans intérêt, j'ai fini par lui poser les miennes. Notre conversation s'est poursuivie après le départ du journaliste.
C'était une femme très gentille et ouverte, avec un grand sens de l'humour.
À un moment donné, elle m'a demandé ce qui m'avait amené à Rauma, et je lui ai donc parlé de mes études et du fait que je devais élargir mes connaissances et mes compétences en matière d'artisanat textile. Je voulais apprendre à les pratiquer pour pouvoir mieux en parler et faire mon travail de professeur correctement.

Or, dans les études d'artisanat textile, la dentelle aux fuseaux n'est pas au programme national, car c'est un artisanat très marginal. Madame Alanko le savait et elle m'a proposé de m'apprendre les bases de la dentelle pour pouvoir ensuite continuer par moi-même.
À ce moment-là, mon intérêt pour la dentelle aux fuseaux était purement académique. Je voulais la comprendre en tant que phénomène des arts populaires et de l'histoire de l'artisanat local, et non apprendre à la faire moi-même. Mais j'ai compris qu'en face de moi se trouvait une grande dame de l'artisanat et qu'elle m'offrait une opportunité qui, très probablement, ne se reproduirait pas. J'ai donc accepté son offre avec gratitude et ai commencé à prendre des cours une fois par semaine chez elle. Au cours de cette année, nous sommes devenus très proches. Elle était comme une grand-mère pour moi. Nos leçons ont pris fin au bout d'un an, quand son cancer a repris et qu'elle a dû être hospitalisée. Au même moment, j'ai arrêté de faire de la dentelle mais je continuais à lui rendre visite. Sa lutte contre la maladie a duré un an et elle est décédée l'été 2007. Je ne faisais toujours pas de dentelle pour moi-même.

Je suis ensuite retourné dans la ville de mon enfance pour y enseigner. Mes journées étaient assez monotones. Après le travail, j'allais skier sur le lac gelé, ensuite au sauna, puis je rentrais et dormais jusqu'au jour suivant. Mais un jour que j'étais assis dans le sauna chaud et humide, je me suis soudain souvenu de la dentelle aux fuseaux. Il fallait que je fasse quelque chose de cette technique car j'y étais très attaché, mais je ne voulais pas faire de nappes ou autres. Je devais me l'approprier.
C'est à partir de là qu'ont commencé mes réflexions.
Je me suis toujours intéressé à l'histoire, et la dentelle aux fuseaux était à l'origine destinée aux vêtements de mode. Et pas n'importe lesquels, ceux des hommes riches et aristocratiques.
J'ai donc décidé de revenir aux racines de la dentelle aux fuseaux, même si je n'étais ni riche ni aristocrate. J'ai alors mis du fil sur mes fuseaux et commencé à fabriquer. J'ai commencé par des cravates, je m'améliorais essai après essai comme un enfant qui apprend à marcher. En réalisant ces dentelles, j'ai commencé à comprendre comment concevoir et pas seulement fabriquer, j'ai réalisé que la dentelle aux fuseaux canalisait ma créativité et que le fil et les fuseaux devenaient mes pinceaux et ma toile.
La raison principale pour laquelle j'ai fini par faire des œuvres à grande échelle était de découvrir comment il est possible d'appliquer les techniques de la dentelle aux fuseaux à de grands matériaux. Il s'agissait d'abord d'une recherche technique, puis, après en avoir appris les principes, j'ai développé des équipements et des méthodes pour travailler avec des cordes, et enfin j'ai commencé à penser à des œuvres d'art à grande échelle.

En 2019, j'ai publié un livre *Moderni pitsinnypläys* (en français « Dentelle moderne », bien que « Dentelle appliquée » serait plus approprié). J'y raconte tout ce que j'ai appris jusqu'à présent, et en particulier comment réaliser de la dentelle à grande échelle, car je voulais encourager d'autres artistes dentelliers à l'explorer. En outre, j'ai enseigné la dentelle à des enfants pendant des années. J'ai également organisé de nombreux ateliers et cours pour adultes où j'enseigne ces techniques appliquées. Je fais également partie de trois organisations de dentelle différentes en Finlande où nous travaillons à la promotion et au développement de cet artisanat.

Si vous étiez...

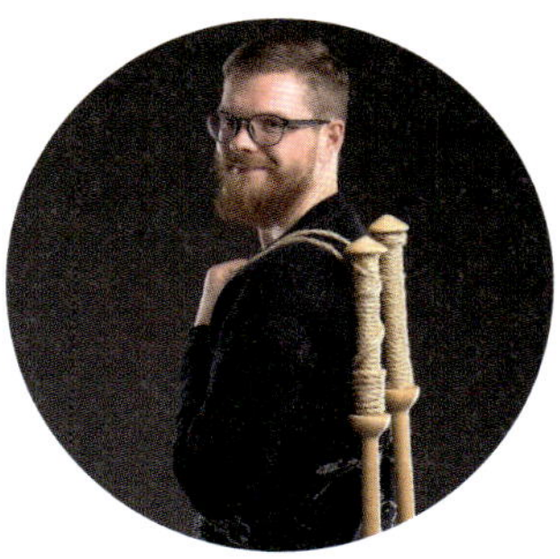

UN FOND OU UN POINT DE DENTELLE
Un point croisé.

UNE DENTELLE
Une installation abstraite en dentelle.

UNE MATIÈRE
La corde en jute.

UNE ŒUVRE
Un opéra.

UN MUSÉE
Un musée vivant de la dentelle (je rêve d'en créer un pour la dentelle contemporaine).

Nicole Valsesia-Lair

France • nicolevalsesialair.ultra-book.com

La vanité humaine et l'anthropocentrisme sont au cœur de l'œuvre de Nicole Valsesia-Lair. En faisant référence à des récits de la mythologie grecque, à l'histoire de l'art ou en mettant en scène de minuscules humains semblant se débattre inutilement, l'artiste utilise les techniques traditionnelles de la dentelle pour conter avec ironie les grands questionnements narcissiques de l'homme.

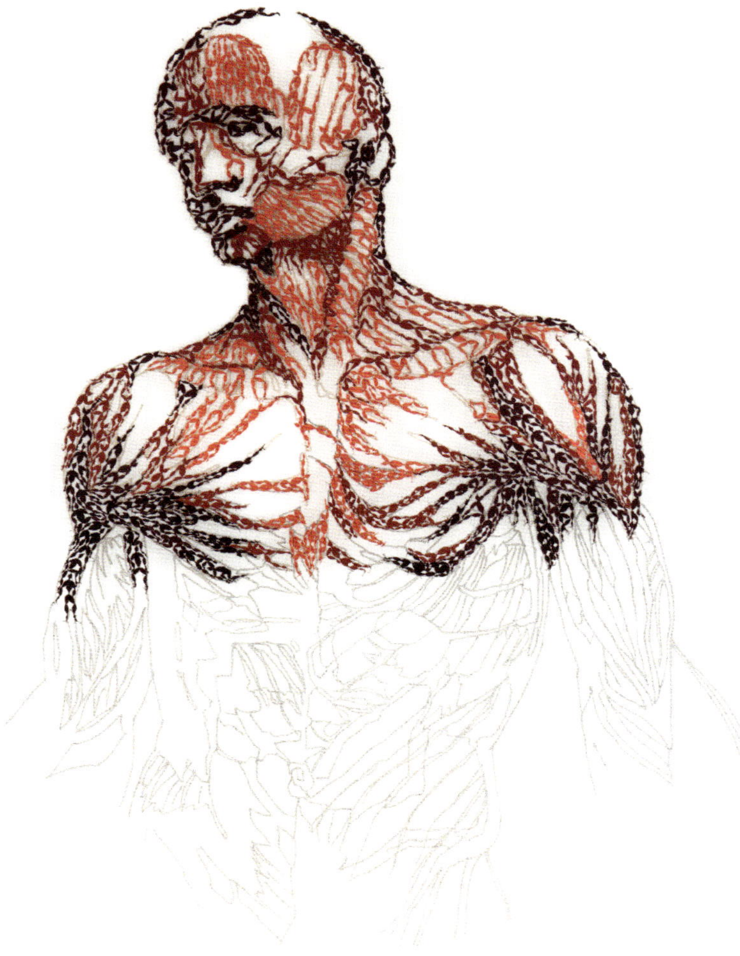

À fleur de peau
120 x 120 cm – dentelle aux fuseaux – lin, coton, tarlatane – collection personnelle de l'artiste – 2012.

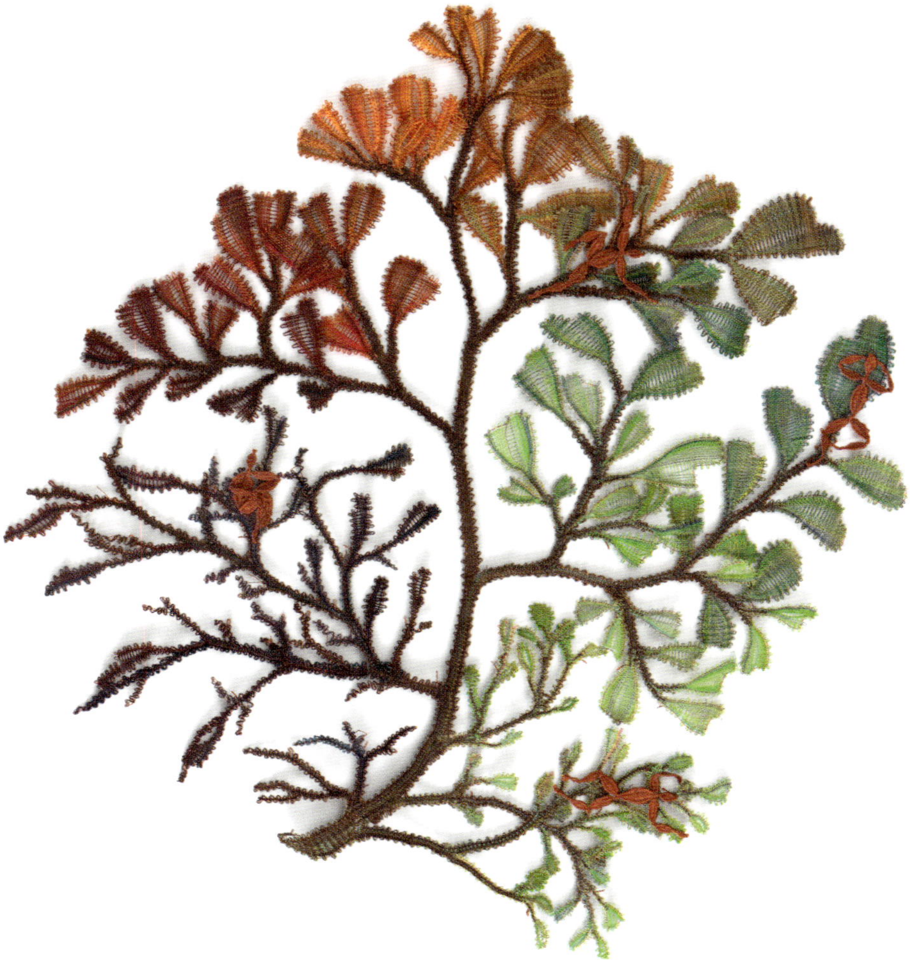

Une année entière dans les arbres
30 x 30 – dentelle aux fuseaux – lin – collection privée – 2014.
© Atelier80

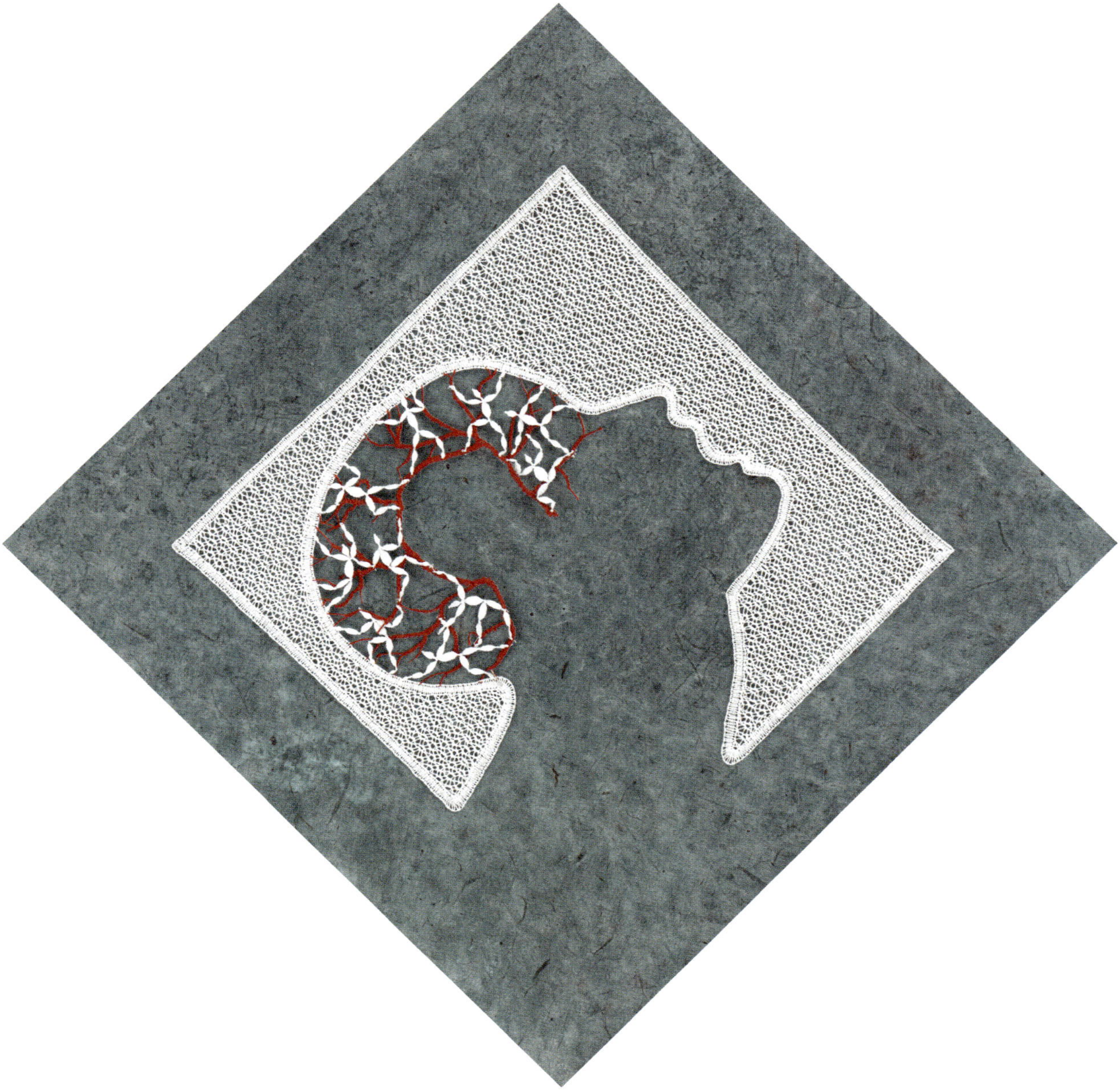

Boîte crânienne
30 x 30 cm – dentelle aux fuseaux – lin, coton – collection personnelle de l'artiste – 2015.

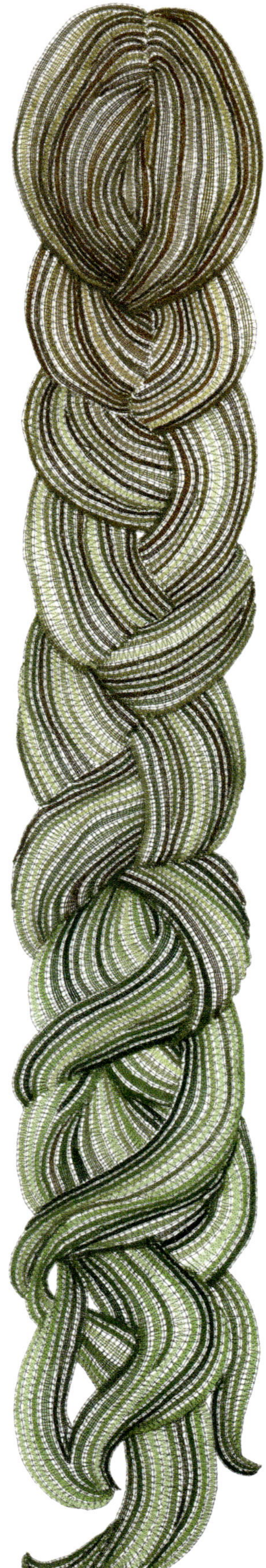

La chevelure de Mélusine
135 x 20 cm – dentelle aux fuseaux – laine, lin – collection personnelle de l'artiste – 2013.

À l'origine, je suis licière, c'est-à-dire que je travaille la tapisserie haute-lice. De passage au Puy-en-Velay, mon frère pour plaisanter m'a offert un petit carreau de dentellière en jouet avec dix fuseaux. Cela m'a intriguée et intéressée. J'ai pris cela très au sérieux et ai mis le doigt dans l'engrenage. Après avoir exploré les possibilités (très restreintes) de ces dix fuseaux, je me suis inscrite à un cours de la ville de Paris. Je suis tombée sur une professeure extraordinaire qui m'a initiée à la technique tout en me faisant découvrir le champ des possibilités utilisables en création contemporaine.

La dentelle, par rapport à la tapisserie, reste une sorte de tissage mais elle est libérée de la contrainte de la chaîne verticale.
Elle offre une grande fluidité dans les dessins qui peuvent se tortiller dans tous les sens.
Dans mon travail, j'utilise une forme assez simple de dentelle, proche du tissage. Des toilés, des mats (toilés serrés), des crochetages (relier à l'aide d'un crochet deux toilés par exemple), des points d'esprit (mon préféré, travaillé avec quatre fuseaux, donne l'image d'une petite feuille de laurier). Je mets la dentelle au service de mes dessins. J'aime raconter des histoires et laisser le spectateur imaginer les siennes.

Paradoxalement, ce qui me semble le plus difficile dans la dentelle est aussi ce qui fait son charme, c'est le temps nécessaire à sa réalisation. Il faut parfois de longs mois de travail pour finaliser une œuvre. Mais quel plaisir de prendre son temps, de voir l'œuvre se mettre en place tout doucement.
Dans une époque où tout s'accélère, quel plaisir de s'asseoir à son carreau et d'écouter le rythme de ses fuseaux qui, de toutes façons, ne peuvent pas aller plus vite.
Il m'arrive de temps en temps d'initier quelques personnes à la technique, plutôt comme une activité de loisirs.
Ce sont d'ailleurs ces activités de loisirs qui ont sauvé la dentelle aux fuseaux d'un oubli certain.

Si vous étiez...

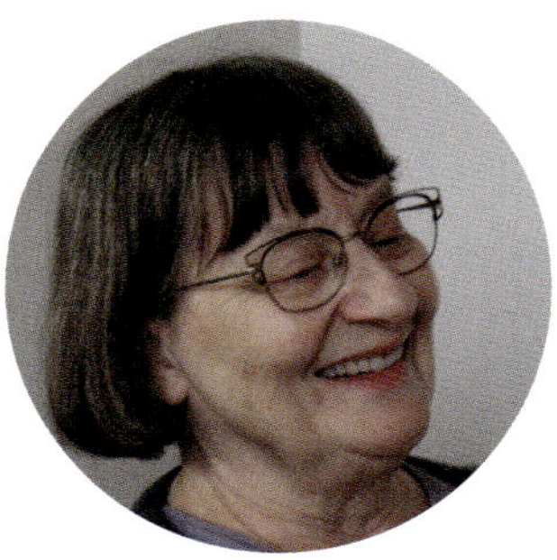

UN POINT DE DENTELLE
Un point d'esprit.

UNE DENTELLE
« Contemporaine »,
en définitive mon petit
micmac à moi !

UNE MATIÈRE
Le lin.

UNE ŒUVRE D'ART
Un de ces portraits de Frans Pourbus le jeune qui représente un personnage historique sans grand intérêt mais qui porte toujours d'époustouflants cols en dentelle.

UN MUSÉE
L'Hôtel de la Dentelle à Brioude (France).

Denise Watts

Angleterre • denisewatts.com • denise-watts-artist

Pour Denise Watts, la dentelle représente l'histoire de nombreuses femmes. Chaque dentelle est le résultat d’heures de travail et équivaut à une partie de la vie de la dentellière. Une vie vécue à une époque de soumission et d'oppression des femmes. En incorporant ces dentelles, Denise Watts explore l'histoire et les désagréments de la féminité qui résident toujours au plus profond de chaque femme et les tisse dans son œuvre.

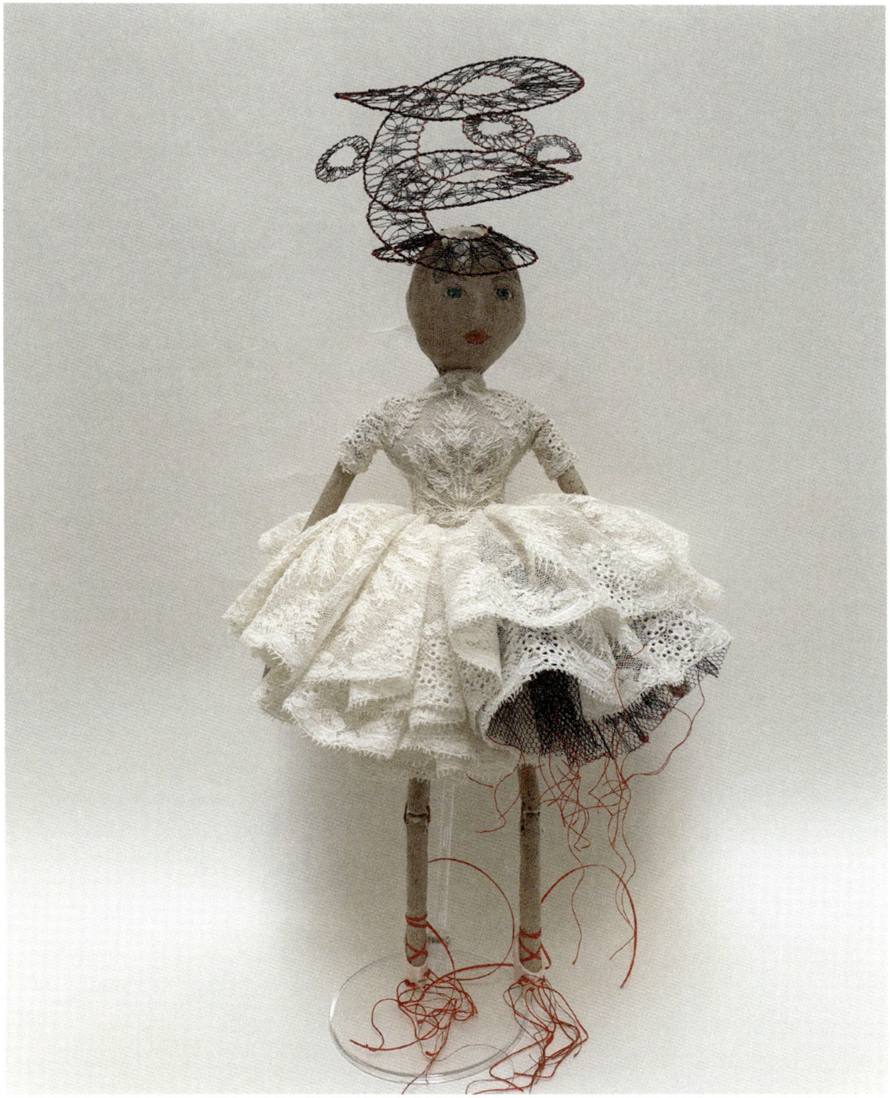

Ballerina
48 x 26 cm – bras, jambes et tête en papier mâché ; corps en tissu ; vêtements en dentelle vintage, filet et ruban faits à la machine ; cheveux en dentelle aux fuseaux faite à la main en crin de cheval et fil de fer – collection privée (États-Unis) – 2019.
« (…) *your toes jam into a pretty pink box, battering your feet with constellations of blisters and bruises. But it all looks effortless and beautiful. I hope. Because that is all that really matters.* » (« (…) vos orteils se coincent dans une jolie boîte rose et vos pieds sont couverts d'ampoules et d'ecchymoses. Mais tout paraît beau et sans effort. Je l'espère. Parce que c'est tout ce qui compte vraiment.»), Sonia Charaipotra, *Tiny Pretty Things*, 2015.

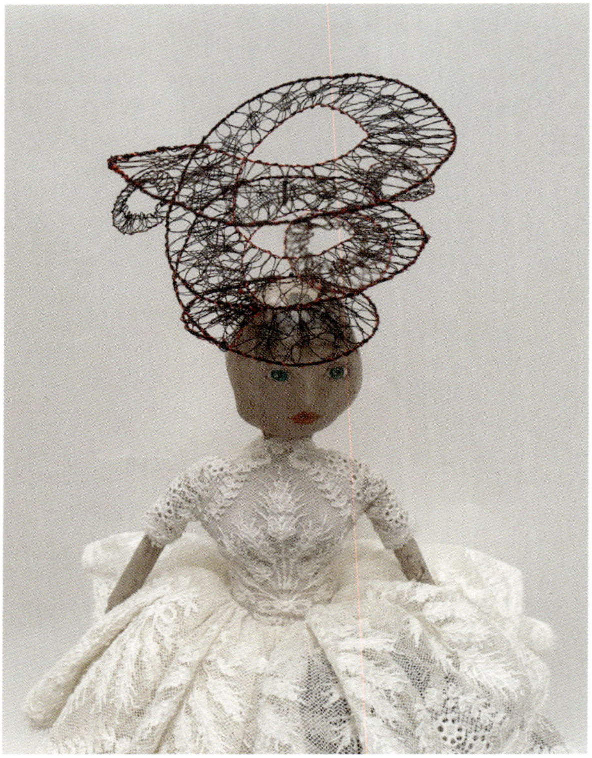

Ballerina (détail)

J'ai toujours eu l'impression d'être née dentellière.
Je viens d'une famille orientée vers le textile et j'ai appris à travailler le fil dès ma plus tendre enfance.
Du plus loin que je me souvienne, j'ai toujours voulu faire de petites choses en dentelle. De vieux rideaux en filet conservés dans un coffre étaient l'un de mes jouets préférés.
Je ne me souviens plus précisément quand j'ai appris que la dentelle pouvait être créée avec des fuseaux.
Lorsque mes enfants étaient en bas âge, une amie m'a demandé si je voulais l'accompagner à un cours du soir pour apprendre une technique textile que je maîtrisais déjà. Alors c'est un autre cours qui avait lieu au même endroit qui retint mon attention, un cours de dentelle aux fuseaux enseigné par Ann Day.

La dentelle aux fuseaux m'a choisie, l'apprendre était comme si je me remémorais quelque chose que j'avais oublié.
J'ai donc appris très vite et facilement, je pouvais voir comment la dentelle était faite rien qu'en regardant une pièce terminée. Comme je le dis souvent, je n'ai aucun mérite, je devais juste le faire. Faire de la dentelle, en déplaçant les fuseaux selon des rythmes répétitifs, favorise la production d'endorphines, ce qui entraîne un sentiment de bien-être chez la personne qui la crée. Il est possible de devenir dépendant physiquement de la dentelle. Mon histoire d'amour avec la dentelle s'est rapidement transformée en une fascination pour les possibilités qu'elle offrait, et ainsi, elle est devenue mon langage, mon moyen d'expression. J'aime tout ce qui concerne la dentelle, tout le matériel est magnifique (les fuseaux anglais en particulier), tout relève du toucher.
La dentelle aux fuseaux est une méthode de tissage où il n'y a pas de chaîne fixe. Les fils de chaîne interagissent entre eux, ce qui crée une liberté illimitée. Elle peut être réalisée dans n'importe quelle taille et avec n'importe quel matériau, et cela m'enthousiasme.
J'utilise différentes techniques de dentelle en fonction de l'effet que je souhaite créer. Il m'arrive aussi d'en inventer certaines pour répondre à la manipulation de matières plus rigides, comme le crin de cheval. J'ai toujours considéré le travail que je fais comme une aventure, dont les règles sont les suivantes : rien ne peut vraiment mal se passer, car cela fait partie de l'aventure. Vous ne pouvez jamais être complètement sûr que ce qui sort de votre carreau sera comme vous l'aviez imaginé au départ. J'aime cette fluidité et le fait que la dentelle puisse être adaptée et améliorée au fur et à mesure que les idées viennent et que le travail avance.

Mon travail s'inspire de mon quotidien, du manque de soleil lors d'un mois d'août gris et humide, d'une pile de baskets lacées, abandonnées par mes garçons adolescents et leurs amis sur mes paillassons ou de la taille du buisson d'hortensias qui poussait à l'arrière de ma maison. Mais aujourd'hui mon travail porte sur la douleur des femmes à travers l'histoire, la douleur de l'accouchement, des menstruations, des chirurgies esthétiques déformantes, du modelage du corps pour se conformer à la mode, et de cette frustration millénaire qu'ont les femmes d'être traitées comme un bien mobilier et non pas de manière égale aux hommes.
Pour exprimer ces idées, j'ai choisi d'utiliser des poupées faites main, en m'inspirant de mon intérêt pour la fabrication de ces objets, qui a débuté lorsque j'étais enfant et s'est poursuivi tout au long de ma vie. En tant que représentation de la forme humaine, les poupées peuvent créer une image forte.
Elles évoquent des souvenirs d'enfance, sont des objets de collection, des poupées vaudoues, rappellent certains films d'horreur, se substituent à des enfants. Elles sont aussi utilisées dans les rituels magiques et religieux.
Mes poupées comportent des détails en fil rouge car le rouge est la couleur du sang, quelque chose que les femmes connaissent bien. C'est la présence du sang qui transforme un enfant en femme et qui accompagne la naissance. Regarder du rouge peut faire monter la tension artérielle, cette couleur symbolise aussi l'action, avertit d'un danger, elle signifie « Hé, ne m'ignorez pas », et d'ailleurs c'est rarement le cas!
Les poupées sont construites avec de la dentelle aux fuseaux noire en crin de cheval, et habillées de dentelle vintage.

Actuellement je travaille sur un grand projet, toujours sur le thème de la femme mais avec des dentelles faites par des femmes qui m'ont précédée.
Je collectionne les napperons depuis longtemps, des centaines, souvent trouvés en boule dans le coin d'une boîte dans un magasin de bric-à-brac ou une brocante, j'ai senti que je devais les ramener chez moi et m'en occuper. J'en ai reçu aussi de nombreux, en particulier d'amis tombés sur une collection parmi les biens d'un proche défunt ; comme les napperons avaient été conservés si soigneusement, ils ne pouvaient se résoudre à les jeter.
Chaque napperon représente une partie de la vie d'une femme – le temps qu'elle a passé à le fabriquer, que ce soit avec amour pour embellir sa maison ou pour le vendre. Ils étaient tous uniques pour la personne qui les fabriquait, ces petites choses particulières, qui toutes ensemble peuvent devenir quelque chose de plus puissant. Je suis en train de les assembler pour faire un manteau pour adulte, un manteau fait de morceaux de la vie d'autres femmes, j'y réfléchis encore mais j'ajouterai nécessairement de la dentelle aux fuseaux que je réaliserai moi-même.

Je fais de la dentelle depuis si longtemps que ce n'est plus seulement « ce que je fais » mais « qui je suis ».
Je suis extrêmement reconnaissante à la dentelle de m'avoir permis d'entamer une carrière inespérée dans l'enseignement, de faire des conférences et des expositions – beaucoup de moments forts de ma vie sont dus à la dentelle.
J'ai rencontré certaines des personnes qui me sont les plus chères grâce à la dentelle. J'ai voyagé dans différentes parties du monde pour participer à des événements de dentelle. J'ai eu une vie plus enrichissante que jamais je n'aurais pu l'imaginer grâce à la dentelle.

Si vous étiez...

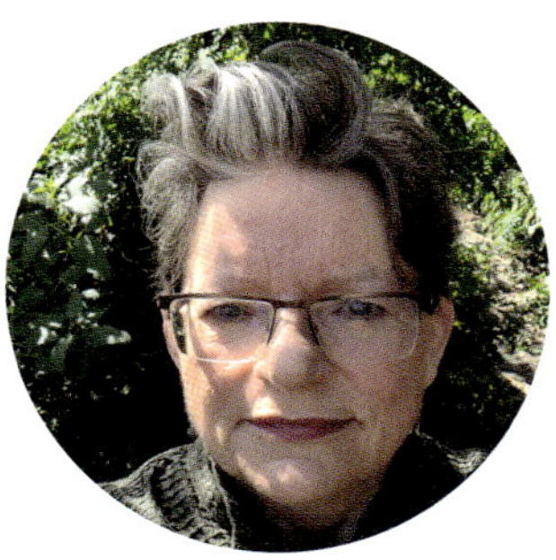

UN FOND OU UN POINT DE DENTELLE
Un point d'esprit, dans toutes ses magnifiques formes et ses distorsions, ou présenté en bouton et tout le reste.

UNE DENTELLE
Une dentelle tressée du début de l'ère élisabéthaine car elle est à la fois simple et inventive.

UNE MATIÈRE
Le lin, dont les fibres sont traitées par rouissage, broyage, raclage, puis peignées avant d'être filées.

UNE ŒUVRE D'ART
Composition VIII de Vassily Kandinsky, 1923.

UN MUSÉE
Victoria and Albert Museum à Londres.

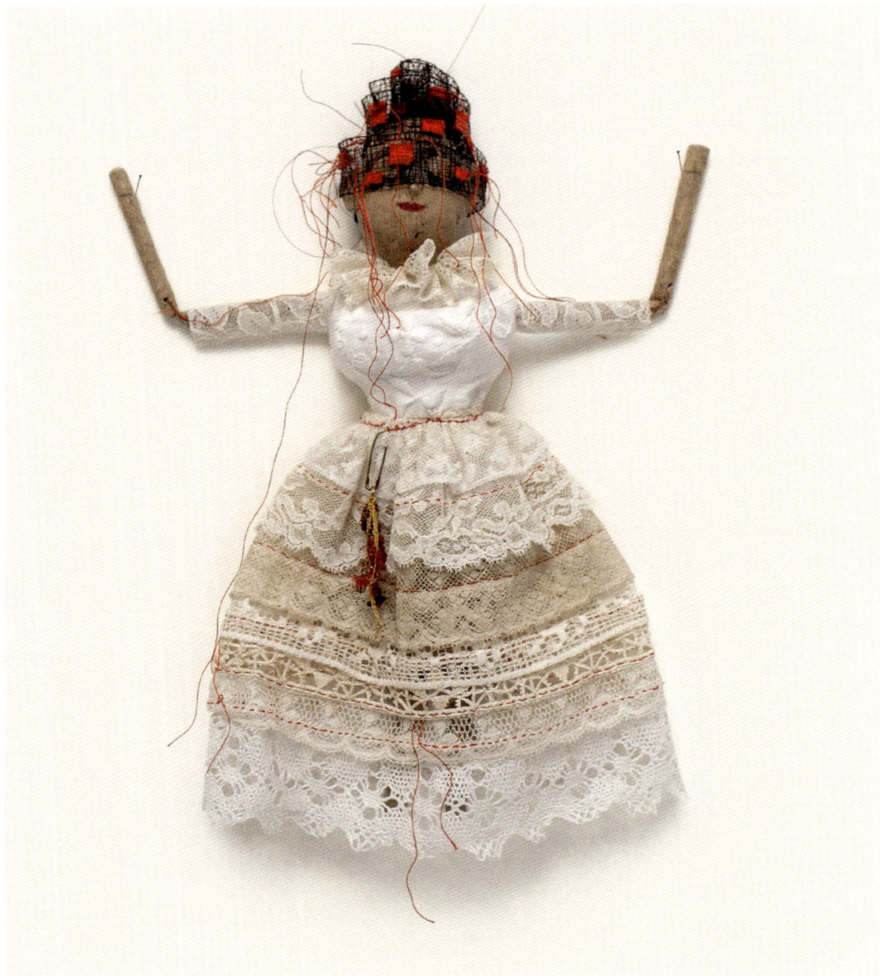

Madam Becca
60 x 40 cm – bras, jambes, tête en papier mâché ; corps en tissu ; vêtements en dentelle ancienne et vintage – cheveux en dentelle aux fuseaux faite main avec du crin de cheval, fil de fer, fil d'or et soie – collection personnelle de l'artiste, 2019.
« *Ladies do not have the luxury of being squeamish about blood.* » (« les femmes n'ont pas le luxe d'être dégoûtées par le sang. »), Lee Mackenzi.
Photo © Denise Watts - Paul Colledge

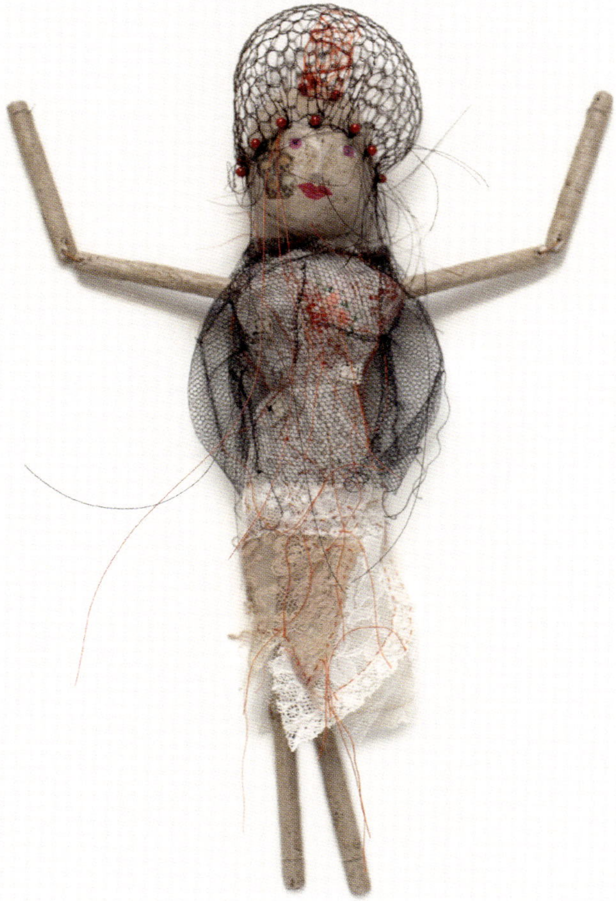

Alice, eat me, don't eat me
60 x 40 cm – bras, jambes, tête en papier mâché ; vêtements en dentelle ancienne et vintage, tulle mécanique ; cheveux en dentelle aux fuseaux faite main avec du crin de cheval, fil de fer – collection personnelle de l'artiste – 2019.
« *Anorexia is a response to cultural images of the female body - waif like, angular - that both capitulates to the ideal and also mocks it, strips away all the ancillary signs of sexuality, strips away breasts and hips and butt and leaves in their place a garish caricature, a cruel cartoon of flesh and bone.* » (« L'anorexie est une réponse à l'image culturelle du corps de la femme - semblable à une fillette, anguleuse - qui capitule devant l'idéal mais s'en moque aussi, qui enlève tous les signes accessoires de la sexualité, qui enlève les seins, les hanches et les fesses pour ne laisser à la place qu'une caricature criarde, un cruel dessin animé de chair et d'os.»), Caroline Knapp, *Appetites: Why Women Want*, 2003.
Photo © Denise Watts - Paul Colledge

Ressources

Articles :

Huchet M., « La dentelle retrouve ses lettres de noblesse », TLmag, n°35, 11 mai 2021, p.186.
M. F., « Colette Tiffou, une artiste », *La Dentelle*, n°89, mai-juin 2002 p.27.

Associations, organisations :

Australian Lace Guild : australianlaceguild.com.au
Centre d'enseignement de la dentelle aux fuseaux (Puy-en-Velay) : ladentelledupuy.com
Diffusion et Renouveau du Poinct de Tulle : lepoinctdetulle.com
Organisation internationale de la dentelle aux fuseaux et à l'aiguille : oidfa.com/cong.html.fr

Collection :

Fond national d'art contemporain (FNAC), France.

Expositions :

Le genre de la dentelle sur-mesure, Cité internationale de la dentelle et de la mode, Calais, 14 mars 2020 au 07 mars 2021.
Dentelle etc., Cité internationale de la Dentelle et de la Mode, Calais, mars 2019-mars 2020.
Lace, not Lace : Contemporary Fiber Art from Lacemaking Techniques, Hunterdon Art Museum, Clinton, New Jersey (Etats-Unis), sept. 2018-Janv. 2019.
Lost in Lace transparent boundaries, Gas Hall, Birmingham Museum and Art Gallery (Angleterre), oct. 2011-février 2012.
Un rêve d'éternité, le temps long des arts d'Orient, Villa Empain-Fondation Boghossian, du octobre 2011-février 2012.
Love Lace, Powerhouse Museum, Sydney, juin 2011 - avril 2012.
Radical Lace & Subversive Knitting, Museum of Arts and Design, New York , janvier 2006 - juin 2007.
Métissages, musée du Luxembourg, Paris, avril-juin 1998.
Les métiers de l'art, musée des Arts décoratifs, Paris, novembre 1980-mars 1981.

Galeries, lieux, musées :

Afrique du Sud
Cape Town : galerie What If The World : whatiftheworld.com

Allemagne
Reutlingen : Heimat Museum

Belgique
Libramont : Académie internationale d'Été de Wallonie : akdt.be
Mons : BeCraft : becraft.org
Bruxelles :
Fondation Boghossian, Villa Empain : villaempain.com
Galerie Aeroplastics : aeroplastics.net
Musée du Costume et de la Dentelle : fashionandlacemuseum.brussels
Tournai : musée de la Tapisserie et des Arts textiles : tamat.be
Brugge : Kantcentrum : kentcentrum.eu

Espagne
Camarignas : musée de la Dentelle.

Finlande
Rauma : Rauma Art Museum : raumantaidemuseo.fi

Irlande
Dublin : National Gallery of Irland : nationalgallery.ie

France
Alençon : musée des Beaux-Arts et de la Dentelle : museedentelle.cu-alencon.fr
Argentan : Maison des Dentelles
Brioude : Hôtel de la Dentelle : hoteldeladentelle.com
Calais : Cité de la Dentelle et de la Mode : cite-dentelle.fr
Caudry : musée des Dentelles et Broderies : musee-dentelle.caudry.fr
Chantilly : musée de la Dentelle : chantilly-dentelle.com
Paris :
Galerie Le Serpent vert : galerieleserpentvert.com
Musée des Arts décoratifs : madparis.fr
Saint-Vaast-La-Hougue : musée de l'Île de Tatihou
Tulle : musée du Cloître